기술적 분석 모르고
절대 주식투자 하지 마라

GETTING STARTED IN TECHNICAL ANALYSIS
(9780471295426 / 0471295426) by Jack D. Schwager

Copyright © 1999 by Jack D. Schwager

GETTING STARTED IN

TECHNICAL ANALYSIS

기술적 분석 모르고
절대 주식투자 하지 마라

잭 슈웨거 지음 | **이은주** 옮김

 이레미디어

서문

수많은 책과 광고, 홍보용 소책자에서 공언하는 바와 달리 성공 투자의 비법은 단순 지표나 공식, 매매 시스템과 같은 도구 하나로 설명할 수 있는 성질의 것이 아니다. 이 책은 그 흔한 분석 기법과 지표, 시스템을 다시 그럴듯하게 포장해 소개한 것이 아니라 내가 시장에서 활동한 경험을 바탕으로 투자자의 관점에서 쓴 책이다.

나는 이 책에서 다양한 분석 기법과 투자 방법을 논할 때, 특히 기술적 분석에 관한 책을 쓰는 사람들이 종종 간과하는 다음과 같은 중요한 질문 사항을 항상 염두에 두려고 했다. 여기서 설명하는 다양한 접근법을 실제 투자에 어떻게 적용할 수 있는가? 실전에서 효과를 발휘하는 것은 무엇이고 먹히지 않는 것은 무엇인가? 특정 접근법이 실패했다는 것은 어떤 의미인가? 과거 성과를 바탕으로 미래 성과를 극대화하기 위한 매매 시스템을 어떻게 설계하고 또 어떻게 검증할 것인가?

이 책은 한마디로 실용서다. 나는 이 책에 소개한 다양한 방법론을 사용해 수익성이 좋은 더 나은 매매 접근법을 정립하려고 했다. 그렇다. 단도직입적으로 말해 '돈을 벌어주는' 투자 방식을 고안하고 싶었다. 그런데 이러한 정보를 독자 여러분을 포함한 수많은 사람과 공유하려는 이유는 무엇일까? 일종의 '영업 비밀'일 수도 있는 그 비법을 공개하는 이유가 무엇인지 궁금할 것이다.

건축에 비유해 그 이유를 설명하자면 이렇다. 나는 건축 설계도가 아니라 건축에 필요한 도구 혹은 연장을 제공하는 것일 뿐이다. 이 도구로 어떤 건축물을 어떻게 지어낼지는 오롯이 독자 여러분 각자의 몫이다. 성공적인 투자자가 되고자 기술적 분석 기법의 사용을 진지하게 고려하는 독자라면, 그리고 그러한 목표에 도달하기 위해서는 노력이 필요하다는 것을 이해하는 독자라면 이 책에서 유용한 정보를 많이 얻어낼 수 있으리라 믿는다.

잭 슈웨거 Jack D. Schwager

알림 | 이 책에 나온 차트는 출처가 달리 표기되지 않았다면 전부 푸르덴셜 증권(Prudential Securities, Inc.)이 제공한 것임.

차례

제1부_ 기본적인 분석 도구

차례

제2부_ 투자와 관련한 주요 쟁점

제3부_ 매매 시스템

제4부_ 실전 투자 지침

차례

참으로 묘하게도, 투자 실패로 손실을 낸 기술적 분석가는 절대로 자신의
분석 기법이 잘못됐다는 사실을 인정하는 법이 없다. 오히려 전보다
더 열성적으로 그 기법에 매달린다. 사실 무례한 질문일 수 있는데 그럼에도
누군가 그 사람에게 왜 손실을 냈느냐고 물으면 자신이 너무도 인간적인
실수를 한 때문이라고 교묘하게 돌려서 대답한다. 즉, 차트를 믿지 못한
자신의 잘못이라고 설명한다. 차트 분석가인 친구와 저녁 식사를 하는 자리에서
이 친구가 그렇게 말하는 것을 듣고 정말 숨이 턱 막히는 기분이었다.
그 이후로 기술적 분석가와는 다시는 같이 밥을 먹지 않겠다고 다짐했다.
당최 소화가 안 되니 말이다.

―버튼 맬킬(Burton G. Malkiel), 《시장 변화를 이기는 투자A Random Walk Down Wall Street》의 저자

어느 날 저녁 기본적 분석가와 함께 저녁을 먹다가 식탁에 있던 칼을 떨어뜨렸다.
공교롭게도 그 칼이 그 사람의 구두 위에 꽂히고 말았다. 그런데 그 사람은
칼이 허공에서 빙글 돌다가 자신의 발을 향해 떨어지는데도 멀거니 바라보고만
있었다. 나는 깜짝 놀라 소리쳤다. "아, 왜 피하지 않았어요?"
그러자 그 사람은 이렇게 대답했다.
"칼이 다시 튀어오를 때까지 기다리고 있었어요.
내려왔으니 다시 올라가지 않겠어요?"

―에드 세이코타(Ed Seykota), 자타공인 기술적 분석가

기술적 분석과 그에 대한 논쟁

대다수 투자자, 특히 주식 투자를 전문으로 하는 사람은 기본적 분석을 기반으로 하는 투자에 익숙하다. 기본적 분석fundamental analysis은 경제와 관련한 주요 지표나 각종 통계 자료를 이용해 가격을 예측하거나 시장이 과대평가됐는지 아니면 과소평가됐는지를 가늠하는 것이다. 예를 들어 주식 투자를 할 때는 주가수익률P/E ratios 혹은 Price Earning Ratio: PER이나 주가순자산비율Price Book-value Ratio: PBR을 이용하고 선물 투자를 할 때는 농작물 작황 보고서나 수출입 수치 자료 등을 이용한다.

이에 비해 기술적 분석technical analysis은 가격의 움직임, 더 구체적으로는 가격이 움직이는 패턴을 분석해 가장 유리한 투자 시점을 포착하는 것이다. 기술적 분석의 논리적 근거로는 두 가지를 들 수 있다. 첫째, 특정 주식 종목 혹은 상품이나 금융 선물 등의 가격에는 주어진 시점에 해당 자산에 관한 모든 정보와 함께 그러한 정보에 대한 시장 참여자의 견해가 반영돼 있다. 둘째, 가격에 반영된

이 같은 기본적 정보와 시장 참여자의 견해가 반복적 가격 패턴을 형성하고 이것이 미래 가격 동향을 예측하는 단서를 제공한다. 그래서 기술적 분석가는 과거 가격 패턴을 분석해 추세의 시작과 끝 그리고 추세의 진행을 나타내는 가격 움직임을 찾아내려 한다.

그렇다면 기본적 분석과 기술적 분석 가운데 어느 방법이 더 나은가? 이 질문은 이른바 대논쟁의 주제로서 양측이 팽팽히 대립한 채 여전히 결론이 나지 않은 상태다. 흥미로운 부분은 초보자들 못지않게 전문가들 사이에서도 기본 대 기술 논쟁에 관한 의견이 양분되고 있다는 점이다. 요컨대 이 주제에 관한 한 의견이 양분되기는 초보자나 전문가 집단이나 마찬가지다. 예전에 《시장의 마법사들Market Wizards》과 《새로운 시장의 마법사들The New Market Wizards》을 쓸 때 인터뷰했던 세계적인 투자 고수들 사이에서도 양측의 의견이 극명히 갈리는 것을 보고 적잖이 놀랐던 기억이 있다.

짐 로저스Jim Rogers는 '기본 대 기술' 논쟁의 한 극단에 선 사람이다. 1970년대에 로저스는 조지 소로스George Soros와 함께 퀀텀펀드Quantum Fund를 설립해 운영했으며 퀀텀펀드는 당시 월가에서 가장 성공한 펀드로 평가받았다. 1980년에 그는 경영상의 책임 및 타인의 자산을 관리하는 부담에서 벗어나 개인 투자에 전념하고 싶어서 퀀텀펀드를 떠났다. 그리고 결국은 성공적인 투자로 자신의 능력을 또 다시 입증했다(퀀텀펀드는 소로스의 지휘 아래 여전히 좋은 성과를 냈다). 로저스는 수년간 시장 예측 과정에서 놀라운 적중률을 보였다. 1988년에 나와 인터뷰할 당시 일본 주식 시장 대폭락과 수년간 지속된 금 가격 하락세를 정확히 예측했다. 짐 로저스의 견해 또한 충분히 고려할 가치가 있음은 분명하다.

로저스에게 차트 분석(기술적 분석의 주요 도구)에 대해 어떻게 생각하느냐고 물어본 적이 있다. 그때 로저스는 이렇게 대답했다. "기술적 분석을 한다는 사람치고 부자가 된 사람을 본 적이 없다. 물론 기술적 분석 서비스를 제공해 돈을 번 사람은 제외하고 말이다." 냉소적인 이 간결한 답변 속에 로저스가 기술적 분석을 어떻게 생각하는지가 명확히 드러나 있다. 로저스는 기술적 분석에 대한 자신의 생각을 이 냉소적인 답변으로 간결하게 정리한 셈이다.

이 논쟁에서 로저스와 정반대편에 섰던 사람이 마티 슈워츠Marty Schwartz다. 나와 인터뷰할 당시 독립적으로 주가지수선물에 투자하고 있던 슈워츠는 개인 자산 외에 외부 자산 관리를 고려하고 있던 참이었다. 이 과정에서 자신의 투자 성과 자료를 검토해볼 기회가 있었고 나도 그 '성적표'를 확인할 수 있었다. 놀랍게도 슈워츠는 이전 10년 동안 월평균 25%의 수익률을 기록했다. 더 놀라운 사실은 그 10년에 해당하는 120개월 동안 손실을 낸 달이 단 2개월뿐이었다는 점이다. 이때도 각각 2%와 3%라는 지극히 낮은 손실률을 기록했을 뿐이다. 그러므로 슈워츠의 방법론 또한 눈여겨볼 가치가 충분히 있다.

슈워츠를 인터뷰할 때 로저스가 했던 말은 꺼내지도 않았는데, 기본적 분석에서 기술적 분석으로(슈워츠는 주식 분석가로 출발했음) 완전히 돌아선 것이냐고 묻자 마치 로저스의 말을 직접 들은 것처럼 그 말을 정면으로 반박하는 듯한 답변이 돌아왔다. "항상 느끼는 것인데 '기술적 분석가 중에 부자를 본 적이 없다.'고 말하는 사람을 보면 정말 실소를 금할 수 없다. 나야말로 지난 9년 동안 기본적 분석법을 썼던 사람인데 돈은 기술적 분석으로 벌었다."

기본적 분석과 기술적 분석의 양극단을 대표하는 두 사람 모두 성공적인 투자자였다. 바로 여기서 갈등이 생긴다. 이 두 사람 중 과연 어느 쪽의 의견을 믿어야 할까?

내 개인적인 판단으로는 로저스나 슈워츠의 관점 모두 투자자가 귀담아 들어야 한다고 본다. 순수하게 기본적 분석이나 기술적 분석을 사용하는 쪽도 혹은 이 두 가지를 혼합해 사용하는 쪽도 투자자로 성공할 가능성은 얼마든지 있다. 이 두 가지 방법론은 절대로 상호 배타적이지 않다. 실제로 세계적인 투자 고수 대다수가 시장 동향을 파악할 때는 기본적 분석을 사용하고 시장 진입 및 청산 시점을 결정할 때는 기술적 분석을 사용한다.

성공적인 투자자의 공통점은 자신의 기질이나 성향에 가장 적합한 방법론을 사용했다는 점이다. 장기적인 접근법을 선호하는 사람이 있고, 초단기 매매를 더 좋아하는 사람도 있다. 자동화된 프로그램이 지시하는 대로 따라야 마음이 편한 사람이 있고, 그러한 기계적 방법은 질색하는 사람도 있다. 또한 시장통처럼 정신 사나운 증권거래소 객장에서 판단하는 것이 더 편하다는 사람이 있는가 하면, 조용한 사무실에서 차분하게 결정해야만 좋은 성과를 낸다는 사람도 있다. 기본적 분석이 자신에게 더 맞는다는 사람도 있고 기술적 분석이 더 좋다는 사람도 있다. 이 두 가지를 혼합해 사용하는 것이 편하다는 사람도 있다.

전통적 시각은 기술적 분석과 기본적 분석을 완전히 정반대 개념으로 보고 있으나 양극단에 치우진 극렬 신봉자의 믿음과는 달리 원칙적으로 이 두 가지는 서로 밀접하게 관련돼 있다. 대체로 기술적 분석가는 기본적 분석 요소의 타당성을 부인하지 않는다. 단지 이들은 가격 정보에 기본적 분석 요소가 포함 및 반영돼 있다고 믿을 뿐이다. 따라서 기본적 분석 요소가 시장 동향에 미치는 영향을 이해하는 가장 좋은 방법은 가격을 분석하는 것이라고 생각한다. 이 두 가지 접근법의 가장 큰 차이점은 기본적 분석은 시장 동향의 이유와 관련이 있고, 기술적 분석은 시기와 관련이 있다는 점이다.

그러므로 기본적 분석과 기술적 분석 중에 어떤 것이 더 나으냐는 질문에는 해답이 없다고 봐야 한다. 어느 쪽이 더 나은지는 개인에 따라 다르다 하겠다. 기본적 분석이 더 적합한 사람도 있을 것이고, 기술적 분석을 선호하는 사람도 있으며, 이 두 가지를 혼용하는 것이 자신에게 더 맞는다는 사람도 있다. 사실 기본적 분석과 기술적 분석을 혼합해 사용하는 것이 훨씬 효과적이다. 실제로 세계적인 투자가 중에는 이처럼 양 기법을 혼용하는 사람이 꽤 있다. 그러므로 각자 자신에게 가장 적합한 방식을 스스로 결정하면 된다.

제1부

기본적인 분석 도구

상식은 생각보다 그렇게 상식적이지 않다.

－볼테르(Voltaire)

차트: 예측 도구인가 아니면 전통을 빙자한 낡은 골동품인가

시장에서 승자가 되고 싶은데 매번 실패만 하던 투자자가 있었다. 이 사람은 기본적 분석에서부터 차트 분석, 컴퓨터 매매 시스템은 물론이고 파동 이론이나 점성술 같이 극소수만 사용하는 이른바 비전秘傳에 이르기까지 안 해 본 방법이 없을 정도였다. 이러한 방법 전부가 이론상으로는 다 먹히는 것 같았는데 이상하게도 실전에서 써먹기만 하면 번번이 어이없는 결과가 나타났다. 매도 포지션을 취했더니 상승 장세가 이어졌고 반대로 매수 포지션을 취하자 꾸준히 상승하던 장세가 반전돼 버렸다. 이렇듯 생각대로 되는 일 없이 오랫동안 실패만 거듭하던 투자자는 너무 화가 나서 그만 모든 것을 포기했다.

바로 이때 아주 유명한 고승에 대한 소문을 듣게 됐다. 이 고승은 저 멀리 히말라야 산속에 사는데 자신을 찾아온 사람들이 궁금한 것을 물어보면 뭐든 대답을 해준다고 했다. 솔깃한 마음에 이 투자자는 당장 네팔행 비행기를 탔다. 그리고 안내인까지 고용해 장장 2개월에 걸쳐 이 고승을 찾아 헤매고 다녔다.

마침내 완전히 기진맥진한 상태에서 고승을 만날 수 있었다.

"오, 현자시여! 나는 정말 불운한 사내고 지금은 완전히 자포자기 상태라오. 아주 오랫동안 투자에 성공하는 비법을 알아내려 했으나 시도하는 족족 다 실패했어요. 대체 어떻게 하면 성공할 수 있나요?"

그러자 고승은 아주 잠깐 뜸을 들이더니 투자자를 빤히 쳐다보다가 이렇게 대답했다. "블래쉬BLASH." 이 한 마디만 하고는 더는 아무 말도 하지 않았다.

"블래쉬?" 투자자는 영문도 모른 채 집으로 돌아왔다. 온종일 그 단어가 머릿속을 떠나지 않았으나 아무리 생각해봐도 고승의 말이 무슨 뜻인지 알 수가 없었다. 그래서 만나는 사람마다 그 이야기를 하면서 무슨 뜻인지 생각해보라고 했다. 그러다 마침내 한 사람이 그 뜻을 알려줬다.

"간단해. 'Buy Low and Sell High.' 그러니까 저점에 사서 고점에 팔라는 말이지. 싸게 사서 비싸게 팔라고!"

뭔가 대단한 비법을 기대한 독자라면 고승의 이 말이 적잖이 실망스러울 것이다. '블래쉬'는 사실 투자 비법이랄 것도 없다. '쌀 때 사서 비쌀 때 팔라.'는 것은 상식의 범주에 속하는 말이기 때문이다. 그러나 볼테르가 간파했듯이 '상식이 그렇게 상식적인 것이 아니라면' 지극히 상식적인 조언인 '블래쉬' 또한 그렇게 자명한 사실로 치부하기 어려워진다. 예를 들어 아래와 같은 질문을 한 번 생각해보라. "투자의 관점에서 볼 때 시장이 신고가를 향해 가고 있다는 것은 어떤 의미인가?" 다들 '상식'이라고 말하는 블래쉬 이론에 따르면 이는 '분명히' 매도 신호일 것이다.

아마도 대다수 투자자는 이러한 해석을 자연스럽게 받아들일 것이다. 블래쉬 접근법의 매력은 자신의 뛰어남을 증명하고픈 대다수 투자자의 어쩔 수 없는 욕구와 맞물려 있다. 구체적으로 말하면 저점 매수/고점 매도 전략은 고점과 저점을 가능한 한 정확히 포착하는 능력에 따라 투자의 성패가 갈린다. 꽤 오랫

동안 상승장이 계속될 때는 바보라도 매수에 나설 수 있다. 그러나 추세가 끝나가고 있음을 감지하는 일 그리고 꼭지를 정확히 집어내는 일은 여간한 고수가 아니고서는 할 수 없다. 어쨌거나 '쌀 때 사고 비쌀 때 팔려고 하는' 것만큼 본능적인 반응은 없을 것이다. 그러나 그 본능적 사실을 실행하기가 말처럼 쉽지는 않다.

따라서 시장이 신고점을 향해 갈 때는 대다수 투자자가 매도 카드를 만지작거리게 된다. 그런데 이 접근법에는 한 가지 문제가 있다. 이 전략이 시장에서 잘 먹히지 않는다는 것이다. 이유가 무엇일까? 시장이 신고점에 도달해 이 수준을 일정 기간 유지한다는 것은 시장에 가격을 밀어 올리는 강력한 기저 동력이 존재한다는 증거이기 때문이다. 따라서 가격이 더 상승하면서 신고점이 돌파될 가능성이 있다. 이 또한 상식인가? 분명히 그렇다. 그러나 이 시장 '상식'은 블래쉬 접근법에서 말하는 '상식'과는 완전히 배치된다.

여기서 말하고자 하는 핵심은 시장 움직임에 관한 우리의 상식적 본능(혹은 직관)은 대부분이 잘못됐다는 점이다. 그런데 차트 분석은 투자의 '상식'을 획득하는 도구를 제공한다. 물론 이것이 말처럼 쉬운 일은 아니지만 말이다. 예를 들어 투자를 시작하기 전 과거의 가격 차트를 철저히 검토해 신고점 이후의 시장 판세를 예측한다면 초보자가 빠지기 쉬운 수많은 함정 가운데 적어도 하나는 피할 수 있을 것이다. 같은 맥락에서, 과거 가격 패턴을 철저히 분석하는 것은 또 다른 시장 정보를 입수하는 데도 도움이 된다.

그러나 차트가 미래 가격 동향을 예측하는 지표로서 유용한 도구인지에 관해서는 여전히 논쟁의 여지가 있다는 점을 기억해야 한다. 여기서는 이 주제에 관한 찬반양론을 줄줄이 나열하기보다는 금융 시장을 다루는 인기 TV 프로그램에서 위 논쟁의 핵심 주제를 다룬 최근 에피소드를 소개하는 것으로 대신하겠다.

랜덤워크 이론가와 차트 분석가의 논쟁

사회자 | 안녕하세요. 〈'월릿' 스트리트위크Wallet Street Week〉의 루이스 퍼니서 Louis Puneyser입니다. 오늘은 그동안 인터뷰 방식으로 진행하던 포맷을 바꿔 상품 가격 차트의 유용성에 관한 토론회의 형식으로 진행하도록 하겠습니다. 이 오르락내리락하는 선과 패턴으로 정말 미래를 예측할 수 있을까요? 아니면 이것은 인생에 대한 셰익스피어의 표현처럼 '바보가 아무 의미 없이 지껄이는, 헛소리와 분노로 가득 찬 허무맹랑한 이야기'에 불과한 것일까요? 자, 오늘의 출연자를 소개합니다. 월가의 금융회사 처넘앤드버넘Churnum & Burnum의 저명한 기술적 분석가 페이스 트렌드Faith N. Trend 그리고 상아탑 대학Ivory Tower University 교수이자 《시장을 이기는 유일한 방법–중개인 되기The Only Way to Beat the Market-Become a Broker》의 저자 필립 코인Phillip A. Coin입니다. 코인 교수님! 교수님은 '랜덤워커스Random walkers'라는 단체 소속이시죠? 랜덤워커스? 뭐하는 단체입니까? 지도 위에 다트를 던져 여행지를 선택하는 식으로 '아무 데나 가는 도보 여행 클럽' 같은 곳인가요? (사회자는 이렇게 말하며 카메라에 얼굴을 들이대고 능글맞게 웃는다.)

코인 교수 | 아닙니다, 퍼니서 씨. 랜덤워커스는 시장 가격은 무작위로 움직인다는 가설을 지지하는 경제학자들의 모임입니다. 시장 가격을 예측하는 시스템을 개발한다는 것은, 룰렛 판(을 돌렸을 때 나오는) 색깔을 예측하는 시스템을 고안할 수 있다는 것과 다를 바가 없다고 봅니다. 이 두 가지 다 우연의 문제일 뿐이지요. 가격에는 기억이라는 것이 없어요. 어제 일어났던 일은 내일 일어날 일과 아무 상관이 없습니다. 다시 말해 차트는 과거의 일을 알려줄 뿐이지, 미래를 예측하는 데는 전혀 도움이 안 됩니다.

트렌드 | 교수님, 교수님은 매우 중요한 사실을 간과하고 있군요. 일일 가격은 '한 그릇'에서 나온 것이 아니라 모든 시장 참여자의 행동에서 나온 집합적 결과물입니다. 인간의 행동은 물리 법칙의 지배를 받는 행성의 움직임과 달라서 정확히 예측할 수는 없으나 또 완전히 무작위로 움직이는 것도 아닙니다. 만약 그렇다면, 즉 인간의 행동을 예측할 수 없다면 교수님의 전공인 그 경제학이라는 것도 결국은 연금술처럼 사라질 운명에 처하지 않을까요? (이 말에 코인 교수는 마음이 불편한 듯 좌불안석이다.) 차트는 기본적인 행동 패턴을 보여줍니다. 매수자와 매도자 간의 비슷한 상호작용이 비슷한 가격 패턴을 만들어내는 한, 과거는 미래를 예측하는 유용한 지표가 될 수 있어요.

코인 교수 | 과거의 가격이 미래 가격을 예측하는 지표로 사용될 수 있다면, 그동안 했던 수많은 연구에서 기술적 분석 원칙이 단순한 '매수 후 보유buy-and-hold' 전략보다 더 나은 성과를 내지 못한 이유가 대체 뭔가요?

트렌드 | 그러한 연구에서 사용한 기술적 분석 원칙이 지나치게 단순화됐다는 것이 문제입니다. 말씀하신 연구 결과는 그 연구에서 사용했던 특정한 몇몇 분석 원칙이 효과적이지 않다는 사실을 입증한 것뿐입니다. 차트 분석이나 이보다 좀 더 정교한 기술적 분석 시스템 같은 다양한 가격 예측 도구를 투자 결정 과정에 활용할 수 없다는 것을 증명한 것이 아닙니다.

코인 교수 | 그러면 차트 분석이 유용한 예측 도구라는 사실을 확실하게 입증해주는 연구는 왜 없나요?

트렌드 | 이 논쟁의 핵심은 차트 분석 기법 자체에 결함이 있다기보다는 기술적 분석 이론의 수량화가 어렵다는 것이 문제라는 겁니다. 교수님의 주장도 결국은 이와 맥을 같이하고 있어요. 같은 장세를 보면서 어떤 사람은 천장이라고 하는데 어떤 사람은 조정이라고 봅니다. 차트 패턴을 수학적으로 분석하려 할 때면 필연적으로 임의성이 개입될 수밖에 없습니다. 게다가 특정 시점에 차트에서 상충하는 패턴이 나타날 때는 문제가 더욱 복잡해지고요. 따라서 어떤 의미에서는 수많은 차트 이론을 객관적으로 검증하는 것은 사실상 불가능합니다

코인 교수 | 너무 본인 위주로 편하게 생각하는 것 아닌가요? 엄격하게 검증할 수 없는 이론이라면 대체 그것을 어디에 써먹을 수 있나요? 수수료 부분은 그렇다 치고 차트 분석에 기초한 투자의 성공률이 50% 이상이라는 사실을 어떻게 알 수 있나요?

트렌드 | 모든 차트 신호를 맹목적으로 따르면 중개인 배만 불려줄 뿐이라고 주장하시는 것 같은데, 나도 그 의견에는 동의합니다. 그러나 내가 말하고 싶은 것은 차트 분석은 과학이 아니라 일종의 기술이라는 사실입니다. 기초 이론 습득은 기본에 해당하는 일이지요. 그것으로 끝이 아니라 이것이 출발점인 셈입니다. 차트가 정말 유용한 도구인지 아닌지는 그것을 사용하는 개인의 능력에 달렸다고 봅니다. 다시 말해 기술적 분석의 기본 개념과 각자의 경험을 적절히 버무려 활용하는 능력이 중요합니다. 또 차트는 주요 시장 추세를 예측할 때 특히 유용할 수 있어요. 차트를 기본 도구로 삼아 투자 결정을 내리는 방법으로 성공한 사람이 상당히 많아요. 이 사람들이 성공한 것도 단지 운이 좋아서였다고 말할 건가요?

코인 교수 | 네, 나는 그렇게 봅니다. 당연히 행운이 따른 결과지요. 투자자의 수가 아주 많으면 그 사람들이 차트를 기준으로 투자를 했든 아니면 상품 카탈로그를 과녁 삼아 다트를 던져 투자 결정을 했든 간에 그중에는 분명히 투자에 성공한 사람이 나오겠지요. 그것은 단지 확률의 법칙에 따른 결과일 뿐 특정한 방법론의 결과는 아니라고 보는데요? 하다못해 카지노 판에서도 몇 사람은 돈을 땁니다. 확률적으로는 그렇다는 겁니다. 이 사람들이 돈을 딴 것도 특정한 방법이나 시스템 덕분이라고 말하고 싶은 건가요?

트렌드 | 교수님의 그 주장으로는 몇몇 차트 분석가가 올린 뛰어난 성과가 우연일 수 있다는 것을 증명할 뿐입니다. 차트 분석에 능한 투자자가 더 좋은 성과를 낼 수 있다는 주장이 틀렸음을 입증하는 것은 아니지요. 요컨대 그 주장으로는 차트 분석으로 더 좋은 성과를 올릴 수 있다는 주장을 반박하지는 못합니다.

사회자 | 양측 주장이 팽팽히 맞서고 있군요. 이쯤에서 본인의 주장을 지지하는 증거가 필요할 듯한데, 증거 자료를 가져오신 분 혹시 계신가요?

코인 교수 | 네, 가져왔습니다. (코인 교수는 서류 가방에서 두꺼운 서류 뭉치를 꺼내 사회자에게 건넨다. 사회자는 그 서류를 휙휙 넘기며 훑어보고는 깨알 같은 그리스 문자로 가득한 수학 공식에 기함을 하며 고개를 절레절레 흔든다.)

사회자 | 대놓고 수학적인 자료는 좀 부담스럽군요. 아무리 교양 프로그램이라도 이건 너무 어려워요.

코인 교수 | 그래요? 그럼 이건 어떤가요? (코인 교수는 자료 한 장을 꺼내 트렌드 씨에게 건넨다.) 트렌드 씨, 이 차트를 어떻게 해석하실 건가요? (애써 참으려 해도 얼굴에는 의기양양한 미소가 스멀스멀 새어 나온다.)

트렌드 | 음, 이것은 동전 던지기 결과를 차트로 만든 것처럼 보이네요. 동전의 앞면이 나오면 한 칸 올리고 뒷면이 나오면 한 칸 내리고. 아닌가요?

코인 교수 | (히죽거리던 얼굴은 어디 가고 어느 새 오만상을 찡그리고 있다.) 그걸 어떻게 아셨나요?

트렌드 | 그저 요행수죠.

코인 교수 | 어쨌거나 그것은 내 주장에 영향을 미치는 부분은 아니니까. 그건 그렇다고 치고, 이 차트를 한번 보세요. 여기도 추세가 나타나지요? 이거 말입니다. 기술적 분석가라는 사람들이 '머리어깨형head and shoulder formation'이라고 하는 그것 아닌가요?

사회자 | 헤드앤숄더? 혹시 P&G 샴푸 얘기를 하고 있나요?

코인 교수 | (사회자 말에 아랑곳하지 않고 계속 말을 이어서) 보다시피 거의 무작위로 움직인 것 같은 패턴 아닌가요?

트렌드 | 그래요. 그러나 그런 식으로 따지면 이상한 결론에 이를 수도 있어요. 예를 들어 현역 경제학자 대다수가 석·박사 학위 소지자라는 사실이 결

코 우연이 아니라는 데 동의하시죠?

코인 교수 | 네, 뭐 물론.

트렌드 | 전체 인구에서 무작위로 추출한 표본도 석사 이상 학위자일 수 있어요. 자, 그러면 경제학자가 석사 이상 학위 소지자라는 사실도 우연이라고 결론 내릴 수 있겠네요?

코인 교수 | 아무리 그래도 당신이 말하는 가격 차트와 내가 무작위로 만들어낸 이 차트가 무슨 차이가 있는지 모르겠어요.

트렌드 | 정말 그렇게 생각하나요? 이 가격 차트가 무작위로 생성한 차트처럼 보이나요? (그렇게 말하며 1980년 7월물 은(銀) 차트를 들어올린다. 〈그림 1-1〉 참고)

코인 교수 | 음, 정확히 같다고는 할 수 없지만, 그래도….

사회자 | 그러니까 은 가격 차트 전부가 애매한 추세선을 나타내는 것은 아니라는 말이죠?

트렌드 | (공세를 취하며) 그럼 이것은요? (이번에는 1994년 12월물 커피 가격 차트를 내보인다. 〈그림 1-2〉 참고) 이것 말고도 이런 차트는 얼마든지 제시할 수 있어요.

사회자 | (코인 교수에게) 트렌드 씨의 주장이 설득력을 얻고 있는 것 같은데요. 반론을 제기할 근거 같은 것이 있나요?

제1장 차트: 예측 도구인가 아니면 전통을 빙자한 낡은 골동품인가

코인 교수 | 음, 제 주장과는 정반대되는 사례라는 점은 인정하는데 그래도 그것이 과거의 가격으로 미래 가격을 예측할 수 있다는 사실을 입증하는 사례는 아니라고 봅니다.

사회자 | 예정된 시간이 얼마 남지 않았는데요. 그럼 관점을 좀 바꿔서 기본적 분석가에 대해서는 어떻게 생각하는지 두 분의 생각을 들어볼까요?

코인 교수 | 기술적 분석가보다는 낫다고 봅니다. 기본적 분석가는 적어도 가격 움직임의 이유를 설명할 수는 있으니까요. 그러나 기본적 분석가도 미래 가격을 예측하려고 시도하는 것은 역시 문제가 있다고 봅니다. 알다시피 이미 모두가 알고 있는 정보는 시장에 영향을 미치지 않아요. 그러므로 가뭄이나 금수(禁輸) 조치 같은 뜻밖의 상황을 예측할 수 없는 한 미래 가격을 알 수 있는 방법은 없어요.

트렌드 | 우선 차트 분석가가 기본적 분석에 대해 아쉬워하는 부분부터 설명하고 싶습니다. 가격 차트를 보면 기본적 분석 요소와 심리적 요소가 시장에 어떤 영향을 미치는지 좀 더 분명하게 그리고 곧바로 알 수 있다고 생각합니다. 그런데 기본적 분석 모형은 그렇지 않습니다. 완벽한 기본적 분석 모형을 정립할 수 있을지는 모르겠으나 일단 그것이 가능하다고 가정합시다. 그렇다 해도 완벽하게 '정확한' 기본적 분석 모형은 일단 너무 복잡합니다. 더구나 예측 기간에 해당하는 자료는 추정을 해야 하기 때문에 가격 예측에 오류가 생길 개연성이 너무 큽니다.

사회자 | 그러면 두 분 모두 기본적 분석에 문제가 있다는 데 동의하는 것으

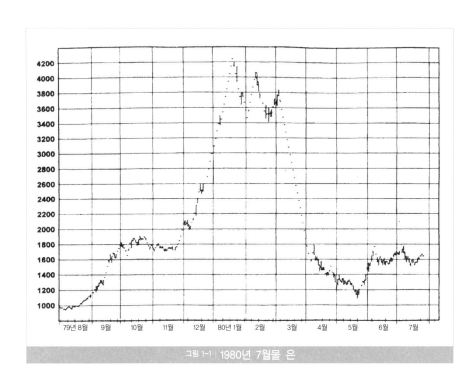

그림 1-1 | 1980년 7월물 은

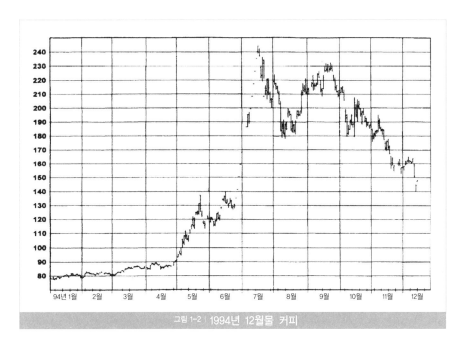

그림 1-2 | 1994년 12월물 커피

제1장 차트: 예측 도구인가 아니면 전통을 빙자한 낡은 골동품인가

로 알겠습니다.

트렌드 | 네.

코인 교수 | 그렇습니다.

사회자 | 자, 그럼 두 분이 이 부분에서 의견 일치를 봤다는 사실에 안도하며 오늘 토론은 이만 마치도록 하겠습니다.

어떤 의미에서 랜덤워커(랜덤워크 이론 신봉자)와 차트 분석가 간의 논쟁은 해결이 불가능하다. 무작위성을 증명하는 것은 사실상 불가능하기 때문이다. 우리가 증명할 수 있는 것은 패턴이 '존재한다는' 사실이 아니라 패턴이 '존재하지 않는다는' 사실뿐이다(이마저도 쉽지 않지만). 수많은 차트 패턴의 수학적 정의에 관해서는 의견 일치를 보지 못했기 때문에 차트 패턴이 유용한 가격 예측 지표라는 사실을 입증할 수도 없고 동시에 유용한 지표가 아니라는 사실을 입증할 수도 없다.

예를 들어 박스권trading range에서의 돌파breakout가 유효한 매매 신호인지 아닌지를 결정하려면 일단 박스권과 돌파의 개념부터 정의해야 한다. 이 두 개념을 아래와 같이 정의한다고 하자. (1) 박스권은 지난 6주 동안의 일일 가격 변동을 완벽하게 포괄하는 가격대로서 같은 기간의 가격 중앙치에서 5%를 넘지 않는다. (2) 돌파는 6주간의 박스권을 넘어서는 종가를 말한다. 돌파가 매매 신호로서의 유효성이 있는지는 이러한 정의를 바탕으로 검증할 수 있다. 그러나 이러한 정의 자체를 문제 삼을 수 있는 여지가 많다. 그 걸림돌을 예로 들면 다음과 같다.

1. 가격대가 너무 좁다.

2. 가격대가 너무 넓다.

3. 6주라는 기간이 너무 길다.

4. 6주라는 기간이 너무 짧다.

5. 박스권을 벗어나더라도 기본 패턴에 영향을 미치지 않는 경우가 있음에도 이 부분을 전혀 고려하지 않는다.

6. 박스권 이전의 추세 방향을 고려하지 않는다. 박스권 이전의 추세 방향은 수많은 차트 분석가가 돌파의 신빙성을 해석할 때 고려하는 중요한 요소다.

7. 돌파로 인정되려면 박스권의 경계선을 넘어서야 하는 최저한도(예: 가격대의 1%) 조건을 충족해야 한다.

8. 돌파로 인정되려면 박스권을 벗어나는 종가가 일정수가 돼야 한다.

9. 돌파의 유효성이 입증되려면 일정한 시차가 필요하다. 예를 들어 최초 돌파가 발생하고 나서 일주일 후에도 그러한 상태가 유지되는지 지켜봐야 한다.

위 내용은 박스권과 돌파의 가설적 정의에 대한 수많은 반박 논리 가운데 몇 가지만 제시한 것이다. 게다가 위 내용 전부가 가장 기본적인 차트 패턴에 대한 반론일 뿐이다. 가장 기본적인 패턴에 대해서도 반대하는 근거가 이렇게 많은데 더 복잡한 차트 패턴까지 포함하면 반대론자가 제시할 반론은 한도 끝도 없을 것이다. 예를 들어 '머리어깨형' 같은 패턴을 구체적으로 정의할 때의 그 모호성과 복잡성을 한번 상상해보라.

차트 분석가도 이 논쟁에서 자신들의 주장을 쉽게 관철할 수 있다고 장담하지 않는다. 차트 분석이 보편적인 일반 원칙에 바탕을 두고 있기는 하나 각

개인의 해석에 따라 원칙 적용의 결과가 달라질 수 있기 때문이다. 차트 분석을 기반으로 성공적인 결과를 낸 투자자는 차트 분석의 실효성을 의심하지 않겠으나 랜덤워크 이론가는 차트 분석가의 성공을 인정하지 않을 것이다. 꼭 차트 분석이 아니더라도, 확률 법칙상 완전히 무작위로 이루어진 투자 결정 과정을 통해서도 비슷한 수준의 성공률을 기록한다고 보기 때문이다.

요컨대 이 논쟁은 명확한 결론이 나지 않을 것이다.

이 논쟁을 확실하게 마무리 지을 수 있는 정확한 검증이 가능하다 해도 랜덤워크 이론가와 차트 분석가의 상충적 주장이 반드시 대립한다고 볼 필요는 없다. 장기적인 무작위적 가격 움직임이 나타나는 와중에 이보다 짧은 기간에 걸쳐 규칙적인 가격 움직임이 하나씩 끼어 나타난다고 봐도 무방할 것이다. 즉 전체적으로는 가격이 무작위 패턴을 보이더라도 부분적으로는 분명한 패턴을 보이는 구간이 존재한다. 차트 분석가의 목적은 바로 그러한 구간(즉, 주 추세)을 찾아내는 것이다.

차트를 사용한 투자의 장점

이제 내가 어느 쪽에 섰는지를 밝혀야 할 시점이 된 것 같다. 내 개인적인 경험상 물론 절대적이라 할 수는 없어도 차트는 분명히 가치 있는 투자 도구였다. 그러나 이런 생각만으로는 아무것도 증명할 수 없다. 랜덤워커는 내가 내린 이 결론이 선택적 기억에 바탕을 둔 것이라고 비판한다. 즉, 차트 분석으로 성공한 것은 기억하고 실패한 것은 잊어버린 결과라는 것이다. 선택적 기억이 아니라면 단순히 운이 좋았기 때문이라고 설명한다. 이들의 판단이 틀린 것은 아니다. 그러한 설명이 옳을 수도 있다.

투자자는 차트 분석의 실효성이나 가치를 독자적으로 판단해 각자 결론을 도출해야 한다. 다만 차트 분석으로 성공한 수많은 투자자가 차트가 매우 유용한 투자 도구라고 생각한다. 그러므로 초보 투자자는 단순히 직관적 회의론에 입각해 이 접근법을 무조건 도외시하는 태도는 경계해야 한다.

차트를 사용한 투자의 장점을 들자면 아래와 같다(미래 가격을 예측하는 데 차트를 사용할 수 있느냐와 관련한 논쟁과는 별개로 차트의 유용성을 보여주는 사례가 매우 많다는 점에 주목하라).

1. 차트를 보면 과거의 가격 추이를 확인할 수 있다. 가격 추이는 투자자가 반드시 알아야 하는 필수 정보다.

2. 시장 변동성을 평가하는 데 도움이 된다. 시장 변동성은 위험을 평가할 때 반드시 고려해야 하는 사항이다.

3. 차트는 기본적 분석가에게도 매우 유용한 도구다. 장기 가격 차트를 보면 주요 가격 움직임이 나타난 기간을 한눈에 확인할 수 있다. 그 기간에 발생한 특정한 사건이나 기본적 분석 요소를 파악하면 가격에 영향을 주는 주요 요인들을 찾아낼 수 있다. 그리고 이러한 요인들을 '가격 동향 모델'을 정립하는 데 활용할 수 있다.

4. 차트를 투자 시점을 결정하는 도구로 사용할 수 있다. 다른 정보(예: 펀더멘털, 즉 기초 경제 및 재무 요소)를 바탕으로 투자 결정을 하는 투자자도 마찬가지다.

5. 자금 관리 도구로 사용할 수 있다. 유의미하고 현실적인 손절(혹은 청산) 시점을 정하는 데 도움이 된다.

6. 차트는 반복적인 패턴을 보이는 특정한 시장 동향을 반영한다. 충분한 경험이 바탕이 된다면 차트를 사용해 가격 움직임을 예측하는 능력을 발휘

할 수 있다.

7. 수익을 내는 기술적 매매 시스템을 개발하기 위해서는 차트 개념을 이해하는 것이 필수적이다.

8. 차트 분석에 부정적인 사람도 다음 사항에 주목해야 한다. 특별한 상황에서는 전형적인 차트 신호를 정반대로 해석하는 것이 오히려 수익성을 높일 수 있다. 이러한 접근법에 관해서는 제11장에서 상세히 다룰 것이다.

요컨대 차트는 비관론자나 신봉자를 가리지 않고 누구에게나 중요한 무언가를 알려준다. 제1부(제1장~제7장)에서는 고전적인 차트 이론의 핵심 개념들을 검토하고, 차트를 효과적인 투자 도구로서 어떻게 사용할 수 있는지, 그 방법에 관해 설명할 것이다.

우리는 기상 예보관이 없어도 바람이 어디로 부는지 알 수 있다.

−밥 딜런(Bob Dylan)

제2장

차트의 유형

가격 차트는 기술적 분석의 주요 도구다. 차트의 유형은 매우 다양하나 대부분은 일종의 격자 시스템을 이용한 그래프로서 x축은 시간, y축은 가격을 나타내는 형태다. x축에 표시되는 시간의 간격은 분석가의 관점이 장기적인지 아니면 단기적인지에 따라 달라진다. 차트는 일간, 주간, 월간, 연간 단위(가장 일반적) 그리고 일중 단위(예: 30분, 60분 등)의 가격 데이터로 구성된다.

막대 차트

막대 차트는 가장 일반적인 유형의 차트다. 막대 차트에서는 저가와 고가를 포함한 일일 가격 범위가 수직선으로 표시된다. 당일 종가는 막대 오른쪽에 돌출된 수평선으로 표시된다. 그리고 시가는 막대 왼쪽에 돌출된 수평선으로 표시한다(물론 항상 그렇지는 않다). 〈그림 2-1〉은 개별 종목의 일간 막대 차트를 나타낸다.

선물 시장의 경우 막대 차트에 표시된 시가와 종가는 그날 매매가 개시되고 나서 수분 동안 그리고 매매 종료를 앞둔 수분 동안의 평균 가격으로 어림한 수치(보통 해당 선물 계약별로 전문 자격을 갖춘 공인 투자가가 정함)다. 주식 시장의 시가와 종가는 각각 그날의 최초 매매가와 최종 매매가를 나타내며 특정 종목의 스페셜리스트specialist: 전문 중개인: 증권거래소 및 증권거래소위원회의 규칙에 따라 자기 매매도 하고 타회원의 수탁주문도 취급하는 자-역주가 기록한 수치를 말한다.

일간 막대 차트는 매매 용도만 따졌을 때는 가장 유용한 도구다. 그러나 이보다 긴 기간의 가격 정보를 담은 막대 차트는 또 다른 관점을 제공한다는 점에서 특히나 중요한 의미가 있다. 주간 차트와 월간 차트 같은 장기 막대 차트도 본질적으로는 일간 차트와 거의 같다. 즉, 각 수직선은 해당 기간의 가격 범위와 최종 가격을 나타낸다(주간 및 월간 차트에서 시가와 종가는 각 막대에 포함된 최초 매매 기간의 시가와 최종 매매 기간의 종가를 나타낸 것이다. 예를 들어 주간 차트의 각 막대는 월요일의 시가와 금요일의 종가를 표시한 것으로 보면 된다).

〈그림 2-2〉는 〈그림 2-1〉 주식 종목의 주간 막대 차트다. 맨 오른쪽에 표시된 직사각형 부분이 바로 〈그림 2-1〉에 해당하는 구간이다. 〈그림 2-3〉은 같은 종목의 월간 차트다. 큰 사각형과 작은 사각형은 각각 〈그림 2-2〉와 〈그림 2-1〉에 해당하는 구간이다.

이렇게 일간, 주간, 월간 차트를 혼합해 사용하면 이른바 '망원 효과'를 볼 수 있다. 주간 및 월간 차트는 시장에 대한 좀 더 폭넓은 관점을 제공해 장기 추세에 관한 기술적 예측을 가능케 하고, 일간 차트는 투자 시점을 결정하는 데 사용된다. 장기 차트에서 확실한 시장 추세를 확인하게 되면, 시장에 대한 명확한 견해를 깔고 일간 차트를 보게 된다. 예를 들어 주간 차트와 월간 차트에서 장기적 상승 추세 속에 고점을 확인했다면 매도 신호는 일간 차트를 살펴보며

찾으면 좋을 것이다.

일간 차트와 주간 차트가 보여주는 '그림'이 상당히 다를 수 있다. 따라서 두 가지 유형의 차트를 다 검토해야 한다. 예를 들어 1995년 3월물 은(銀) 선물 계약의 일간 막대 차트(〈그림 2-4〉)는 고점 행진 속에 약세장의 흐름이 주를 이루는 모습이다. 그러나 주간 차트(〈그림 2-5〉)는 이와는 다른 양상을 나타낸다. 주간 차트에서는 1993년 말부터 1994년까지의 가격 패턴이 여전히 고점을 찍고 있는 듯 보이나 기간 범위를 더 넓게 잡고 살펴보면 바닥에 거의 근접한 가격 패턴을 보이고 있으며 특히 1991년부터 1993년 초반 사이에 가격의 바닥권이 형성됐다는 점이 명확히 드러난다. 그러므로 두 차트 모두 단기적 약세 국면을 시사하는 것처럼 보여도 실상은 좀 다르다. 즉, 주간 차트는 또 다른 가격 하락을 잠재적 매수 기회로 여기기에 충분한 근거를 제공하는 반면, 일간 차트로는 이러한 결론을 내릴 만한 근거를 전혀 포착할 수 없다.

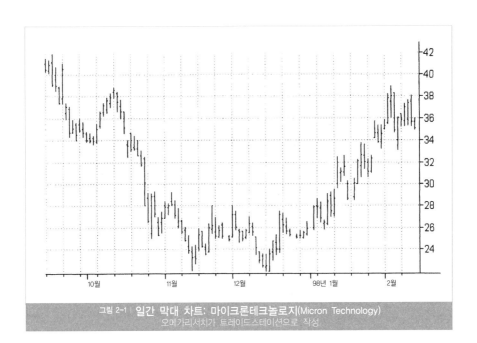

그림 2-1 | 일간 막대 차트: 마이크론테크놀로지(Micron Technology)
오메가리서치가 트레이드스테이션으로 작성

그림 2-2 | 주간 막대 차트: 마이크론테크놀로지
오메가리서치가 트레이드스테이션으로 작성

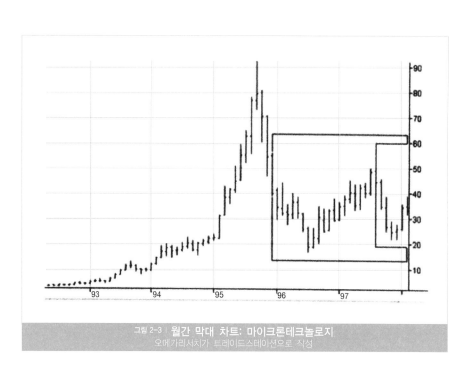

그림 2-3 | 월간 막대 차트: 마이크론테크놀로지
오메가리서치가 트레이드스테이션으로 작성

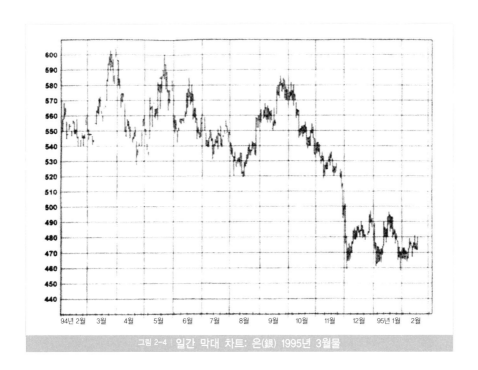

그림 2-4 | 일간 막대 차트: 은(銀) 1995년 3월물

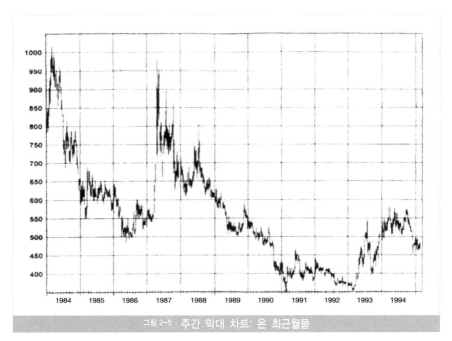

그림 2-5 | 주간 막대 차트: 은 최근월물

종가 차트

명칭에서 짐작할 수 있듯이 종가 차트는 종가를 기준으로 하며 고가와 저가 정보는 반영하지 않는다. 일중 가격 데이터는 쉽게 입수할 수 없기 때문에 일부 가격 추이는 종가 차트 형식으로만 표시한다. 종가 차트는 두 가지가 있는데 하나는 (1) 현물 가격 차트이고(〈그림 2-6〉) 또 하나는 (2) 스프레드 차트(〈그림 2-7〉)다 (스프레드 차트는 두 가격 간의 차이를 나타낸다).

　　차트를 이용하는 투자자 중에는 고가/저가/종가 데이터를 이용할 수 있을 때도 종가 차트를 선호한다. 종가만 사용해야 가격 추이를 더 분명하게 알 수 있다고 생각하기 때문이다. 종가 외에 고가/저가 데이터를 포함하면 가격 차트

그림 2-6 | 현물 가격 차트: 밀
출처: 허락 하에 전재(轉載)함. ⓒ1995 BRIDGE/CRB, 30 South Wacker Drive, Suite 1810, Chicago, IL 60606

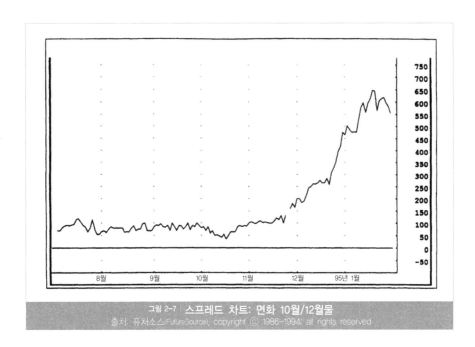

만 쓸데없이 복잡해질 뿐이라는 것이 이들의 생각이다.

　종가야말로 가장 필수적인 일일 가격 정보라고 강조하는 데에는 그만한 이유가 충분히 있다. 그럼에도 수많은 주요 차트 패턴이 고가 및 저가 정보를 바탕으로 하기 때문에 고·저가 데이터를 무조건 무시할 일은 아니라고 본다. 더구나 현실적으로는 종가 차트보다 막대 차트를 구하기가 훨씬 쉽다는 점도 고려해야 한다(오늘날 한국의 업계 실정과는 다를 수도 있음-역주).

P&F 차트

P&F 차트point and figure chart: 점도(點圖) 차트라고도 함의 가장 큰 특징은 시간 요소는 배제한 채 모든 매매 행위를 하나의 연속 흐름으로 간주하는 것이다. 〈그림 2-8〉에서 보듯이 P&F 차트는 X 혹은 O로 표시된 기둥 모양으로 구성돼 있다(차트 작성

소프트웨어의 종류에 따라 O 대신 직사각형이나 기타 부호를 사용하기도 한다). 여기서 X는 임의로 설정한 한 칸의 크기box size만큼 가격이 상승한 것을 나타낸다. 가격이 계속해서 상승하면 X위에 한 칸 크기만큼 X를 계속 그려준다.

그러나 가격이 반전 크기reversal size: 최소 반전 폭만큼 혹은 반전 크기를 넘어서는 수준으로 하락하면 O 기둥이 새로 형성되기 시작한다. O의 수는 반전의 정도에 따라 달라지지만, 그 정의상 적어도 임의로 설정한 반전 크기와 같아야 한다. 통상적으로 첫 번째 O는 이전 X 기둥에 있는 마지막 X보다 한 칸 아래에 표시한다.

가격 하락과 상승 반전도 이와 마찬가지로 설명할 수 있다. 한 칸 크기 및 반전 크기는 사용자가 임의로 정한다. P&F 차트에서 한 칸의 크기가 클수록 단기 '잡음noise', 즉 단기적인 가격 변동이 더 많이 걸러진다.

〈그림 2-8〉은 한 칸 크기를 0.5포인트 그리고 반전 크기를 1.5포인트로 잡은 것이다. 다시 말해 가격이 1.5포인트 혹은 그 이상 하락하지 않는 한, 가격이 0.5포인트 상승할 때마다 X 기둥에 X가 계속 추가된다. 가격이 1.5포인트 혹은 그 이상 하락하면 O 기둥이 형성되기 시작한다. 이때 첫 번째 O는 이전 X기둥에서 마지막으로 그려진 X 바로 한 칸 아래에 그린다. 이렇게 해서 X 기둥 바로 옆, 꼭대기 X 바로 한 칸 아래부터 O 기둥이 생성된다.

앞서 말했듯이 P&F 차트는 시간 요소는 반영하지 않는다. 그래서 기둥 하나로 하루는 물론 2개월간의 가격 추이까지 나타낼 수 있다. 예를 들어 〈그림 2-9〉는 〈그림 2-8〉의 P&F 차트를 막대 차트로 나타낸 것이다. 막대 차트상의 일일 가격 추이(부호 '1'로 표시됨)도 그렇고 그 직후 5일간의 가격 추이(괄호 형태의 화살표 부분으로서 부호 '2'로 표시됨)도 그렇고, 둘 다(1일간과 5일간 가격 추이) P&F 차트상에서는 각각 하나의 기둥으로 표시된다.

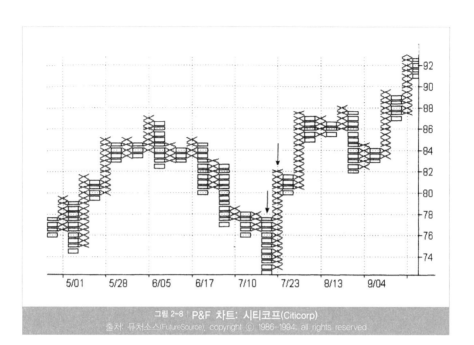

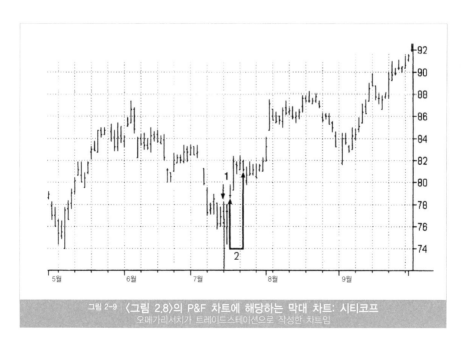

그림 2-9 ┃ 〈그림 2.8〉의 P&F 차트에 해당하는 막대 차트: 시티코프

봉 차트

봉 차트candlestick chart는 기본 막대 차트에 면面과 색깔을 가미한 것이다. 시가와 종가 사이의 범위를 나타낸 봉 부분은 2차원의 직사각형으로 표시하며, 이를 봉의 몸통real body이라고 한다. 시가와 종가의 범위를 넘는 고가와 저가는 몸통 위와 아래에 선으로 표시하며, 이를 꼬리shadow: 그림자라고 한다. 시가와 종가가 각각 일중 가격 범위의 양극단을 형성할 정도로 차이가 큰 날은 몸통이 길어지고 시가와 종가의 차이가 작은 날은 몸통 길이도 줄어든다. 몸통의 색깔은 종가가 시가보다 높은지 낮은지를 나타낸다. 종가가 시가보다 높으면 흰색(〈2-10〉 참고), 낮으면 검은색(〈그림 2-11〉 참고)이다. 〈그림 2-12〉는 〈그림 2-9〉에 제시한 차트의 중간 부분(1996년 5월 말부터 9월 초까지)에 대한 봉 차트다.

봉 차트는 기본적으로 막대 차트와 동일한 가격 데이터를 사용하는데 봉 차트만의 독특한 모양은 추세 지속 및 반전 패턴을 좀 더 명확히 보여준다. 봉 차트 분석가는 이러한 패턴을 기초로 시장 동향을 예측한다. 수없이 많은 봉 차트 패턴과 각 패턴에 대한 상세한 해석은 이 책의 주제 범위를 벗어난 것이므로 여기서는 다루지 않을 것이다.

그래도 한 가지만 소개하자면 시가와 종가가 같은 봉 패턴을 도지doji라고 한다. 〈그림 2-12〉를 보면 가격 폭이 엄청나게 큰 날의 봉 형태를 확인할 수 있다. 통상적으로 도지는 불안과 망설임의 시장 심리를 반영하는 것으로 해석되며 추세 시장trending market에서는 추세 변화가 임박했다는 신호일 수 있다.

도지는 봉 차트 중 유일하게 이에 상응하는 막대 차트와 동일한 형태다. 즉, 같은 가격 데이터를 표시한 막대 차트와 봉 차트에서 유일하게 겹치는 부분이 바로 도지다.(〈그림 2-9〉와 〈그림 2-12〉를 비교하라.)

일부 투자자는 봉 차트가 막대 차트보다 더 많은 정보를 제공하고, 가격 데이터도 시각적 형태로 잘 보여주기 때문에 전통적인 막대 차트보다 봉 차트가 더 편하고 유용하다고 생각한다.

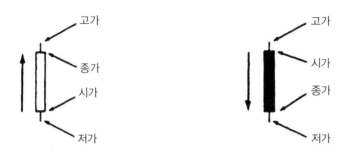

그림 2-10 | 봉 차트: 흰색 몸통(양봉: 상승일)   그림 2-11 | 봉 차트: 검은 색 몸통(음봉: 하락일)

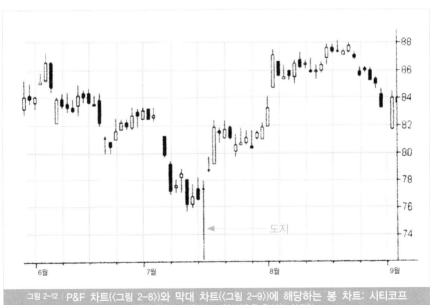

그림 2-12 | P&F 차트(〈그림 2-8〉)와 막대 차트(〈그림 2-9〉)에 해당하는 봉 차트: 시티코프
오메가리서치가 트레이드스테이션으로 작성한 차트임

차트 유형을 분석할 때는 자신이 분석하는 가격 데이터의 속성을 이해하는 것이 중요하다. 지금부터는 주식 및 선물 투자자가 가격 데이터와 관련해 종종 간과하는, 그러나 매우 중요한 부분을 설명한다.

①주식 투자자가 고려해야 할 사항: 주식 분할과 가격 데이터

주식 분할 시 분할 자체가 가격 변동에 영향을 주지 않도록 과거의 모든 주식 가격은 분할 비율에 맞춰 조정된다. 예를 들어 주당 50달러에 거래되는 주식이 2:1로 분할되면 이 주식의 현재 가격은 25달러가 된다. 가격 조정이 이루어지지 않았다면 차트에는 가격이 50달러에서 25달러로 하락한 것처럼 보일 것이다. 이처럼 가격이 왜곡되는 불합리한 상황을 피하려고 과거의 모든 가격을 2로 나눈다(분할 비율 2:1에 맞춰). 따라서 주식 분할 이전의 과거 가격은 가격이 이미 조정된 차트에서는 실제 주가를 반영하지 않지만, 조정되지 않은 차트에 나타난 일련의 가격 움직임은 주식 분할에 기인하지 않은 실제 가격 움직임을 말한다.

주식 분할에 따라 주가를 조정하는 방법이 합리적이라 해도, 주가 조정 후 가격 차트에는 과거의 가격 변동분이 제대로 반영되지 않을 수 있다. 다시 말해 과거의 가격 변화가 실제 가격 변화보다 상당히 과소평가될 수 있다. 예를 들어 세 차례에 걸쳐 2:1 비율로 주식 분할이 이루어졌다고 가정하자. 이렇게 세 차례 분할된 주식 가격을 조정하려면 두 번째와 세 번째 분할 사이의 가격은 2로 나누고, 첫 번째와 두 번째 분할 사이의 가격은 4로 나눈다. 그리고 분할이 이루어지기 전의 원래 가격은 8로 나눈다. 따라서 세 차례 분할이 이루어지기 전 주식가격이 5달러에서 8달러로 상승했다면 실제로는 주당 순이익이 3달러가 아니라

24달러가 될 것이다.

이러한 조정이 가격 패턴에 변화를 초래하지는 않을지 몰라도, 전체 주가에 대한 컴퓨터 검증에 바탕을 두는 매매 시스템의 경우는 그 결과를 심각하게 왜곡할 수 있다. 이에 대한 설명 또한 이 책의 주제 범위를 벗어나는 것이기는 하지만, 분할 조정된 표준 가격 데이터를 사용해 매매 시스템을 검증할 때 주식의 수가 아니라 투자 금액의 크기를 고정해놓으면(예: 1,000달러) 왜곡을 상당 부분 줄일 수 있다. 예를 들어 분할 조정가가 5달러면 거래량은 200주가 되고 분할 조정가가 50달러면 거래량은 20주가 될 것이다.

②선물 투자자가 고려해야 할 사항: 연결된 선물 차트

주식 차트는 중간에 끊어짐 없이 연속적으로 제시되는 가격들로 구성된다. 그런데 선물 계약은 그렇지 않다. 상품 선물이나 금융 선물 등은 정해진 결제월 단위로 매매가 주기적으로 반복된다. 그리고 각 주기마다 매매 시한이 정해져 있고 거래 가격도 각기 다르다(그러나 이전 계약 가격과 어느 정도 관련성이 있음).

예를 들어 미 재무부 채권T-bond 선물은 각각 3월, 6월, 9월, 12월 계약물을 기준으로 이른바 분기 주기로 거래된다. 이와 달리 원유는 매월물로 거래된다. 장기 포지션을 취하는 선물 투자자는 만기에 이른 계약 포지션을 다음 계약으로 '이월'해야 한다. 즉, 결제월에 이르러 기존 포지션을 청산하고 다음 결제월까지 계약을 연장한다. 그러므로 주 단위 혹은 월 단위의 장기적인 차트를 만들기 위해서는 단일 계약이 아닌 연속적 계약을 필요로 한다. 이러한 장기 차트는 지지선과 저항선 결정뿐 아니라 장기적 고점과 저점을 확인하는 데도 중요하다.

선물 투자 시 차트 분석을 할 때 직면하게 되는 주된 문제는 선물 계약의 주기가 매우 짧다는 점이다. 게다가 거래가 활발하게 이루어지는 기간은 더 짧다. 그리고 대다수 선물 계약(예: 통화 선물, 주가지수 선물)의 거래 대부분이 결제월을 1개월 혹은 2개월 남겨둔 최근월물에 집중돼 있다. 실제로 일부 선물 시장에서는 거의 모든 거래가 최근월물 포지션(예: 대다수 외채 선물)에 집중돼 있다. 따라서 유의미한 가격 데이터는 단 1~3개월 동안만 존재할 뿐이다. 말하자면 선물 계약 가격 데이터의 유효 기간은 단 1개월에서 3개월에 불과하다.

이러한 환경에서는 차트 분석 기법을 개별 선물 계약 차트에 적용하는 것이 사실상 불가능하다. 개별 계약의 기간이 1년 이상인 시장이라도 차트 분석에 완벽을 기하려면 수년간에 걸친 주간 및 월간 차트를 분석하는 과정이 반드시 포함돼야 한다. 그러므로 선물 시장에서 차트 분석 기법을 사용하려면 연속된 선물 계약을 차트 하나에 연결해 표시해야 한다. 개별 계약의 가격 데이터가 극히 제한된 시장에서 차트 분석을 제대로 하려면 이러한 유형의 연결 차트linked chart가 필수적이다. 다른 시장에서도 다년간의 차트 패턴을 분석할 때는 이러한 연결 차트가 필요하다.

최근월물 선물 차트

통상적으로 선물 계약 차트는 최근월물 선물 차트nearest futures를 연이어 결합해 놓은 형태를 취한다. 즉, 현 계약이 표시된 다음 이것이 만기에 이르면 다음 계약이 표시되고 또 이 계약이 만기가 되면 후속 계약이 다시 표시되는 식이다. 그러나 최근월물 선물 차트는 만기 월의 가격과 후속 계약의 가격 차이 때문에 매우 왜곡된 모양새를 나타낸다.

〈그림 2-13〉을 보면 이러한 왜곡된 모양새가 확연히 드러난다. 거의 정확히 3개월 주기로 가격 반등이 나타난 부분에 주목하라. 차트에 나타난 대로 유로

마르크의 가격이 3개월마다 반등한 것이 실제로 장이 상승한 덕분이었을까? 그렇지 않다. 이렇게 거의 규칙적으로 일어난 급격한 반등은 실제의 가격 상승에 기인한 것이 아니라, 최근월물 계약이 다음 계약으로 이월될 때마다 가격이 할증된 데서 비롯된 것이다.

만기에 도달한 계약을 다음 계약으로 계속 이월하는 식으로 유지한 장기 매수 포지션이 손실을 냈다는 측면에서 보면, 〈그림 2-13〉에 제시한 차트의 거의 전 기간에 걸쳐 실제 가격은 하락한 것이다! 이러한 사실이 〈그림 2-14〉에 잘 드러나 있다. 〈그림 2-14〉는 같은 기간 동일 시장에 대한 연속형 선물continuous futures 차트를 보여준다(뒷부분에서 다루겠지만, 연속형 선물 차트에 나타난 가격 변동은, 계속해서 취한 매수 포지션의 자산 가치 변동과 정확히 일치한다).

〈그림 2-13〉에서 보듯이 주기적으로 가격 상승이 있어났다고 해서 선물 투자자가 이 상승분을 이익으로 실현할 수는 없다. 투자자가 현 월물에서 기존의 계약 포지션을 청산하고 더 높은 가격으로 다음 월물에 대한 포지션을 재설정한 것에 불과하기 때문이다. 이 같은 월물 간의 가격 차이 때문에 최근월물 거래 차트에서 3개월을 주기로 '착각적' 가격 상승이 발생한 것이기도 하다.

앞서 언급했듯이 최근월물 선물 차트에 나타난 가격 동향은 실제 투자자가 얻는 결과와는 정반대일 수 있다는(유로마르크 사례에서 확인할 수 있듯이) 측면에서 선물 차트는 심각한 수준의 가격 왜곡에 매우 취약하다. 그러므로 이러한 결함에서 자유로운, 즉 가격 데이터의 연결성을 보장하는 연속형 선물 계약 차트를 그 대안으로 고려할 필요가 있다.

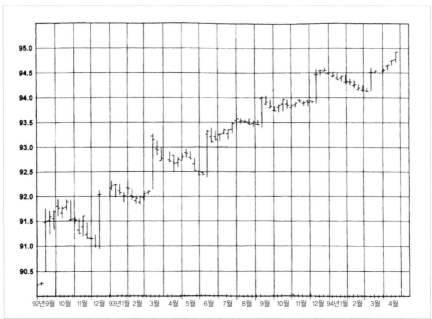

최근월물 선물 차트에서 볼 수 있는 가격 왜곡 현상: 유로마르크 최근월물 주간 선물 차트

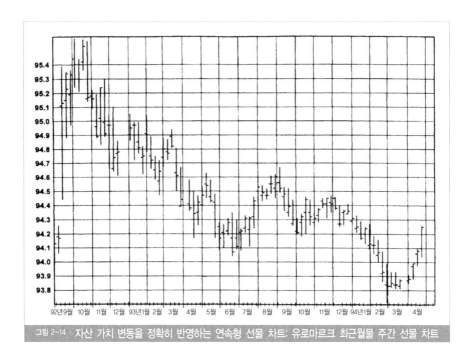

자산 가치 변동을 정확히 반영하는 연속형 선물 차트: 유로마르크 최근월물 주간 선물 차트

연속형 선물 차트

연속형 선물 차트는 앞서 설명했던 가격 차이가 나타나지 않도록 후속 계약들을 연결해 놓은 차트다. 이는 계약 이월 시점에 구계약과 신계약의 누적 가격 차이를 신계약의 연속 가격에 반영하는 방식으로 진행된다. 예를 들어보자.

뉴욕상품거래소COMEX에서 거래되는 금 6월물과 12월물 계약의 가격 데이터를 이용해 연속형 가격 차트를 작성한다고 가정해보자.[1] 그해 초부터 가격 차트가 시작된다면 같은 해에 만기가 되는 6월물 가격이 차트의 최초 가격이 된다. 계약 이월일(반드시 마지막 거래일이어야 할 필요는 없음)에 금 6월물 종가는 400달러이고 12월물 종가는 412달러라고 하자. 6월물과 12월물의 가격 차이는 12달러다. 따라서 이후의 모든 가격에서 12달러를 차감해 차트 가격을 조정하면 된다.

다음 이월일에 12월물은 450달러에 거래되고 후속 6월물은 464달러에 거래된다고 하자. 12월물의 가격 450달러는 438달러(450-12)로 조정된다. 그러므로 두 번째 이월일에 6월물은 조정 가격보다 26달러(464-438) 높은 가격에 거래되는 셈이다. 따라서 두 번째 6월물 가격을 기준으로, 이후의 모든 계약 가격에서 26달러를 빼준다.

이렇게 현재 가격과 이전 가격의 격차를 반영해 차트 가격을 조정하는 과정이 계속 이어진다. 따라서 새로 만들어진 차트에는 계약 이월 시점에 존재하는 신·구 계약물 간의 가격 차이가 사라진다.

계약 이월 시점에 두 선물 계약 사이에는 프리미엄이 발생하기 쉬우며 연속

---

1) 연속형 선물 차트를 만들 때 어떤 계약물을 선택할지는 각자의 몫이다. 즉 주어진 시장에서 실제로 거래된 계약물 가운데 어떤 것을 선택할지는 개인의 자유다. 예를 들어 뉴욕상품거래소 금 선물 거래의 경우 2월물, 4월물, 6월물, 10월물, 12월물 등 실제로 거래된 총 6개 계약물을 기준으로 가격 차트를 구성해도 되고 12월물 하나만을 기준으로 해도 된다.

형 선물 차트는 조정adjustment이 누적됨에 따라 어떤 기간에는 음의 가격도 보일 수 있다. 음의 가격이 이상하게 보일지 모르나 이는 컴퓨터 시스템상의 문제는 아니다. 차트 분석가들 역시 음의 가격이나 비현실적으로 낮은 가격 수준은 무시할 것이다.

영속형 선물 차트

연결된 선물 차트의 세 번째 유형은 이른바 '영속형 선행先行 차트constant forward series 혹은 'perpetual' series'다. 이 차트는 일정한 시간 간격을 갖고 있는 가격들로 만들어지며, 보간법interpolation으로 구한 미래의 가격 데이터로 구성된다.

예를 들어 90일짜리 영속형 선행 차트를 만들어보자. 지금부터 90일 후는 2개의 계약 만기일 사이 정확히 3분의 1위치에 있다고 가정하자. 그러면 영속형 선행 차트에 나타난 가격은 처음의 선물 가격에 3분의 2를 곱하고 그다음 선물 가격에 3분의 1을 곱한 다음 그 2개를 더함으로써 구해진다. 시간이 지남에 따라 처음의 선물 가격은 그 비중이 감소되고, 그다음 선물 가격의 비중은 비례적으로 증가할 것이다. 궁극적으로 처음 선물 가격은 소멸되어 계산에서 제외될 것이며, 영속형 선행 차트는 그다음에 이어지는 2개의 계약에서 동일한 방법으로 만들어진다.

영속형 선행 차트는 계약 이월에 따른 가격 차이의 문제를 제거하므로 최근 월물 선물 차트보다는 한층 개선된 유형임에는 틀림이 없다. 그러나 이 유형에도 중요한 단점이 두 가지 있다. 첫째, 실제 계약 가격을 반영한 것이 아니기 때문에 이 차트로는 실제 거래를 할 수 없다. 둘째, 첫 번째보다 훨씬 심각한 문제인데, 이 차트는 시간 '증발'이 실제 선물 계약에 미치는 영향을 반영하지 않는다. 이러한 결함 때문에 영속형 선행 차트의 가격 패턴과 실제 거래되는 선물 계약의 가격 패턴 간에 상당한 괴리가 생긴다. 이 부분은 결코 간과할 수 없는 매우 바람직하지 않은 속성이다.

각 차트의 비교

연결된 선물 가격 차트는 가격 수준과 가격 변화 가운데 한 가지는 정확히 반영할 수 있으나 이 두 가지를 다 반영하지는 못한다. 동전을 던졌을 때 앞면 아니면 뒷면이 나오는 것이지 한꺼번에 앞면과 뒷면이 다 나올 수는 없는 것과 같은 이치다. 최근월물 선물 차트는 과거의 실제 가격 수준을 정확히 반영하지만, 가격 변동은 반영하지 않는다. 연속형 선물 차트는 가격 변화는 비교적 정확히 반영하지만, 과거의 가격 수준이 실제 가격 수준과 일치하지는 않는다. 즉, 차트상의 가격 수준과 실제 가격 수준이 다를 수 있다. 영속형 선행 가격 차트는 가격 수준과 가격 변화 그 어느 것도 정확히 반영하지 않는다. 이러한 관점에서 이 차트는 정말 이도저도 아니라고 할 수 있다.

연속형 선물 차트는 매매 시스템의 컴퓨터 검증 시뮬레이션을 생성하는 데 이용할 수 있는 유일한 차트다. 이 차트는 연결된 차트 중 유일하게 가격 변화를 정확히 보여주고 이를 통해 실제 자산 가치의 변동을 정확히 나타내기 때문이다(앞서 언급했듯이 개별 선물 계약은 제한된 주기를 갖고 있기 때문에 대체로 6개월 이상의 데이터를 필요로 하는 기법을 검증하는 데에는 사용하기 어렵다. 이론적으로는 단기 거래를 검증하는 것이 가능하다 해도 많은 개별 계약들을 사용해야 하는 것은 하나의 연속형 차트를 사용하는 것보다 훨씬 귀찮은 일이다).

최근월물 선물 차트와 연속형 선물 차트가 이렇게 다르다고 하면 아마도 이런 궁금증이 들 것이다. 이 가운데 어느 쪽이 차트 분석에 더 적합한가? 어떤 면에서 이 질문은 다음과 같이 묻는 것과 다를 바 없다. 소비자가 새 자동차를 살 때 가격과 품질 중 어느 것을 더 중요시하는가? 이 질문에 대해서는 분명하게 답할 수 있다. 둘 다 중요하다. 두 요소 모두 다른 요소로는 측정할 수 없는 중요한 정보를 각각 제공하기 때문이다. 요컨대 각 요소가 평가하는 특성이 각기 다르므로 어느 한쪽이 더 낫다거나 더 못하다고 할 수 없다. 최근월물 차트나 연속형 차트 모두 각기 본질적 결함이 있는 만큼 좀 더 완벽한 분석을 위해서는 이 두 가지 차트를 결합해 사용하는 것이 바람직하다. 때로는 이 두 가지 유형의 차트가 완전히 다른 가격 패턴을 나타내기도 한다.

차트 공급자들이 제공하는 가장 일반적인 연결 차트는 최근월물 차트다. 이들 공급자 대다수가 연속형 차트와 영속형 선행 차트를 추가로 제공한다. 유형별 차트의 차이점이 매우 크기 때문에 자신이 어떤 유형의 차트를 구매하고 사용해야 하는지 잘 확인해야 한다.

추세는 우리의 친구다, 그것이 끝날 때까지는.

– 에드 세이코타(Ed Seykota)

제3장

추세

고점과 저점으로 추세 확인하기

시장 추세는 수익을 낼 수 있는 가장 좋은 기회를 제공하기 때문에 차트 분석의 가장 기본적인 목적은 가격 추세를 명확히 정의하고 이를 정확히 포착하는 것이라 할 수 있다. 상승 추세의 기본 정의 가운데 하나가 '고점과 저점이 계속해서 높아지는 흐름이 이어지는 것'이다. 예를 들어 〈그림 3-1〉을 보면 3월부터 9월까지 각 상대 고점relative high: RH이 이전 고점보다 높고 각 상대 저점relative low: RL이 이전 저점보다 높다. 기본적으로 이전 상대 저점이 하향 돌파될 때까지는 상승 추세가 이어지는 것으로 볼 수 있다.

이러한 상태가 깨진다는 것은 상승 추세가 끝났다는 징후일 수 있다. 예를 들어 〈그림 3-1〉에서 9월의 상대 저점이 10월에 돌파된 것이 하락 추세의 시초였음을 알 수 있다. 그러나 고점과 저점이 더 높아지는(혹은 고점과 저점이 더 낮아지는) 패턴이 무너지는 것은 추세 전환의 절대적 '증거'라기보다는 장기적 추세 전환의 가능성에 대한 하나의 '단서'로 간주해야 한다. 〈그림 3-2〉는 고점과 저점의 연속적 상승으로 확인된 상승 추세의 또 다른 사례를 보여준다.

이와 비슷한 맥락에서 하락 추세는 '저점과 고점의 연속적인 하락'으로 정의할 수 있다(〈그림 3-3〉 참고). 이전 상대 고점이 상향 돌파될 때까지는 하락 추세가 이어지는 것으로 간주할 수 있다.

상승 추세와 하락 추세는 추세선trend line으로도 정의할 수 있다. 상승 추세선은 상승 저점을 이은 선이고(〈그림 3-4〉, 〈그림 3-5〉 참고), 하락 추세선은 하락 고점을 이은 선이다(〈그림 3-6〉 참고). 때로는 추세선이 수년간 이어지기도 한다. 예를 들어 〈그림 3-7〉은 7년 동안 계속된 상승 추세선을 보여준다.

가격 변동 폭을 다 담아내도록 기존 추세선과 평행한 또 하나의 선을 그릴 수 있다. 이 두 평행선을 추세 채널trend channel이라고 한다. 이 평행선 근처에서 주 추세major trend에 대한 반발이 흔히 시작된다. 〈그림 3-8〉과 〈그림 3-9〉는 장기적 상

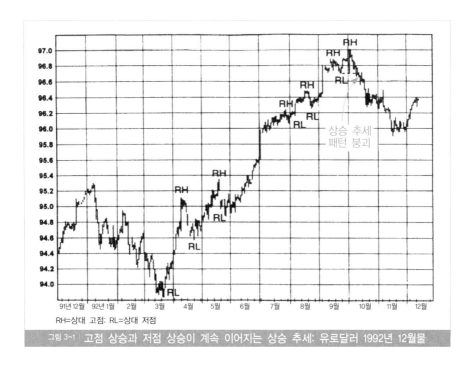

RH=상대 고점: RL=상대 저점

그림 3-1 | 고점 상승과 저점 상승이 계속 이어지는 상승 추세: 유로달러 1992년 12월물

62

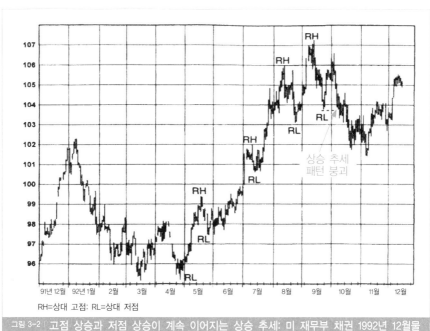

RH=상대 고점: RL=상대 저점

그림 3-2 고점 상승과 저점 상승이 계속 이어지는 상승 추세: 미 재무부 채권 1992년 12월물

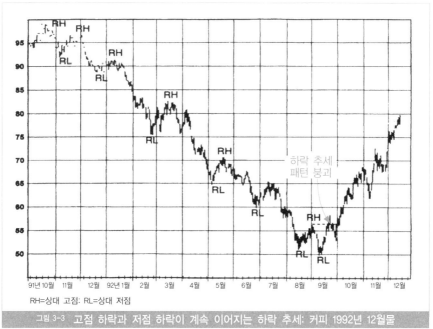

RH=상대 고점: RL=상대 저점

그림 3-3 고점 하락과 저점 하락이 계속 이어지는 하락 추세: 커피 1992년 12월물

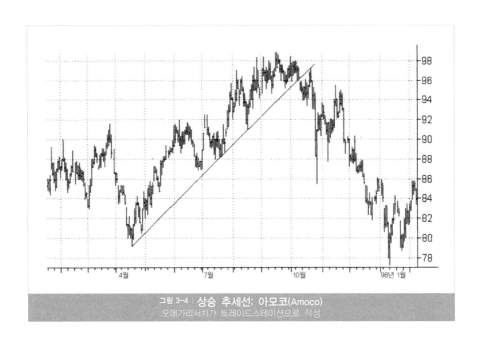

그림 3-4 | 상승 추세선: 아모코(Amoco)
오메가리서치가 트레이드스테이션으로 작성

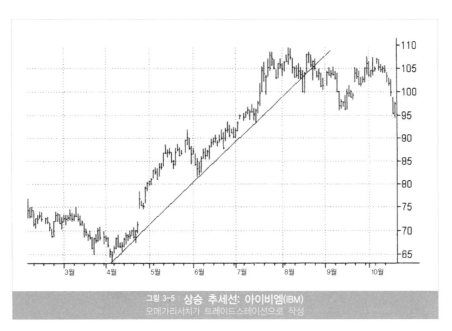

그림 3-5 | 상승 추세선: 아이비엠(IBM)
오메가리서치가 트레이드스테이션으로 작성

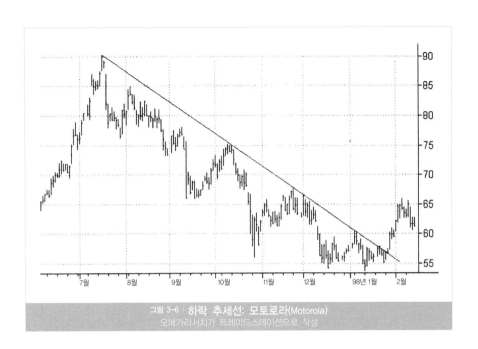

그림 3-6 | 하락 추세선: 모토로라(Motorola)
오메가리서치가 트레이드스테이션으로 작성

그림 3-7 | 상승 추세선: 제록스(Xerox)
오메가리서치가 트레이드스테이션으로 작성

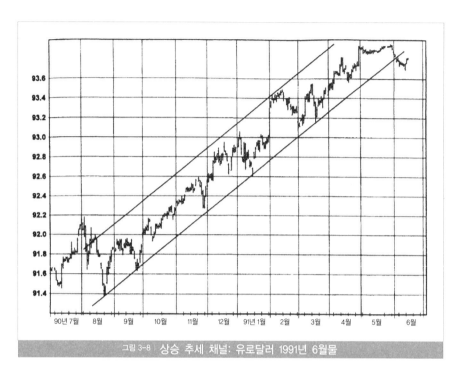

그림 3-8 | 상승 추세 채널: 유로달러 1991년 6월물

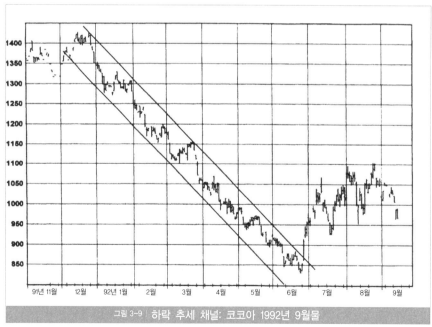

그림 3-9 | 하락 추세 채널: 코코아 1992년 9월물

승 추세 채널과 하락 추세 채널을 나타낸다.

추세선 규칙

아래는 추세선과 추세 채널에 일반적으로 적용되는 규칙이다.

1. 하락하는 가격이 상승 추세선에 근접하고, 상승하는 가격이 하락 추세선에 근접하는 상황은 주 추세 방향으로 포지션을 설정할 수 있는 절호의 기회다.

2. 상승 추세선의 돌파(특히 종가 기준으로)는 매도 신호다. 하락 추세선의 돌파는 매수 신호다. 일반적으로 추세선을 넘어서는 종가의 최소 횟수와 최소 가격 변동 폭 조건을 충족해야 돌파가 인정된다.

3. 하락 추세 채널의 하단선과 상승 추세 채널의 상단선은 단기 투자자가 수익을 낼 수 있는 잠재적 영역이다.

추세선과 추세 채널은 유용한 도구이기는 하나 그 중요성이 과장된 측면이 있다. 강세장과 약세장이 지속될 때 종종 추세선을 다시 그려야 하는데, 이 부분이 자주 간과된다. 즉 추세선의 돌파는 추세 반전의 초기 신호일 때도 있으나, 어쩌면 단지 추세선을 보정해야 할 시점임을 나타내는 것일 수도 있다.

예를 들어 〈그림 3-10〉은 세 가지 추세선을 보여준다. '1'로 표시된 첫 번째 추세선은 4~6월 동안의 급격한 상승 추세를 나타낸다. 그러나 6월 중순에 나타난 추세선 돌파는 추세 반전의 신호가 아니었고 추세선('2')을 다시 그려야 하는 시점이었을 뿐이다. 이와 마찬가지로 점선으로 표시된 추세선('3')은 7월과 8월의 저점을 반영한 조정 추세선이라고 봐야 한다.

〈그림 3-11〉은 하락 추세선의 재조정 사례를 보여준다. 〈그림 3-11〉에서 상단 추세선은 나중에 다시 그린 하락 추세선이다. 하단 추세선은 5월 중순의 상승 돌파가 일어나기 전까지의 추세선으로서 상승 돌파를 반영하지 않은 하락 추세선이다. 즉 5월 중순의 상승 돌파는 추세 반전의 신호가 아니라 추세선 보정의 필요를 나타내는 신호였을 뿐이다. 〈그림 3-12〉는 이후 4개월의 데이터가 더 추가된 것을 제외하고는 〈그림 3-11〉과 동일하다. 하단 2개의 추세선은 〈그림 3-11〉의 추세선으로 각각 5월과 7월까지의 하락 추세선을 나타낸다. 보다시피 이번에도 추세선의 상승 돌파는 추세 반전의 신호가 아니라 단지 추세선 재조정을 필요로 하는 신호였을 뿐이다. 이상으로 알 수 있듯이 추세선은 때로 여러 번 재조정되기도 한다.

이러한 사례들은 추세선 돌파가 예외적인 사건이라기보다는 규칙적인 사건에 더 가깝다는 점을 보여준다. 추세선은 진행 과정에서 수시로 그리고 또 반복

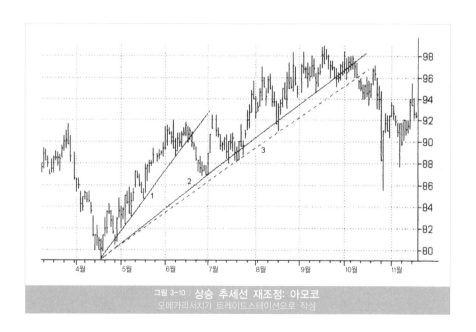

그림 3-10 | **상승 추세선 재조정: 아모코**
오메가리서치가 트레이드스테이션으로 작성

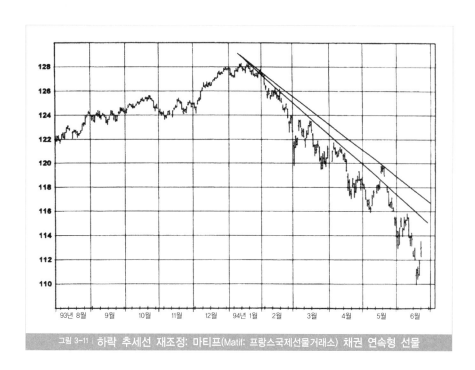

그림 3-11 | 하락 추세선 재조정: 마티프(Matif: 프랑스국제선물거래소) 채권 연속형 선물

그림 3-12 | 하락 추세선 2차 재조정: 마티프 채권 연속형 선물

적으로 돌파될 수 있으며, 이는 추세선이 확장될 때마다 수시로 재조정해야 한다는 의미이기도 하다. 여기서 확인할 수 있는 중요한 사실은 추세선은 실시간 그림보다는 추후 보정으로 실효성을 인정받은 측면이 있기 때문에 추세선 돌파가 오류 신호인 경우가 종종 있다는 점이다. 이 부분에 관해서는 제11장에서 상세히 다룰 것이다.

추세선 그리기

추세선을 그리는 가장 일반적인 방식은 주요 저점(상승 추세선)이나 주요 고점(하락 추세선)을 연결하는 것이다. 고점이나 저점을 몇 개나 연결해야 타당성 있는 추세선이 되는지에 관해서는 약간의 논쟁이 있다. 물론 최소한 2개는 연결해야 하며 추세선의 중요도에 따라 연결하는 고점이나 저점의 수가 증가한다. 결과적으로 추세선을 그리는 과정에는 주관성이 개입될 수밖에 없다. 예를 들어 상승 추세에서 6개의 '대략적인' 저점을 연결한 추세선(즉, 저점의 일부 혹은 전부가 추세선을 약간 돌파하는 수준)은 '정확한' 저점 2개를 연결한 선보다 추세를 더 명확히 보여준다(이 주제에 관해서는 다음의 '내부 추세선' 부분을 참고하라).

그러나 주관성을 배제한 채 추세선을 최대한 객관적으로 그리는 것도 가능하다. 토머스 디마크Thomas DeMark는 자신의 저서《기술적 분석에 대한 새로운 과학적 통찰The New Science of Technical Analysis》에서 추세선을 그리는 객관적 기법에 관해 설명했다. 일명 'TD 추세선'이라고 하는 토머스 디마크의 추세선은 정확히 2개 지점을 연결하는 것이 핵심이다. 상승 추세선은 최근의 상대 저점과 그 이전의 더 낮은 상대 저점을 연결하고, 하락 추세선은 최근의 상대 고점과 그 이전의 더 높은 상대 고점을 연결한다. 추세선은 가장 최근의 상대 고점과 저점을 기준으로 하기 때문에 새로운 상대 고점이나 상대 저점이 형성될 때마다 추세선을 계속해서 다시 그려야 한다. 따라서 이러한 접근법은 과거의 가격보다 최근의 가격을 더 강조하게 된다.

TD 추세선은 상대 고점과 저점을 정의하는 데 사용된 N값에 크게 좌우된다. 〈그림 3-13〉과 〈그림 3-14〉는 동일 시장에서 N값(8, 4)만 다른 두 추세선을 비교한 것이다. 〈그림 3-13〉에서 TD 추세선은 전후 각각 8일간의 저점보다 낮은 최근 저점을 연결한 것이다. 〈그림 3-14〉에서는 전후 각각 4일간의 저점보다 낮은 최근 저점을 연결한 것이다. N값이 클수록 추세선의 수가 줄어들고 추세선이 더 유용한 정보를 담을 가능성은 커진다. 그러나 N값이 클수록 거래 신호가 늦게 포착되는 단점이 있다.

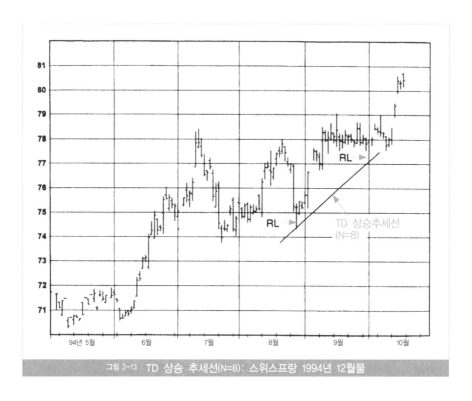

그림 3-13 | TD 상승 추세선(N=8): 스위스프랑 1994년 12월물

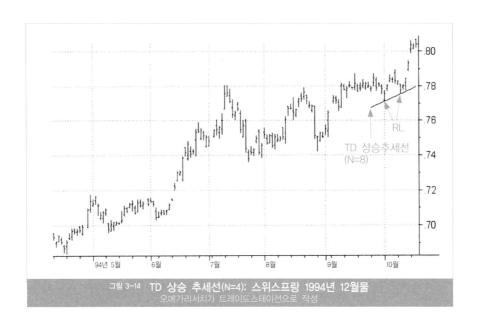

그림 3-14 | **TD 상승 추세선(N=4): 스위스프랑 1994년 12월물**
오메가리서치가 트레이드스테이션으로 작성

내부 추세선

전통적 추세선은 대체로 극고점과 극저점을 포함해 그린다. 그러나 극단적 고점과 저점은 과도한 시장 심리를 반영하는 것으로서 시장의 지배적 추세를 반영한다고 보기 힘들다. 내부 추세선internal trend line은 극단적 가격을 기초로 추세선을 그려야 한다는 종래의 추세선 작성 규칙을 배제한다. 즉 내부 추세선은 극단적 가격점을 고려하지 않고 대다수 상대 고점이나 상대 저점에 가장 근접하게 그리는 추세선이다. 〈그림 3-15〉부터 〈그림 3-17〉까지는 전통적 추세선과 내부 추세선을 동시에 보여준다(차트가 복잡해지는 일이 없도록 가격 변동 과정에서 형성될 수 있는 전통적 추세선 한두 개만 제시했다).

　　내부 추세선의 한 가지 단점은 상당히 임의적이라는 사실이다. 극고점이나 극저점을 포함하는 전통적 추세선보다 주관적 요소가 훨씬 크게 작용하기 때문이다. 그럼에도 불구하고 내 경험에 비추어 보건대 잠재적 지지선과 저항선을 식별하는 데는 내부 추세선이 전통적 추세선보다 훨씬 더 유용하다. 〈그림 3-15〉부터 〈그림 3-17〉까지 살펴보면 시장의 하락이나 상승 흐름을 확인하는 데는 내부 추세선이 전통적 추세선보다 훨씬 낫다는 사실을 알 수 있다.

그러나 한 개인이 관찰한 사실을 과학적 증거로 간주하기는 어렵다. 실제로 내부 추세선의 주관적 속성을 감안하면 이 추세선의 효용성을 과학적으로 검증하기는 매우 어렵다. 다만 신중한 차트 분석가라면 내부 추세선 개념을 경시해서는 안 된다. 독자 여러분 또한 자신의 차트 분석 '도구함'에 내부 추세선을 넣어두는 것이 득이 될 것이다.

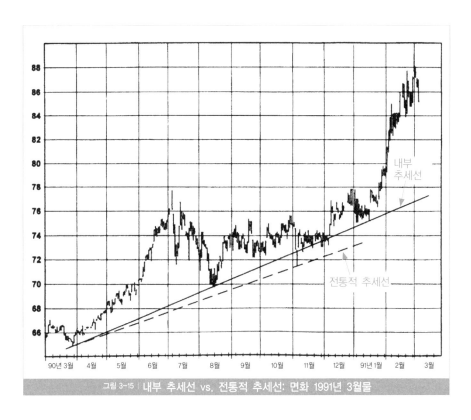

그림 3-15 | 내부 추세선 vs. 전통적 추세선: 면화 1991년 3월물

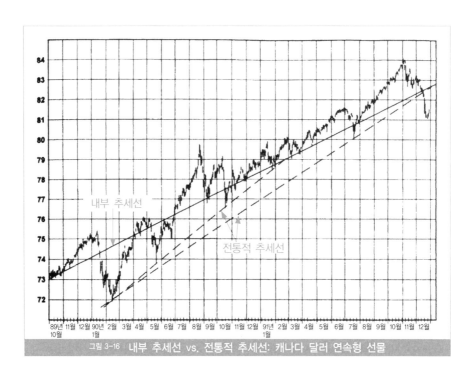

그림 3-16 │ 내부 추세선 vs. 전통적 추세선: 캐나다 달러 연속형 선물

그림 3-17 │ 내부 추세선 vs. 전통적 추세선: 일본 엔 연속형 선물

이동평균

이동평균moving average은 일련의 가격들을 평활화平滑化: 거친 표본 추출 혹은 잡음으로 인한 미세한 변동이나 불연속성이 생길 때 이러한 부분을 약하게 하거나 제거하여 전체의 형태를 매끄럽게 하는 것-역주해 추세를 더 분명하게 드러나게 하는 가장 간단한 도구다. 단순이동평균은 금일을 포함한 지난 일수(N)의 종가를 평균한 값이다. 예를 들어 40일 이동평균은 금일을 포함한 지난 40일 동안의 종가 평균을 의미한다.

통상적으로 이동평균은 일일 종가를 기준으로 산출한다. 그러나 일일 시가, 고가, 저가를 사용하거나 일일 시가, 고가, 저가, 종가의 평균을 사용해 구할 수도 있다. 또 일일 자료가 아니라 특정 시간 간격을 기준으로 한 데이터로 이동평균을 구하기도 한다. 이때는 주어진 기간의 최종 가격을 종가로 삼는다.

이동평균이라는 용어는 평균화된 수의 집합이 시간에 따라 계속해서 이동한다는 뜻을 담고 있다. 〈그림 3-18〉은 40일 이동평균선을 보여준다. 그림을 보면 이동평균이 가격 움직임의 추세를 비교적 정확하게 반영하면서 무의미한 가격 변동분을 효과적으로 평활화하고 있음을 알 수 있다. 가격 변동이 심한 시장에서는 이동평균이 전체적으로 횡보 추세 패턴을 보이는 경향이 있다(〈그림 3-19〉에서 1993년 10월부터 1994년 5월까지의 구간을 참고하라). 이동평균이 일련의 가격들을 평활화하는 정도는 이동평균을 구하는 기간에 비례한다. 즉, 40일 이동평균은 5일 이동평균보다 단기적 '잡음'을 더 많이 제거한다.

이동평균을 이용해 추세를 확인하는 가장 간단한 방법 가운데 하나는 전일 대비 이동평균값의 변화 방향을 살펴보는 것이다. 예를 들어 금일 값이 전일 값보다 높으면 이동평균(및 함축적 의미의 '추세')이 상승하는 것으로, 그리고 금일 값이 전일 값보다 낮으면 이동평균이 하락하는 것으로 간주한다.

기본 정의상 이동평균이 상승한다는 것은 금일 종가가 N일 전의 종가보다 높다는 뜻이다. 왜일까? 전일의 이동평균이 금일의 이동평균과 다른 점은 N일 전의 종가를 포함하고 금일의 종가를 포함하지 않았다는 것뿐이다. 따라서 금일 종가가 N일 전의 종가보다 높다면 금일 이동평균은 전일 이동평균보다 높을 것이다. 이와 같은 논리로 이동평균이 하락한다는 것은 금일 종가가 N일 전의 종가보다 낮다는 의미다.

한편 이동평균이 일련의 가격들에 대해 평활화 기능을 수행하기는 하나 여기에는 시차 발생이라는 대가가 따른다. 그 정의상 이동평균은 과거 가격의 평균이기 때문에 이동평균에서의 전환점은 실시간 가격 움직임에서의 전환점보다 항상 뒤처지는 경향이 있다. 이러한 특성은 〈그림 3-18〉과 〈그림 3-19〉에서 쉽게 확인할 수 있다.

추세를 보이는 시장에서 이동평균은 매우 간단하고 효과적인 추세 확인 방법이다. 〈그림 3-20〉은 이동평균이 최소 10틱tick: 호가 단위만큼 상승 반전한 지점에서 매수 신호가 나타나고, 이동평균이 역시 10틱만큼 하락 반전한 시점에서 매도 신호가 나타난 것을 보여준다(이동평균에서 전환점을 정의할 때 최소 반전 크기를 사용하는 이유는 이동평균이 '0'에 가까워질 때 반복적으로 나타나는 잡음이 매매 신호에 반영되지 않게 하려는 것이다).

〈그림 3-20〉에서 보는 바와 같이 이처럼 매우 단순한 기법으로 꽤 믿을 만한 매매 신호를 포착할 수 있다. 여기서는 이 방법으로 17개월 동안 세 번의 매매 신호를 잡아냈다. 첫 번째 신호는 8월부터 12월까지 나타난 주요 하락 추세를 잡아냈고 두 번째 신호는 약간의 손실로 이어졌으며 세 번째 신호는 1994년의 주요 하락세를 포착했다. 이 정도면 됐지, 더 이상 무엇을 바라겠는가!

문제는 이동평균이 추세 시장에서는 꽤 유용한데 변동성이 심한 횡보 장세에서는 수많은 오신호를 발생시킨다는 점이다. 예를 들어 〈그림 3-21〉(기본적으로 〈그림 3-19〉와 동일함)은 이동평균이 최소 10틱만큼 상승 혹은 하락 반전한 지점

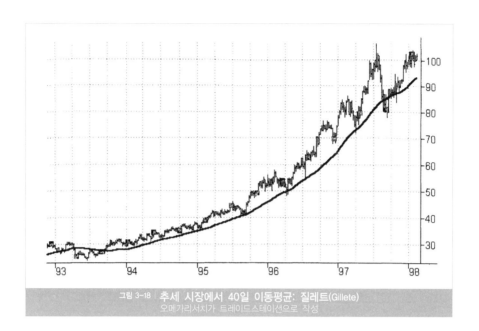

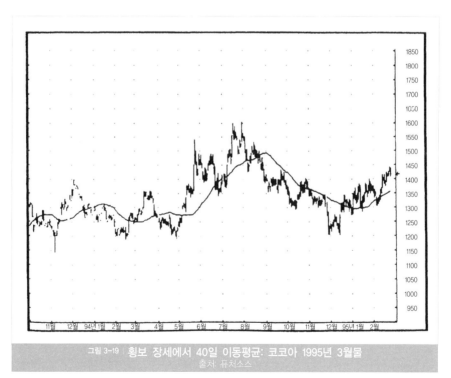

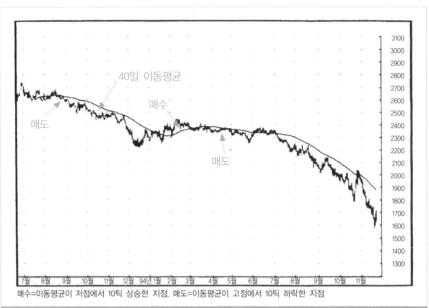

매수=이동평균이 저점에서 10틱 상승한 지점. 매도=이동평균이 고점에서 10틱 하락한 지점

그림 3-20 추세 시장에서 이동평균이 나타낸 매매 신호: 천연가스 1994년 12월물
출처: 퓨처소스

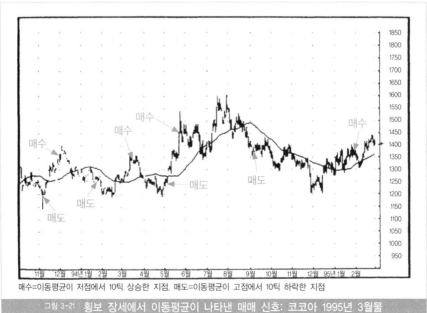

매수=이동평균이 저점에서 10틱 상승한 지점. 매도=이동평균이 고점에서 10틱 하락한 지점

그림 3-21 횡보 장세에서 이동평균이 나타낸 매매 신호: 코코아 1995년 3월물
출처: 퓨처소스

에서 매수 및 매도 신호가 나타난 것을 보여준다. 〈그림 3-20〉에서는 잘 먹혔던 방법, 즉 이동평균의 상승 반전 때 매수하고 하락 반전 때 매도하는 방법이 이번에는 여섯 차례 연속 손실을 냈고 겨우 한 차례 손익 균형을 맞추는 등 횡보 장세에서는 최악의 전략이었던 것으로 드러났다.

여기서 소개한 단순이동평균 외에도 이동평균을 산출하는 방법은 많다. 이 가운데 몇 가지 방법을 비롯해 이동평균을 매매 시스템에 적용하는 방식 등에 관해서는 제14장과 부록에서 다룰 것이다.

언제 어디서든 항상 잘못만 하는 바보가 있다. 월가에는
항상 투자를 해야 한다고 생각하는 '월가 바보'가 있다.
가격이 좁은 범위에서 움직일 때는 상승이든 하락이든
앞으로의 시장 동향을 예측하는 건 무의미하다.

– 에드윈 르페브르(Edwin Lefevre)

제4장

박스권과 지지 및 저항

박스권: 투자 시 고려 사항

박스권trading range은 일정 기간의 가격 변동 추이를 포함한 일종의 가격 띠로서 상하 한 쌍의 수평선으로 표시된다. 대체로 시장 가격은 박스권 안에서 움직이는 경우가 대부분이다. 그러나 안타깝게도 박스권에서 수익을 내기는 매우 어렵다. 실제로 기술적 분석을 하는 투자자는 박스권 장세일 때 시장 참여를 최소화하는 것이 최선의 전략이다. 그러나 말은 쉬워도 실천하기는 어렵다.

물론 오실레이터oscillator 지표(제6장 참고)를 활용하는 등 박스권에서도 수익을 내는 방법이 전혀 없지는 않다. 그러나 문제는 이러한 접근법은 추세 시장에서는 최악의 결과를 낼 수 있다는 사실이다. 그리고 박스권은 과거 데이터에서는 쉽게 확인할 수 있으나 이를 예측하기란 거의 불가능하다. 또한 박스권 안에서 형성되는 대다수 차트 패턴(예: 갭gap, 깃발flag 등)은 상대적으로 별 의미가 없다(차트 패턴에 관해서는 제5장에서 다룸). 무엇보다 손실 제한 장치(예: 시장 가격이 미리 정해 놓은 최소한도 이상으로 박스권을 돌파하거나 박스권 밖에서 매매되는 일수가 최저 한도를 넘을 때, 혹은 이 두 가지 조건을 다 충족시킬 때 포지션이 청산되는 장치)가 돼 있지 않는 한, 박스권 안에서 명멸하는 작은 추세에 의지했다가는 엄청난 손실로 이어질 수 있다는 점에 유의해야 한다.

박스권은 수년간 유지되기도 한다. 〈그림 4-1〉은 개별 종목의 박스권이 4년간 지속된 것을 나타내며, 〈그림 4-2〉는 1980년대와 1990년대의 강세장에 앞서 수년간 유지됐던 다우존스산업평균지수의 박스권 일부를 보여준다(〈그림 4-2〉에서 2개의 짧은 선으로 표시된 부분은 1974년 주식 시장 하락 이후에 형성된 '좁은' 박스권이다). 〈그림 4-3〉과 〈그림 4-4〉는 목재 시장에서 수년간 유지된 박스권을 보여주고 있다. 이 두 차트를 보면 겹치는 부분이 있기는 해도 박스권의 기간이 최근월물 선물 차트와 연속형 선물 차트에서 각기 다르게 나타난다는 사실을 알 수 있다.

일단 박스권이 형성되면 상단선과 하단선은 각각 저항과 지지 구간으로 규정할 수 있으며, 박스권에서의 돌파는 중요한 매매 신호로 작용한다. 이제 박스

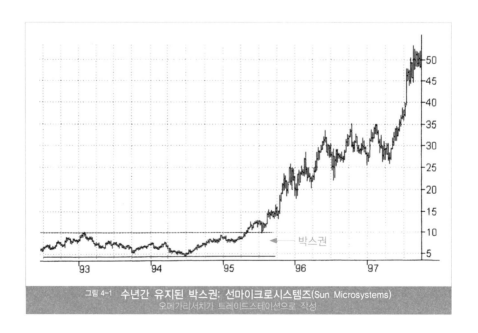

그림 4-1 **수년간 유지된 박스권: 선마이크로시스템즈(Sun Microsystems)**
오메가리서치가 트레이드스테이션으로 작성

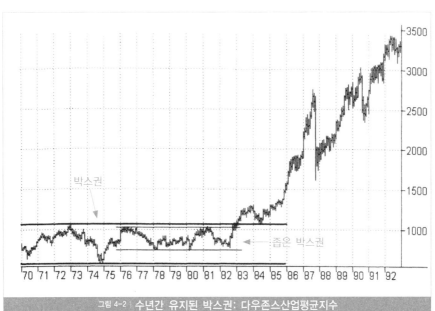

그림 4-2 │ 수년간 유지된 박스권: 다우존스산업평균지수
오메가리서치가 트레이드스테이션으로 작성

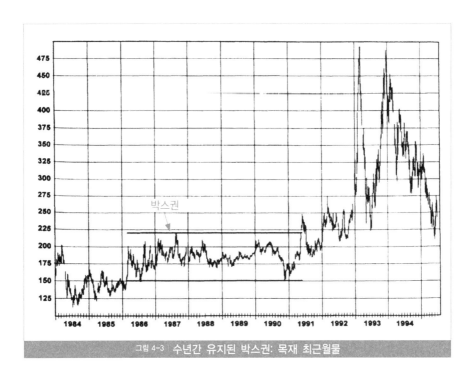

그림 4-3 │ 수년간 유지된 박스권: 목재 최근월물

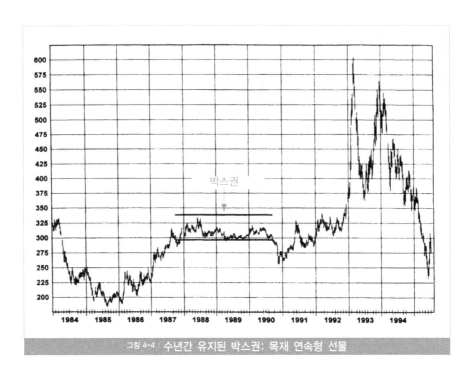

박스권

그림 4-4 | **수년간 유지된 박스권: 목재 연속형 선물**

권 돌파에 관해 상세히 알아보자.

박스권 돌파

박스권에서 돌파가 일어나면 그 방향으로 가격 흐름이 이어질 가능성이 높다 (〈그림 4-5〉와 〈그림 4-6〉 참고). 돌파가 믿을 만한지 아닌지는 다음 요건을 기준으로 판단할 수 있다.

 1. 박스권의 지속 기간 | 박스권의 지속 기간이 길수록 돌파의 중요성이 커진다. 〈그림 4-7〉과 〈그림 4-8〉의 차트를 참고하라.

2. 박스권의 협소화 | 좁은 박스권에서 일어난 돌파는 특히나 신뢰할 만한 매매 신호다(〈그림 4-9〉와 〈그림 4-10〉 참고). 더구나 손실 위험이 상대적으로 낮은 수준에서 손절매가 이루어진다는 점에서도 상당히 매력적이다.

3. 돌파 확정 | 박스권에서 가격이 소폭 이탈하거나 수일 동안 이탈했다가 이내 원래 가격대로 돌아가는 경우가 더 일반적이다. 그 이유 중 하나는 박스권이 돌파된 구간에서 지정가(손절) 주문stop order이 집중적으로 이루어지기 때문이다. 결과적으로 박스권을 살짝만 이탈해도 지정가 주문이 줄줄이 이어질 수 있다. 펀더멘털상의 호재나 본격 매수세(하락 돌파의 경우 본격 매도세)로 인한 이탈이 아닌 이상 추세는 유지되지 않고, 돌파와 함께 쇄도한 주문이 모두 실행되고 나면 이러한 이탈은 일시적 현상으로 끝나면서 가격이 박스권으로 회귀한다. 따라서 결국 돌파로 인정되지 않는다.

이러한 점을 고려할 때 가격이 박스권을 넘어선 상태가 며칠(예: 5일) 후에도 계속 유지된다면 돌파의 신뢰도는 그만큼 높아진다. '박스권 이탈 일수' 외에 '최저 돌파율minimum percent penetration', '추력일thrust day, 제5장에서 다룸', '지속 기간' 등으로도 돌파의 신뢰도를 확인할 수 있다.

진정한 돌파인지 아닌지를 확인하려고 각종 확증 요건을 따지는 동안 정말로 유효한 매매 신호를 놓칠 수도 있지만, 그래도 더 많은 오신호를 피하는 데는 도움이 될 것이다. 돌파 확정을 기다리는 동안 유효한 신호를 놓치는 쪽이 더 불리한지 아니면 잘못된 신호를 많이 피하는 것이 더 유리한지는 어떤 확정 조건을 사용하느냐에 따라, 그리고 각 투자자가 확정 조건을 어떻게 적용·해석하느냐에 따라 달라진다. 결국 이 중 어느 쪽에 더 무게를 둘 것인지는 각 투자자가 판단해야 할 부분이다.

여기서 중요한 것은 돌파가 일어날 때마다 맹목적으로 따르기보다는 다양

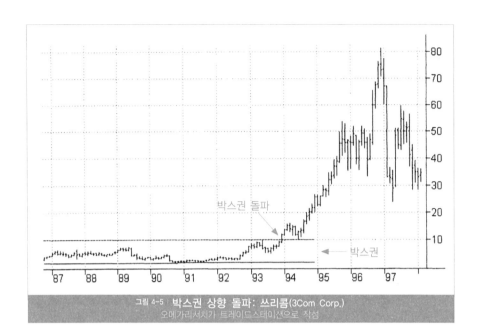

박스권 돌파

박스권

그림 4-5 | 박스권 상향 돌파: 쓰리콤(3Com Corp.)
오메가리서치가 트레이드스테이션으로 작성

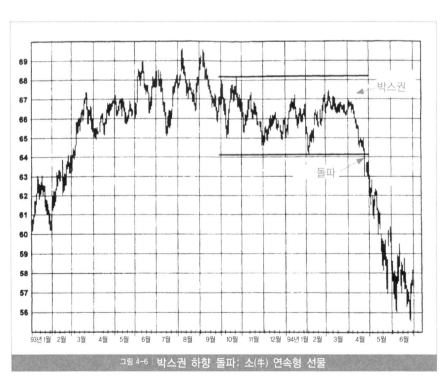

박스권

돌파

그림 4-6 | 박스권 하향 돌파: 소(牛) 연속형 선물

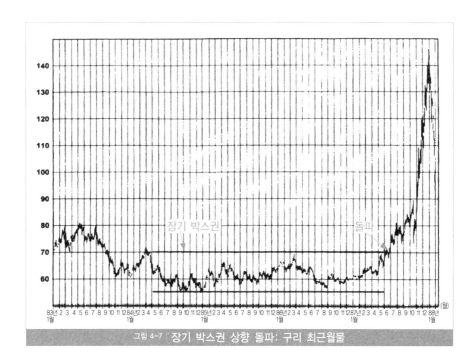

그림 4-7 | 장기 박스권 상향 돌파: 구리 최근월물

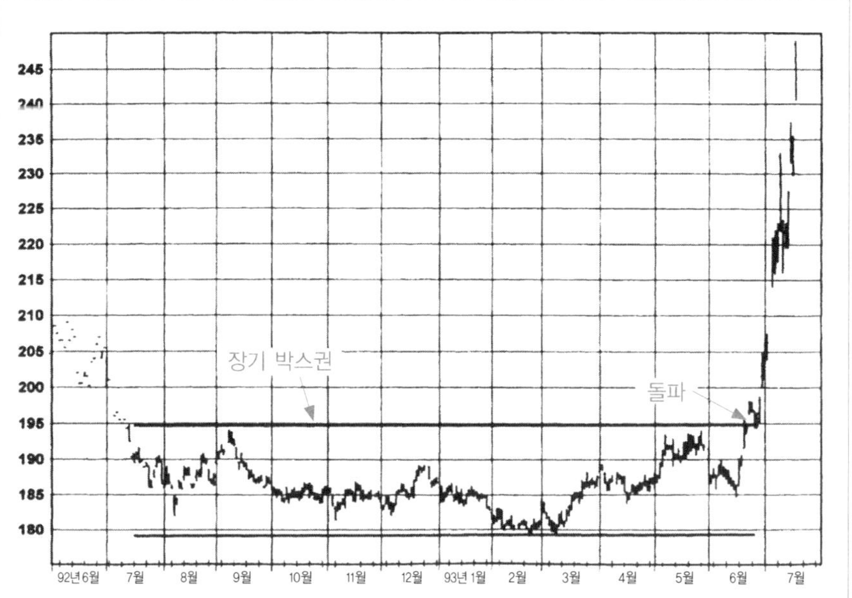

그림 4-8 | 장기 박스권 상향 돌파: 곡물 1993년 7월물

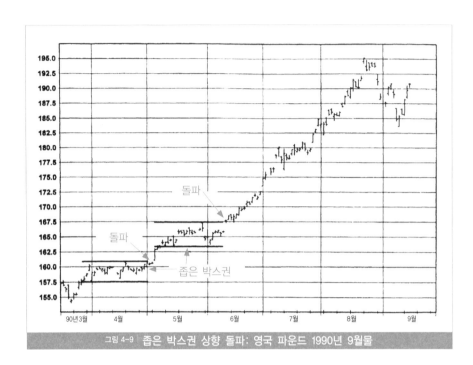

그림 4-9 | 좁은 박스권 상향 돌파: 영국 파운드 1990년 9월물

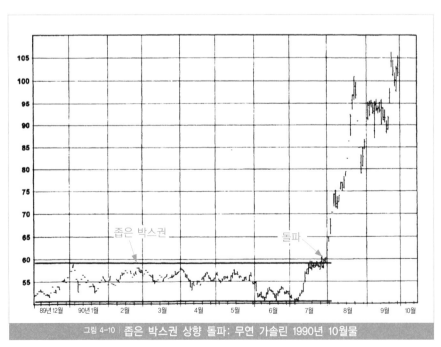

그림 4-10 | 좁은 박스권 상향 돌파: 무연 가솔린 1990년 10월물

한 돌파 확정 조건을 투자자 스스로 시험해보고 판단해야 한다는 점이다. 어쩌면 이 조언은 10년 전보다는 지금(1998년 즉 저자가 이 책을 쓰던 시점-역주)이 훨씬 더 유용할 것이다. 요즘 기술적 분석 기법의 사용이 증가하면서 잘못된 돌파로 판정된 사례가 증가하고 있기 때문이다.

지지와 저항

일단 박스권이 형성되고 나면(가격의 횡보세가 최소 한두 달간 계속됨) 박스권 상단선에서는 저항 그리고 하단선에서는 지지와 맞닥뜨리는 경향이 있다. 박스권에서 돌파가 일어난 다음에는 지지와 저항의 위치가 뒤바뀐다. 구체적으로 말해 박스권에서 가격이 상향 돌파하고 그 가격 상태가 계속 유지되면 이전에는 저항선이었던 박스권의 상단선이 지지선이 된다. 〈그림 4-11〉과 〈그림 4-12〉에서 보이는 확장된 선은 새로운 지지선으로서 이전 박스권의 상단에 형성되었던 저항선이 이제 지지선으로 바뀐 것을 나타낸다.

　마찬가지로 박스권에서 하향 돌파된 가격 수준이 계속 유지된다면 이전 박스권의 하단선이 새로운 저항선이 된다. 〈그림 4-13〉과 〈그림 4-14〉에서 보이는 확장된 선은 새로운 저항선으로서 이전 박스권의 하단에 형성되었던 지지선이 이제 저항선으로 바뀐 것을 보여준다.

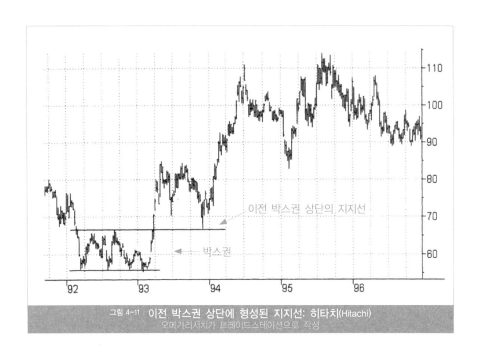

그림 4-11 | 이전 박스권 상단에 형성된 지지선: 히타치(Hitachi)

오메가리서치가 트레이드스테이션으로 작성

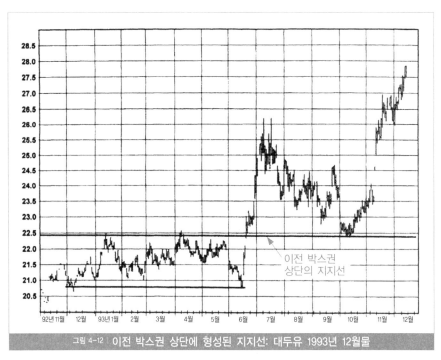

그림 4-12 | 이전 박스권 상단에 형성된 지지선: 대두유 1993년 12월물

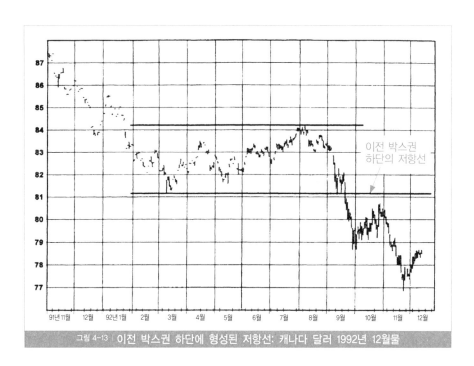

그림 4-13 │ 이전 박스권 하단에 형성된 저항선: 캐나다 달러 1992년 12월물

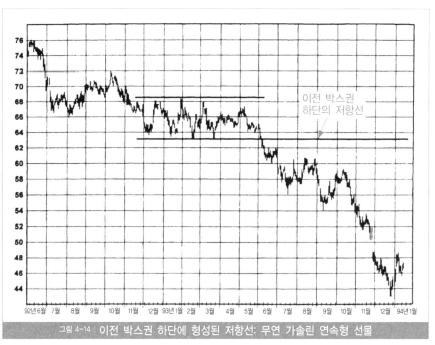

그림 4-14 │ 이전 박스권 하단에 형성된 저항선: 무연 가솔린 연속형 선물

이전의 주요 고점과 저점

일반적으로 이전의 주요 고점 부근에서 저항선이 형성되고 주요 저점 부근에서 지지선이 형성된다. 〈그림 4-15〉, 〈그림 4-16〉, 〈그림 4-17〉에서 이 두 가지 패턴을 확인할 수 있다. 예를 들어 〈그림 4-15〉를 보면 1985년 고점 바로 아래에 1988년의 고점이 형성됐고, 1989년의 저점이 지지선이 돼 1991년과 1992년의 저점을 지지하는 양상이다. 〈그림 4-16〉에서는 1990년 말의 저점이 1986년의 최저점 바로 아래에서 형성됐고, 1989년 초의 최고점 바로 위에서 1992년의 추세 반전점이 형성됐다. 이전 고점 부근에서 저항선이 형성되고 이전 저점 부근에서 지지선이 형성된다는 개념은 〈그림 4-15〉와 〈그림 4-16〉 같은 주간 차트에서 가장 중요한 요소라 할 수 있다.

그러나 이는 주간 차트뿐 아니라 〈그림 4-17〉 같은 일간 차트에도 적용할 수 있다. 〈그림 4-17〉에서 1994년 5월과 1994년 12월의 가격이 1994년 1월의 고점보다 약간 높고 1994년 10월의 저점은 1994년 7월의 저점보다 약간 높게 나타나고 있다.

이전 고점은 그 지점이나 그 지점 밑에서는 이후의 가격 상승이 나타나지 않는다는 의미가 아니며, 그 지점 부근에서 저항선이 형성될 수 있다는 의미로 봐야 한다. 이와 마찬가지로 이전 저점은 이후의 가격 하락이 그 지점이나 그 지점 위에서 일어난다는 의미가 아니며, 그 지점 부근에서 지지선이 형성될 수 있다는 의미로 해석해야 한다.

일부 기술적 분석가는 이전 고점과 저점을 매우 중요한 신호 지점으로 간주한다. 이들은 어느 주식 종목의 이전 고점이 65였다면 65를 주요 저항선으로 간주한다. 그래서 가격이 66으로 반등하면 저항선이 무너진 것으로 판단한다.

그러나 이는 잘못된 생각이다. 지지선이나 저항선은 정확한 지점을 의미하는 것이 아니라 그 지점에 인접한 영역을 지칭하는 것으로 봐야 한다. 〈그림 4-15〉, 〈그림 4-16〉, 〈그림 4-17〉세 차트 모두 이전의 주요 고점과 저점이 중요한 저항선과 지지선이었던 것으로 드러나기는 했다. 그러나 〈그림 4-15〉를 보면 그다음의 가격 상승은 이전 고점에 도달하기 전에 역전됐음을 알 수 있다. 이 차트들에 나타난 가격 움직임은 매우 전형적인 것이다.

이전 고점의 돌파는 매수 신호로 간주할 수 있고 이전 저점의 돌파는 매도 신호로 간주할 수 있다. 그러나 박스권 돌파와 비슷하게 고점 및 저점 돌파가 중요한 매매 신호로 간주되려면 돌파한 가격 수준이나 돌파 지속 기간 측면에서 혹은 이 두 가지 측면 모두에서 유의미한 변화가 있어야 한다. 예를 들어 〈그림 4-16〉과 〈그림 4-17〉에 관한 이전 설명에서 분명해졌듯이 이전 고점이나 저점을 한 차례(일간 차트에서는 하루, 주간 차트에서는 일주일) 돌파한 사실만으로는 아무것도 증명하지 못한다. 즉 그러한 '사건'을 매수 혹은 매도 신호로 간주하기 위해서는 더 강한 돌파 확정 조건이 필요하다. 이러한 확정 조건으로는 이전 고점이나 저점을 넘어서는 종가의 최저 횟수나 최소 돌파율, 혹은 이 두 가지 모두를 들 수 있다.

〈그림 4-18〉과 〈그림 4-19〉는 고점을 넘어서는 종가가 세 차례 나타나는 것을 돌파 확정 조건으로 본다는 가정에 따라 이전 고점 돌파를 매수 신호로 간주하는 상황을 보여준다. 마찬가지로 〈그림 4-20〉과 〈그림 4-21〉 역시 비슷한 돌파 확정 조건을 이용해 이전 저점 돌파를 매도 신호로 간주하는 사례를 나타낸다. 또한 〈그림 4-18〉은 이전 고점이 저항선으로 작용하고(이것이 상향 돌파되기 까지) 이전 저점이 지지선으로 작용하는(이것이 하향 돌파되기 전까지) 좋은 예이며, 〈그림 4-21〉은 이전 고점이 강력한 저항선으로 작용하는 전형적인 사례다.

이전 고점이나 저점이 돌파된 이후 그러한 상황이 지속되면 이전 고점 영역은 지지선이 되고 이전 저점 영역은 저항선이 된다. 예를 들어 〈그림 4-22〉(〈그림

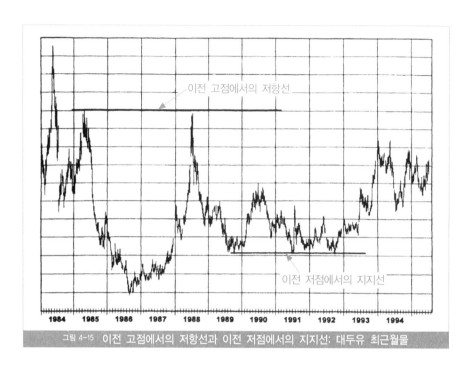

그림 4-15 | 이전 고점에서의 저항선과 이전 저점에서의 지지선: 대두유 최근월물

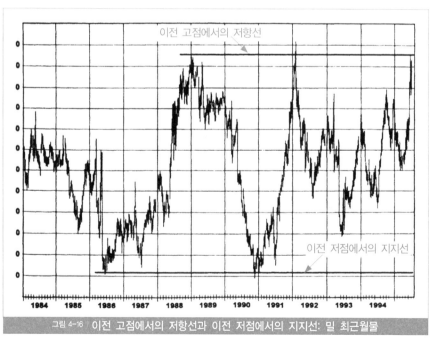

그림 4-16 | 이전 고점에서의 저항선과 이전 저점에서의 지지선: 밀 최근월물

4-19)와 동일한 차트)에서 1991년 2월의 고점이 1992년 7월에 돌파됐고 이후 1992
년 9월 저점 부근에서 지지선이 형성됐다. 9월 저점은 10월에 다시 돌파된 다음
이것이 저항 구간이 되면서 11월 말과 12월 초의 가격 반등을 저지했다.

〈그림 4-20〉과 동일한 가격 차트인 〈그림 4-23〉에서는 1989년에 돌파된
1987년 저점이 잠재적 저항선이 돼 1990년과 1991년의 반복적 반등 시도를 저
지하고 있음을 보여준다(이 차트는 이전 고점에서 저항선이 형성된 사례이기도 하다. 1994
년의 주요 반등 고점도 결국은 1986년 초에 찍었던 고점에는 도달하지 못한 것을 확인할 수 있
다). 마지막으로 〈그림 4-21〉의 가격 차트와 동일한 〈그림 4-24〉를 보면 1994
년 6월에 돌파된 4월 저점이 주요 저항선 역할을 하면서 9월의 가격 하락 반전
을 이끌었다.

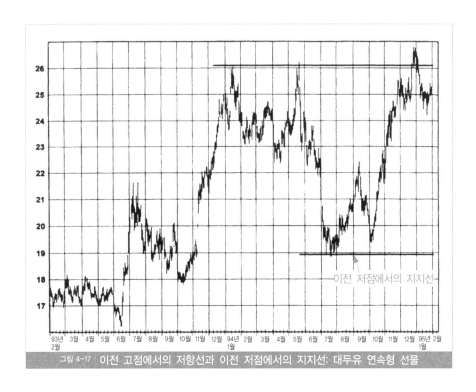

그림 4-17 | 이전 고점에서의 저항선과 이전 저점에서의 지지선: 대두유 연속형 선물

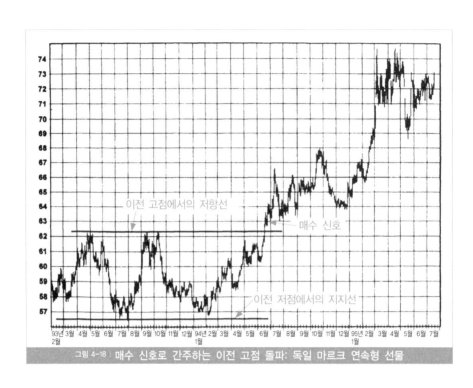

그림 4-18 | 매수 신호로 간주하는 이전 고점 돌파: 독일 마르크 연속형 선물

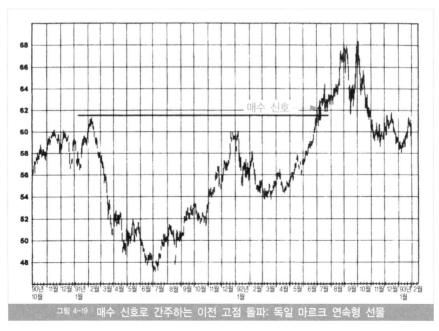

그림 4-19 | 매수 신호로 간주하는 이전 고점 돌파: 독일 마르크 연속형 선물

그림 4-20 | 매도 신호로 간주하는 이전 저점 돌파: 커피 최근월물

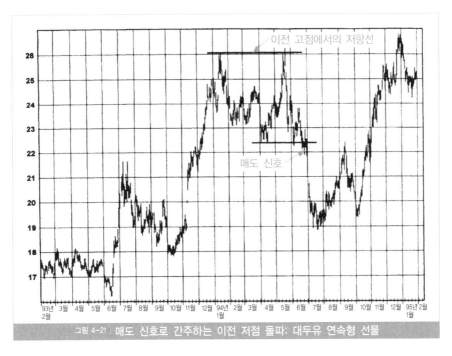

그림 4-21 | 매도 신호로 간주하는 이전 저점 돌파: 대두유 연속형 선물

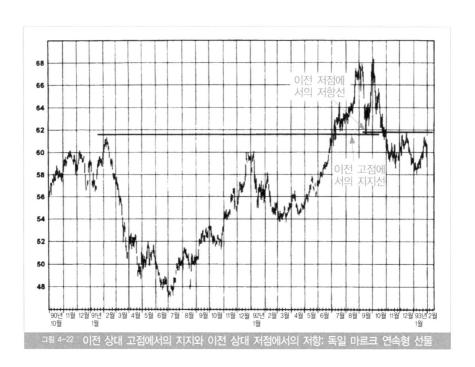

이전 저점에
서의 저항선

이전 고점에
서의 지지선

그림 4-22 │ 이전 상대 고점에서의 지지와 이전 상대 저점에서의 저항: 독일 마르크 연속형 선물

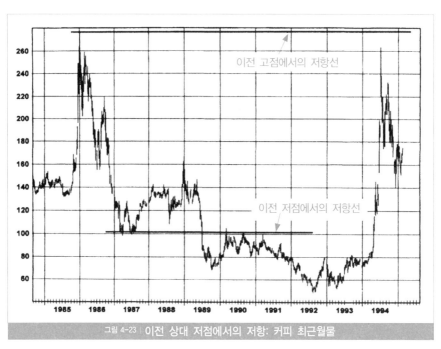

이전 고점에서의 저항선

이전 저점에서의 저항선

그림 4-23 │ 이전 상대 저점에서의 저항: 커피 최근월물

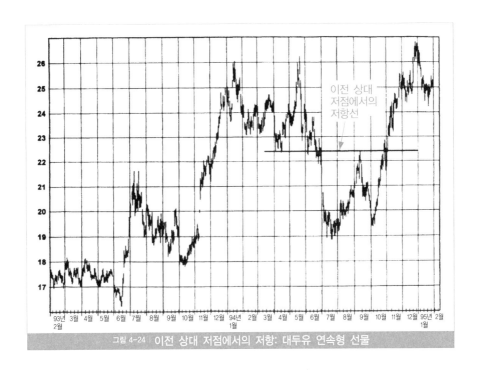

이전 상대
저점에서의
저항선

그림 4-24 | 이전 상대 저점에서의 저항: 대두유 연속형 선물

상대 고점과 상대 저점의 밀집

지금까지는 이전의 주요 고점과 저점(단일 천장과 바닥)에서 형성된 지지와 저항에 관해 설명했다. 이제는 절대적 고점과 저점이 아니라, 상대적 고점과 저점이 집중적으로 모인 가격 구간(혹은 가격대)에서의 지지와 저항에 관해 다룰 것이다.

　구체적으로 말해 상대 고점과 상대 저점은 비교적 좁은 가격 구간에 집중적으로 몰리는 경향이 있다. 이 구간의 가격보다 현재 가격이 더 높으면 이 구간은 지지대支持帶가 되고, 현재 가격이 더 낮으면 이 구간은 저항대抵抗帶가 된다. 이 접근법은 장기 차트에서 지지 및 저항 구간을 확인할 때 특히 유용하다.

　〈그림 4-25〉는 이전 상대 저점과 상대 고점이 밀집된 곳에 형성된 지지대를

보여주는 주간 차트다. 〈그림 4-26〉은 이전 상대 고점과 상대 저점이 밀집된 곳에 형성된 저항대를 보여주는 주간 차트다.

이전 상대 고점과 저점이 밀집된 구간을 지지 및 저항 구역으로 정의하는 접근법은 일간 차트에도 적용할 수 있다. 물론 이때는 대상 기간(예: 2년)이 충분히 주어진다는 조건에서 그렇다. 예를 들어 〈그림 4-27〉과 〈그림 4-28〉은 각각 일간 연속형 선물 차트('개별' 선물 계약 차트는 대부분 기간이 너무 짧아서 이 방법을 효과적으로 적용할 수 없음)와 일간 주가 차트로서 이전 상대 고점과 저점으로 정의한 저항대를 보여준다.

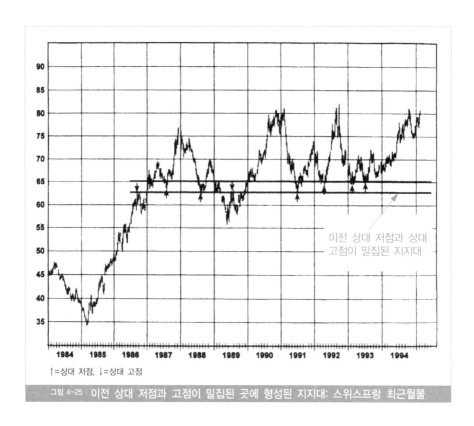

↑=상대 저점, ↓=상대 고점

그림 4-25 | 이전 상대 저점과 고점이 밀집된 곳에 형성된 지지대: 스위스프랑 최근월물

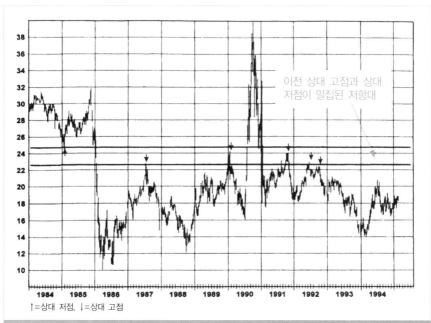

이전 상대 고점과 상대
저점이 밀집된 저항대

↑=상대 저점, ↓=상대 고점

그림 4-26 | 이전 상대 고점과 저점이 밀집된 곳에 형성된 저항대: 원유 최근월물

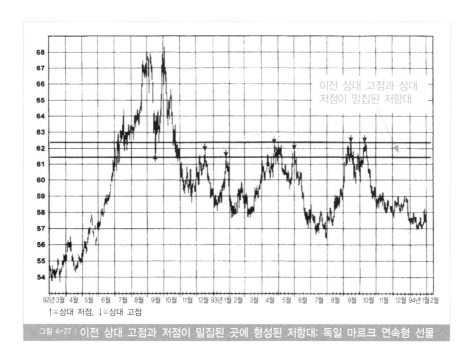

이전 상대 고점과 상대
저점이 밀집된 저항대

↑=상대 저점, ↓=상대 고점

그림 4-27 | 이전 상대 고점과 저점이 밀집된 곳에 형성된 저항대: 독일 마르크 연속형 선물

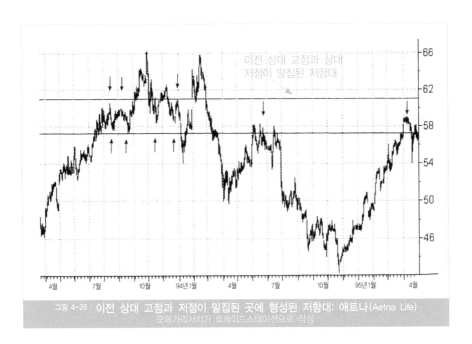

엔벨로프 밴드

지지선과 저항선을 확인하는 또 다른 방법으로 이동평균을 이용한 엔벨로프 밴
드envelope band가 있다. 엔벨로프 밴드의 상단선은 이동평균값과 이동평균의 일정
비율을 더한 것이다. 하단선은 이동평균값에서 이동평균의 일정 비율을 뺀 것이
다. 예를 들어 현재 주식 차트의 이동평균값이 100이고 이동평균 비율이 3%라
면 상단선은 103이 되고, 하단선은 97이 된다. 이동평균 비율을 적절히 선택하
면 가격 움직임 대부분이 포함된 엔벨로프 밴드를 구성할 수 있다. 이때 상단선
은 상대 고점과 거의 일치하고 하단선은 상대 저점과 거의 일치하게 된다.

〈그림 4-29〉는 20일 이동평균과 2.5% 비율을 사용한 미 재무부 채권 1995
년 3월물의 엔벨로프 밴드를 나타낸 것이다. 그림에서 보는 바와 같이 엔벨로프

밴드는 지지선과 저항선을 파악하는 데 유용하다. 같은 개념의 또 다른 표현인데, 엔벨로프 밴드는 과매수와 과매도의 수준도 잘 보여준다(제6장 참고).

엔벨로프 밴드는 일간 차트 외에 다른 기간 차트에도 적용할 수 있다. 예를 들어 〈그림 4-30〉은 〈그림 4-29〉와 동일한 시장 및 종목에 대한 90분까지 차트(물론 더 짧은 구간에도 적용 가능함)에 1.2% 비율을 적용한 엔벨로프 밴드다. '볼린저 밴드Bollinger band'는 엔벨로프 밴드의 변종으로서 이동평균 비율 대신 표준편차를 가감해 산출한다.

그러나 엔벨로프 밴드가 생각만큼 그렇게 효과적인 도구는 아니라는 점을 기억해야 한다. 시장이 전환점에 근접하는 부분은 잘 포착하지만 추세가 확장되는 기간에는 가격이 계속해서 밴드의 한쪽 극단에 치우칠 수 있다. 예를 들어 〈그림 4-29〉의 1994년 2월 말부터 4월까지의 구간에서 이러한 가격 패턴을 확인할 수 있다.

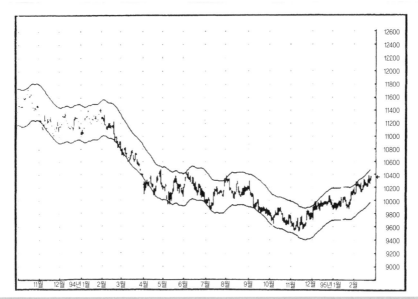

그림 4-29 | 일간 막대 차트에서 지지 및 저항을 표시하는 엔벨로프 밴드: 미 재무부 채권 1995년 3월물(출처: 퓨처소스)

그림 4-30 | 90분 막대 차트에서 지지 및 저항을 표시하는 엔벨로프 밴드:
미 재무부 채권 1995년 3월물(출처: 퓨처소스)

이 기간의 엘벨로프 밴드는 반복적으로 과매도 상태를 나타내고 있으나 실제로는 가격이 꾸준히 하락하고 있었다. 따라서 엔벨로프 밴드에서의 가격 이탈은 제한적이며 일시적인 현상일 가능성이 크고, 가격이 엔벨로프 밴드의 상단선 혹은 하단선에 근접해 있다고 해서 무조건 가격 역전이 임박했다고 확신할 수는 없다. 이 모든 사항을 고려할 때 엔벨로프 밴드는 지지 및 저항 구간을 확인하는 한 가지 방법일 뿐 결함이 전혀 없는 도구는 아니라는 점을 알 수 있다.

상승장에서 수익을 낸 것을 두고
자신의 투자 실력이 뛰어나서라고 착각하지 마라.

– 폴 루빈(Paul Rubin)

제5장

차트 패턴

기술적 분석이라고 하면 사람들은 제일 먼저 머리어깨형, 삼각형, 페넌트형, 갭 등등 사람들에게 잘 알려진 시각적 차트 패턴을 떠올린다. 이러한 패턴들은 막대 하나로 이루어졌든 여러 개로 이루어졌든 간에 특정 시장 환경에 따른 가격 동향을 나타낸다. 이번 장에서는 차트 패턴의 구조와 더불어 이러한 패턴들이 무엇을 의미하고 어떻게 적용되는지 알아보자.

일일 패턴

①갭

금일 저점이 전일 고점보다 높거나 금일 고점이 전일 저점보다 낮은 날 갭gap이 발생했다고 한다. 갭의 기본 유형으로는 다음의 네 가지가 있다.

1. 보통갭common gap | 박스권 안에서 발생한 갭으로 크게 중요한 의미는 없다. 〈그림 5-1〉, 〈그림 5-2〉, 〈그림 5-3〉에서 보통갭을 볼 수 있다.

2. 돌파갭breakaway gap | 가격이 박스권의 양 극단을 넘어 급격한 움직임을 보일 때 나타난 갭을 말한다(〈그림 5-1〉, 〈그림 5-2〉 참고). 이 갭이 수일 동안 메워지지 않는다는 것은 매우 중요하고 또 가장 신뢰할 만한 매매 신호 가운데 하나다.

3. 급진갭runaway gap | 추세가 가속화할 때 발생하며 강력한 강세장이나 약세장의 주된 특징이다. 특히 초강세장과 초약세장에서는 급진갭이 며칠 연속으로 발생하기도 한다(〈그림 5-1〉, 〈그림 5-2〉, 〈그림 5-3〉 참고).

4. 소멸갭exhaustion gap | 급격한 가격 변동 이후에 발생하며 뒤이어 추세 역전이 일어난다(〈그림 5-1〉 참고). 소멸갭은 매우 유용한 기술적 신호로 보일 수 있지만, 아쉽게도 소멸갭인지 급진갭인지는 사후에나 판단할 수 있다. 그러나 경우에 따라서는 추세 반전의 초기 시점에 소멸갭을 확인할 수도 있다. '천장형과 바닥형'이라는 제목의 절에서 섬꼴 반전형 부분을 참고하라.

②스파이크

스파이크는 일종의 고점 상승을 의미하며 특히 금일 고점이 전날 및 다음 날의 고점보다 높게 형성된 날을 스파이크 고점일spike high day이라고 한다. 스파이크 고점일의 종가는 금일 박스권의 하단선 부근에서 형성되는 경향이 있다. 스파이크 고점은 가격이 상승한 이후에 나타날 때만 의미가 있다. 이때는 적어도

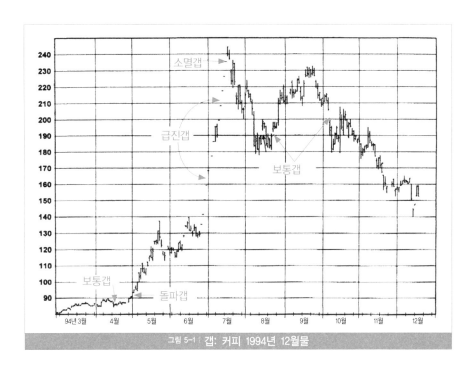

그림 5-1 | 갭: 커피 1994년 12월물

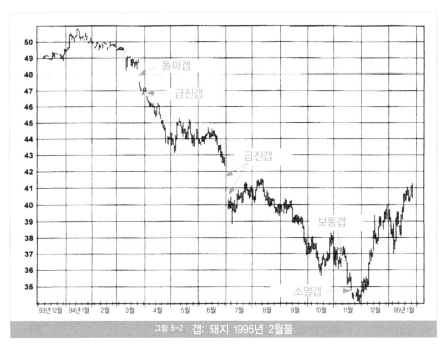

그림 5-2 | 갭: 돼지 1995년 2월물

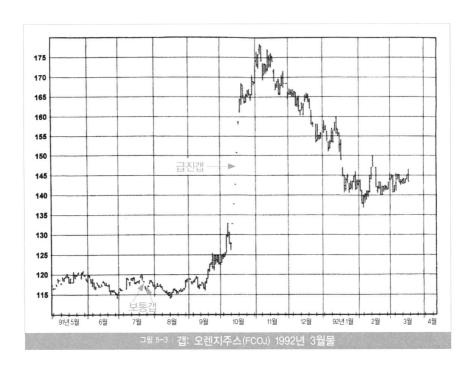

그림 5-3 | 갭: 오렌지주스(FCOJ) 1992년 3월물

일시적으로나마 매수 압박이 절정에 이른 것처럼 보이므로 이것이 잠재적 상대 고점으로 비칠 수 있다. 또 스파이크 고점이 정말로 가장 높은 고점인 경우도 있다.

일반적으로 아래 요건이 충족될 때 스파이크 고점의 중요성이 배가된다.

1. 스파이크 고점과 전날 및 다음 날 고점 간의 차이가 클 때
2. 종가가 금일 박스권의 하단에 가까울 때
3. 스파이크 형성 이전에 상당 수준의 가격 상승이 있을 때

이상의 요건에서 극단적 양상을 나타내면 낼수록 스파이크 고점이 주요 상대 고점 혹은 주요 고점일 가능성이 커진다.

이와 비슷한 논리로 스파이크 저점일spike low day은 저점이 전날 및 다음 날의 저점보다 훨씬 낮게 형성된 날을 말한다. 스파이크 저점일의 종가는 금일 박스 권의 상단선 부근에서 형성되는 경향이 있다. 스파이크 저점은 가격이 하락한 이후에 나타날 때만 의미가 있다. 이 경우에는 적어도 일시적으로나마 매도 압박이 절정에 달했음을 의미할 수 있고 따라서 이것이 잠재적 상대 저점으로 간주될 수 있다. 또 스파이크 저점이 결국 가장 낮은 저점이 되기도 한다.

일반적으로 아래 요건이 충족될 때 스파이크 저점의 중요성이 배가된다.

1. 스파이크 저점과 이전 및 이후 저점 간의 차이가 클 때
2. 종가가 금일 박스권의 상단에 가까울 때
3. 스파이크 형성 이전에 상당 수준의 가격 하락이 있을 때

이상의 요건에서 극단적 양상을 나타내면 낼수록 스파이크 저점이 주요 상대 저점 혹은 주요 저점일 가능성이 커진다.

〈그림 5-4〉, 〈그림 5-5〉, 〈그림 5-6〉은 스파이크 고점과 스파이크 저점의 몇 가지 사례를 보여준다. 〈그림 5-4〉는 약 2개월 동안 발생한 세 차례의 스파이크 고점을 보여준다. 처음에 나타난 스파이크 고점은 상대 고점으로 간주할 수 있다. 그리고 비슷한 높이를 형성한 나머지 2개의 스파이크 고점은 이 둘이 결합해 주요 천장을 형성한다. 〈그림 5-5〉와 〈그림 5-6〉은 상대 고점과 상대 저점을 형성한 스파이크 사례를 보여준다.

앞서 스파이크 고점과 저점에 관한 세 가지 전형적 특성을 설명했다. 그러나 이러한 정의 자체가 다소 애매한 측면이 있다. 구체적으로 말해 스파이크 고점(혹은 스파이크 저점)으로 인정되려면 전날 및 다음 날의 고점(혹은 저점)과 당일 고점(혹은 저점) 간의 차이가 얼마나 돼야 하는가? 스파이크 고점(혹은 스파이크 저

점)으로 간주되려면 종가가 당일 저점(혹은 고점)에 얼마나 근접해야 하는가? 스파이크 고점(혹은 스파이크 저점)으로 간주되려면 이전의 가격 상승(혹은 하락) 폭은 얼마나 돼야 하는가?

이러한 질문에 정확한 답을 하기는 어렵다. 모두 주관적 선택의 범주에 속하는 사안이기 때문이다. 다만 〈그림 5-4〉, 〈그림 5-5〉, 〈그림 5-6〉은 스파이크 확인 조건에 관한 직관적 선택의 예를 보여준다. 스파이크 고점일 혹은 저점일을 수학적으로 정확히 정의하는 방식은 부록을 참고하기 바란다.

③ 반전일

상승 추세에서 신고점을 형성한 후 당일 종가가 전일 종가보다 낮아지는 것을 반전 고점일reversal high day이라고 한다. 이와 마찬가지로 하락 추세에서 신저점

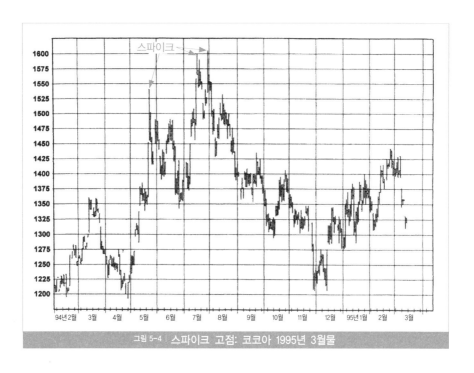

그림 5-4 | 스파이크 고점: 코코아 1995년 3월물

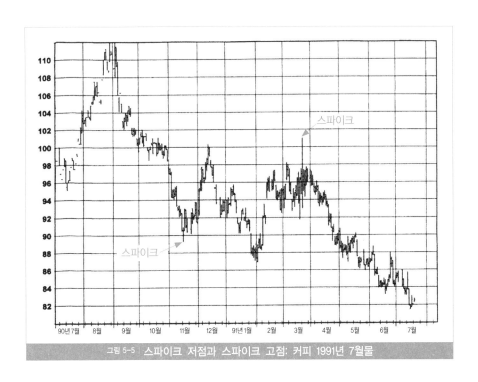

그림 5-5 | 스파이크 저점과 스파이크 고점: 커피 1991년 7월물

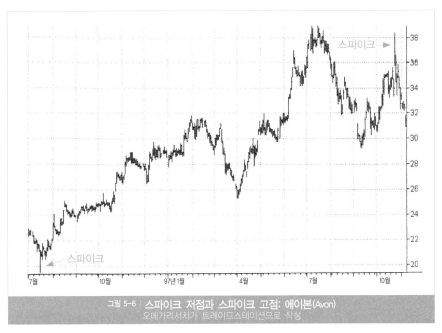

그림 5-6 | 스파이크 저점과 스파이크 고점: 에이본(Avon)
오메가리서치가 트레이드스테이션으로 작성

을 형성한 후 종가가 전일 종가보다 높은 수준에서 형성되는 것을 반전 저점일 reversal low day이라고 한다. 여기서는 반전 고점일에 초점을 맞추고 있으나 반전 저점일에 대한 설명은 이와 정반대라고 이해하면 된다.

스파이크 고점과 마찬가지로 반전 고점일 또한 통상 매수세가 절정에 이른 상태로 이해할 수 있다. 따라서 이를 상대적 고점으로 해석할 수 있다. 그러나 그 정의상 반전 고점일의 요건은 그렇게 까다롭지 않다. 반전 고점일의 형성은 상당히 일반적인 현상이라는 의미다. 즉 실제 시장의 고점 상당수가 반전 고점일일 수 있다.

그러나 문제는 반전 고점일 대다수가 실제 고점이 아니라는 사실이다. 이에 관해서는 〈그림 5-7〉이 매우 잘 보여주고 있다. 3월부터 10월까지 이어진 상승 추세의 꼭짓점에서, 1997년 10월에 두 차례 연속으로 반전 고점일이 기록된 부분에 주목하라. 이는 강력한 매도 신호일 수 있다.

그러나 이러한 반전일이 또 다른 일곱 차례의 반전일 다음에 발생했다는 점에 주목하라. 앞서 발생한 반전 고점일은 결국 미성숙 매도 신호였다고 봐야 한다.

〈그림 5-8〉은 미성숙 반전일 신호가 얼마나 흔하게 나타나는지를 보여주는 좋은 예다. 이 경우에는 초강세장의 꼭지와 정확히 일치하는 지점에서 반전일이 형성됐다. 그러나 의심의 여지없이 확실한 이 매도 신호 또한 상승 초반기 다섯 차례의 반전일이 형성된 다음에야 나타났다. 반전일 신호를 기준으로 이 시장에서 매매한 사람은 아마도 최종적으로 진짜 유효한 신호가 나타나기 훨씬 전에 '수건'을 던졌을(매도를 했을) 것이다.

앞에 제시한 예를 보면 반전일 신호는 최소한 실제 고점 혹은 그 부근에서 발생했다. 그러나 상승 추세에서는 수많은 반전 고점일이 나타나는데, 이 가운데는 잘못된 반전 신호라서 결국 실제 고점 근처에도 가지 못한 상태로 끝나는 경우가 적지 않다. 반전 고점일 가운데 실제 고점으로 판명되는 비율은 10분의 1 정도다. 다시 말해 반전일은 꽤 정확한 매매 신호일 때도 있으나 잘못된 신호일 때가 훨씬 많다.

개인적인 생각으로는 반전일에 대한 기본적인 정의가, 가치가 없는 잘못된 매매 신호를 양산하는 데 일조한다고 본다. 기본적인 정의에 따르면 종가가 전일 종가보다 낮기만 하면 반전일의 조건이 충족된다. 그러나 이는 반전일을 규정하기에는 너무 느슨한 조건이다. 나는 전일 종가가 아니라 전일 저점을 기준으로 반전일을 규정하는 것이 훨씬 효과적이라고 생각한다. 즉, 상승 추세에서 신고가가 형성되고 난 후 당일 종가가 전일 저점보다 낮아진 날을 반전 고점일로 규정하는 것이다(원한다면 조건을 더 강화해 종가가 이전 이틀간의 저점 밑으로 떨어지는 날을 반전일로 정의할 수도 있다).

이처럼 정의 요건을 더욱 강화하면 잘못된 반전일 신호가 크게 감소할 것이다. 그러나 이와 동시에 유효한 신호까지 걸러낼 위험이 있다. 예를 들어 전일 종가가 아니라 저점을 기준으로 하는 새로운 정의를 사용하면 〈그림 5-7〉에 나타난 반전 신호 가운데 2개를 제외하고 오신호를 전부 잡아냈을 것이다. 그런데 여기서 그치는 것이 아니라 유감스럽게도 시장 최고점에서 형성된 유효한 반전일 신호까지 같이 제거했을 것이다. 이와는 달리 〈그림 5-8〉을 보면 강화된 반전일 정의를 사용했을 때 미성숙 반전일 신호 5개를 전부 잡아내면서도 유효한 신호 한 개는 제대로 포착했다.

반전일과 스파이크가 다소 비슷하다고 생각할 수 있으나 이 두 가지는 분명히 구별해야 한다. 스파이크가 일어난 날이 반드시 반전일과 겹치는 것이 아니고 반전일이 스파이크일과 반드시 겹치는 것도 아니다. 예를 들어 스파이크 고점 발생일의 종가가 당일 저점에 도달하더라도 전일 저점(혹은 기본적인 정의에 따르면 '전일 종가')을 하회하지 않을 수도 있다. 또 스파이크 고점과 달리 반전 고점일에는 전일 고점을 크게 상회하거나 후일 고점을 전혀 넘어서지 않을 수도 있다. 후일의 가격 변동은 반전일 정의 조건에 포함되지 않기 때문이다. 마찬가지로 반전일의 종가가 전일 종가 밑으로 떨어지더라도 스파이크와 달리 당일 저점에는 근접하지 않을 수도 있다.

반전일과 스파이크가 동시에 발생하는 날이 가끔 있다. 이 두 가지가 같이 발생하는 날은 반전일만 발생하는 날보다 훨씬 중요하다. 반전일에 대한 조건을 강화하는 다른 방법은 기본적인 정의에다 스파이크 발생일에 대한 조건을 추가하는 것이다(강화된 반전일 조건과 스파이크 발생일 조건을 모두 충족한다면 이보다 더 확실한 신호도 없겠으나 현실적으로 이러한 경우는 극히 드물다).

〈그림 5-9〉는 스파이크와 반전일 조건이 모두 충족된 날의 예를 보여준다. 가격 폭락 후 종가가 당일 고점 수준에서 형성되면서 주요 조정이 끝나고 가격 급반등이 시작되는 패턴이 나타난다.

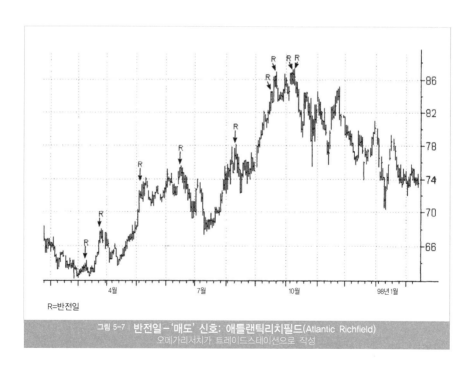

R=반전일

그림 5-7 | 반전일-'매도' 신호: 애틀랜틱리치필드(Atlantic Richfield)
오메가리서치가 트레이드스테이션으로 작성

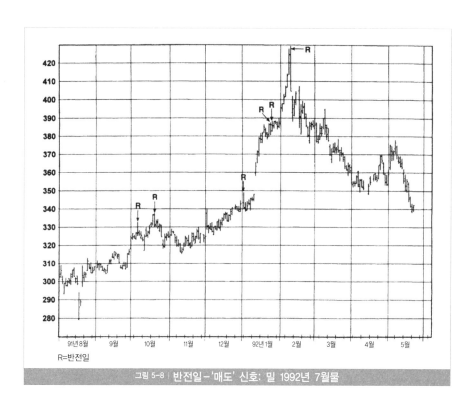

R=반전일

그림 5-8 | 반전일-'매도' 신호: 밀 1992년 7월물

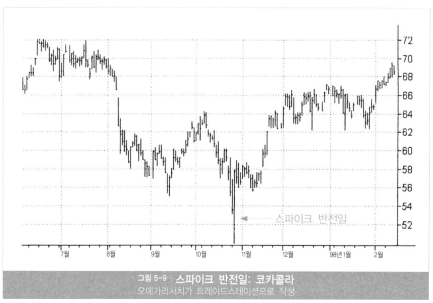

스파이크 반전일

그림 5-9 | 스파이크 반전일: 코카콜라
오메가리서치가 트레이드스테이션으로 작성

④ 추력일

상승 추력일upthrust day은 종가가 전일 고점보다 높은 날을 말한다. 반면 하락 추력일downthrust day은 종가가 전일 저점보다 낮은 날을 말한다. 추력일 개념의 핵심은 바로 당일 가격 중 종가가 매우 중요하다는 점이다.

추력일은 흔하게 발생하므로 단 하루의 추력일은 큰 의미가 없다. 그러나 연속적으로 발생하는(반드시 연이어 발생할 필요는 없음) 상승 추력일은 확실한 강세장을 반영하며, 마찬가지로 연속적으로 발생하는(이 역시 반드시 연이어 발생할 필요는 없음) 하락 추력일은 확실한 약세장을 반영한다.

강세장에서는 상승 추력 일수가 하락 추력 일수보다 훨씬 많다. 〈그림 5-10〉에서 1~2월에 해당하는 구간을 살펴보라. 이와는 정반대로 약세장에서는 하락 추력 일수가 상승 추력 일수보다 많다. 〈그림 5-11〉이 좋은 예다(그러나 역상승 추세기에 상승 추력일이 많이 나타날 때는 이것이 하락 추세의 맥을 중간 중간에 끊어주는 역할을 한다는 점을 기억하라).

그리고 당연한 말이지만 횡보장에서는 상승 추력 일수와 하락 추력 일수가 얼추 균형을 유지하는 경향이 있다. 이에 관해서는 〈그림 5-10〉의 2~5월에 해당하는 구간을 살펴보라(좀 더 강력한 추력일 유형이 강한 추세일인데 이에 대한 정의는 부록에 실어두었다).

⑤ 대변동일

대변동일wide-ranging day은 일간 가격 막대가 이전일들보다 훨씬 긴 날을 말한다. 변동성을 나타내는 지표의 하나로서, 당일의 가격 변동 폭이 최근 매매일의 평균 변동 폭보다 큰 날을 의미한다. 대변동일은 차트상에서 쉽게 확인할 수 있

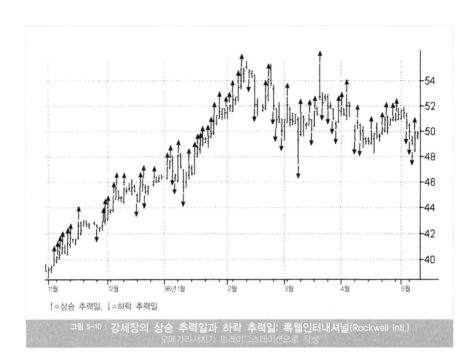

↑=상승 추력일, ↓=하락 추력일

그림 5-10 강세장의 상승 추력일과 하락 추력일: 록웰인터내셔널(Rockwell Intl.)
오메가리서치가 트레이드스테이션으로 작성

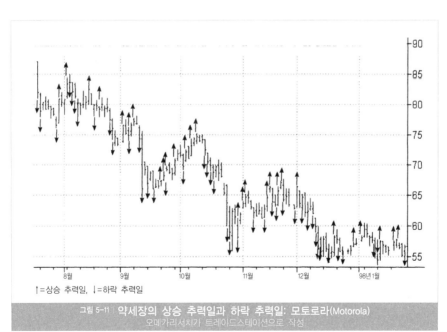

↑=상승 추력일, ↓=하락 추력일

그림 5-11 약세장의 상승 추력일과 하락 추력일: 모토로라(Motorola)
오메가리서치가 트레이드스테이션으로 작성

으나 수학적 방법으로도 정의할 수 있다. 예를 들어 대변동일은 가격 범위가 이전 거래일(N)의 평균 가격대보다 2배 이상 높은 날을 의미한다. 대변동일의 산출 공식은 부록에서 확인하기 바란다.

대변동일은 특히 중요한 의미가 있는 개념이다. 예를 들어 장기 하락 추세 이후 높은 종가와 함께 발생한 대변동일은 상승 추세로의 반전 신호일 때가 많다. 〈그림 5-12〉와 〈그림 5-13〉은 긴 하락기 이후 나타나서 주요 상승 추세를 예고하는 '상승 대변동일'에 대한 좋은 예다. 〈그림 5-13〉에서는 이전 약세장의 저점보다 높은 수준에서 이틀 연속으로 대변동일이 나타났다.

마찬가지로 주요 상승세 이후 낮은 종가와 함께 형성된 대변동일은 하락 추세로의 반전 신호일 수 있다. 〈그림 5-14〉와 〈그림 5-15〉는 이전 주요 상승기의 고점 부근에서 형성된 하락 대변동일을 나타낸다(〈그림 5-14〉에서 하락 추세가 형성된 후 단기 상승 반전 추세가 뒤따랐고, 그 이후에 낮은 종가와 함께 두 번째 대변동일이 나타났다는 점에 주목하라). 주요 대변동일은 이전의 주 추세가 반전됐음을 보여주는 중요한 경고 신호로 간주해야 한다.

〈그림 5-16〉은 4개월 동안 이어진 상승 추세를 뒤엎기라도 하듯 연이어 네 차례 발생한 대변동일을 나타낸다. 이 가운데 첫 번째 대변동일은 7년 강세장의 정점에 매우 근접한 지점에서 형성됐다.

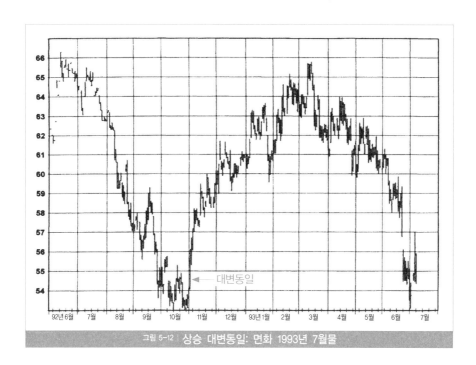

그림 5-12 | **상승 대변동일: 면화 1993년 7월물**

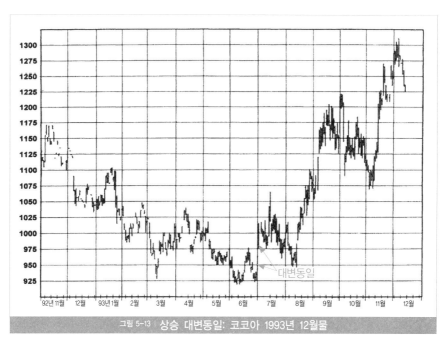

그림 5-13 | **상승 대변동일: 코코아 1993년 12월물**

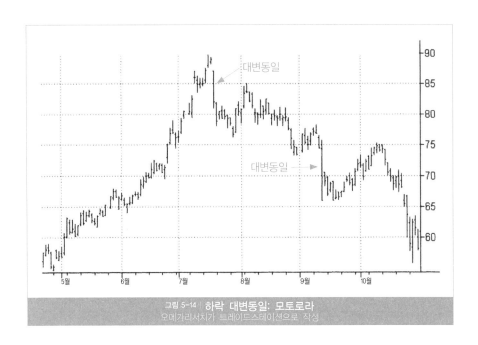

그림 5-14 | 하락 대변동일: 모토로라
오메가리서치가 트레이드스테이션으로 작성

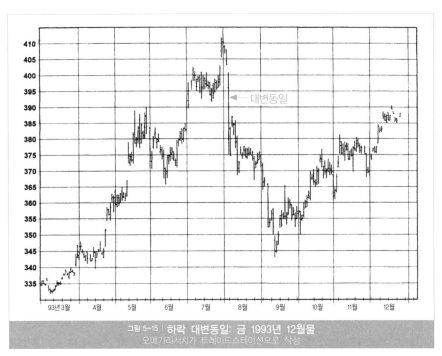

그림 5-15 | 하락 대변동일: 금 1993년 12월물
오메가리서치가 트레이드스테이션으로 작성

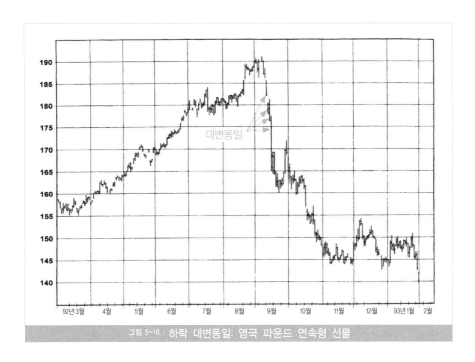

대변동일

그림 5-16 | 하락 대변동일: 영국 파운드 연속형 선물

지속형 패턴

지속형 패턴continuation pattern은 장기 추세에서 형성되는 다양한 유형의 혼잡 국면이라 할 수 있다. 명칭에서 짐작할 수 있듯이 지속형 패턴은 패턴 형성 이전의 추세와 같은 방향으로 진행되면서 패턴이 정리되고 난 후 원래 추세대로 가격 흐름이 이어진다.

①삼각형

삼각형triangle 패턴의 기본 유형으로는 대칭형(〈그림 5-17〉과 〈그림 5-18〉 참고), 상승형(〈그림 5-19〉와 〈그림 5-20〉 참고), 하락형(〈그림 5-21〉과 〈그림 5-22〉 참고), 이렇

그림 5-17 | 대칭 삼각형: 델타에어라인(Delta Air Lines)

그림 5-18 | 대칭 삼각형: 스위스프랑 연속형 선물

게 세 가지가 있다. 〈그림 5-17〉과 〈그림 5-18〉에서 보는 바와 같이 대칭 삼각형 패턴이 나타나면 이 패턴이 나타나기 이전의 추세가 계속 이어진다. 그리고 비대칭 삼각형 패턴에서는 〈그림 5-19〉부터 〈그림 5-22〉까지에서 볼 수 있듯이 통상적으로 빗변의 기울기 방향으로 추세가 이어진다고 본다.

그러나 삼각형의 '형태'보다는 가격이 돌파된 '방향'이 훨씬 더 중요하다. 예를 들어 〈그림 5-23〉에서 7~9월 구간에 나타난 혼잡 패턴은 하락 삼각형 형태이기는 해도, 돌파의 방향은 삼각형 형성 초기와 같은 방향인 '상향' 돌파의 모습을 보여준다.

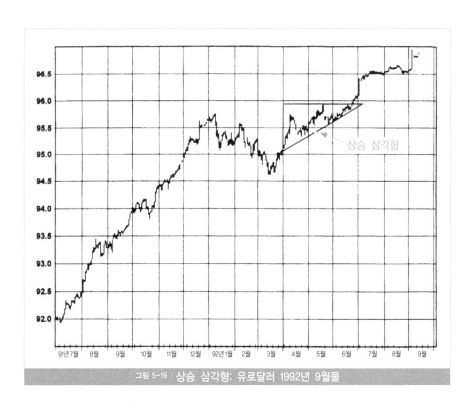

그림 5-19 | 상승 삼각형: 유로달러 1992년 9월물

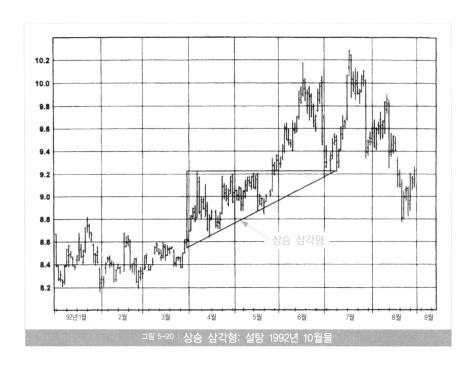

상승 삼각형

그림 5-20 | 상승 삼각형: 설탕 1992년 10월물

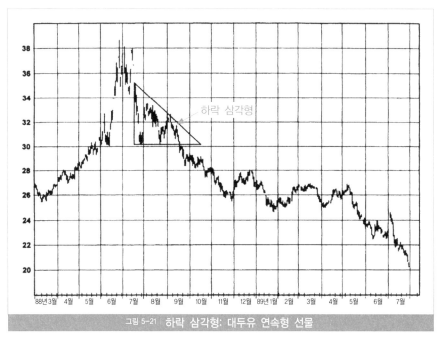

하락 삼각형

그림 5-21 | 하락 삼각형: 대두유 연속형 선물

126

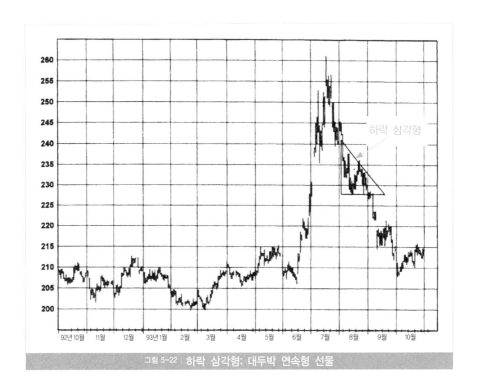

그림 5-22 | 하락 삼각형: 대두박 연속형 선물

그림 5-23 | 상향 돌파된 하락 삼각형: 호스트메리어트(Host Marriott Corp.)
오메가리서치가 트레이드스테이션으로 작성

② 깃발형과 페넌트형

깃발형flag과 페넌트형pennant은 추세 진행 중 짧은 기간(예: 1주에서 3주)에 걸쳐 좁은 띠 형태로 나타나는 가격 혼잡 국면이다. 상단선과 하단선이 평행을 이룰 때를 깃발형이라고 하고, 두 선이 한 곳으로 수렴하는 형태일 때를 페넌트형이라고 한다.

〈그림 5-24〉와 〈그림 5-25〉는 깃발형과 페넌트형을 동시에 보여준다. 페넌트형은 삼각형 패턴과 비슷해 보이나 시간상의 차이가 있다. 즉, 삼각형 패턴의 형성 기간이 더 길다.

깃발형과 페넌트형은 주 추세상의 장기적 흐름이 잠시 멈추는 형태로 나타난다. 다시 말해 이 두 가지 패턴 다음에는 패턴 형성 이전의 추세와 동일한 방향으로 가격 흐름이 이어진다.

깃발형이나 페넌트형에서의 돌파는 추세가 지속됨을 확정하는 신호인 동시에 추세 방향으로의 매매 신호로 간주할 수 있다. 개인적으로는 깃발형이나 페넌트형이 형성되는 동안 돌파가 일어날 방향을 예측하면서 포지션을 개시하는 쪽을 선호한다. 대체로 주 추세와 같은 방향으로 돌파가 이뤄지기 때문이다.

이 접근법을 사용하면 잘못된 판단을 하는 비율을 낮춰주므로 유리한 시점에 매매를 개시할 수 있다. 깃발형과 페넌트형에서 돌파가 이뤄진 후에 추세 반전이 일어나는 것은, 예측했던 것과 정반대 방향으로 돌파가 일어나는 것만큼이나 흔하게 나타나는 현상은 아니기 때문이다. 깃발형이나 페넌트형에서 돌파가 일어난 다음에는 이 패턴의 반대편 극점을 손절매 시점으로 택할 수 있다.

예상했던 것과 정반대 방향으로, 즉 주 추세와 반대 방향으로 돌파가 이루어지면 이를 잠재적 추세 반전 신호로 간주할 수 있다. 예를 들어 〈그림 5-25〉를 보면 깃발 및 페넌트 패턴이 주 추세와 같은 방향으로 돌파되면서 연이어 나타나다가 6월에 형성된 깃발 패턴이 역방향으로 돌파된 후 급격한 가격 반등이 일어났다.

〈그림 5-24〉에 나타난 대다수 깃발 및 페넌트 패턴과 마찬가지로 깃발과 페넌트 패턴은 대체로 주 추세와 역방향으로 형성된다. 그러나 내 경험상 각 패턴의 방향이 주 추세와 같은 방향이든 역방향이든 양 패턴의 신뢰도에는 큰 차이가 없었다.

한편 박스권의 상단선 부근이나 상단선 바로 위에 형성된 깃발이나 페넌트는 매우 강력한 상승장 신호일 수 있다. 깃발이나 페넌트가 박스권의 상단선 부근에서 형성되면, 이는 가격이 주요 저항 구역(박스권 상단)에 근접했는데도 시장이 후퇴하지 않고 있다는 의미다. 이러한 가격 동향은 잠재적 상승장의 신호이며 시장이 상승 돌파를 위한 힘을 모으고 있다는 의미다.

깃발이나 페넌트 패턴이 박스권 위에서 형성된다는 것은 돌파 지점 위에서 가격대가 유지되고 있다는 의미이며, 이것이 강력한 돌파 확정 신호로 작용한다. 일반적으로 박스권의 지속 기간이 길수록 박스권의 상단선 부근이나 상단선 바로 위에 형성된 깃발 및 페넌트의 중요성이 더 커진다. 〈그림 5-26〉과 〈그림 5-27〉은 박스권 상단선 위에서 형성돼 폭발적 가격 상승의 전조 신호로 작용하는 깃발 및 페넌트 패턴을 나타낸다.

마찬가지로 박스권 하단선 부근이나 그 밑에서 형성된 깃발 및 페넌트는 강력한 약세장 신호일 수 있다. 〈그림 5-28〉과 〈그림 5-29〉는 박스권 하단선 부근 혹은 그 밑에서 형성돼 급격한 가격 하락의 전조 신호로 작용하는 깃발 패턴을 나타낸다.

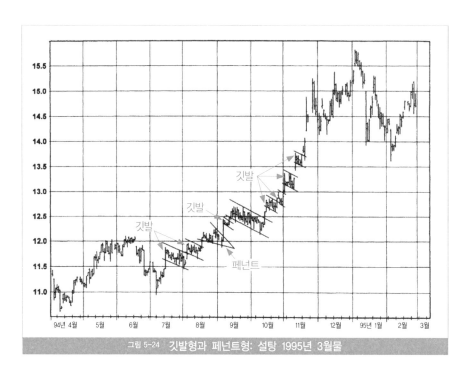

그림 5-24 | 깃발형과 페넌트형: 설탕 1995년 3월물

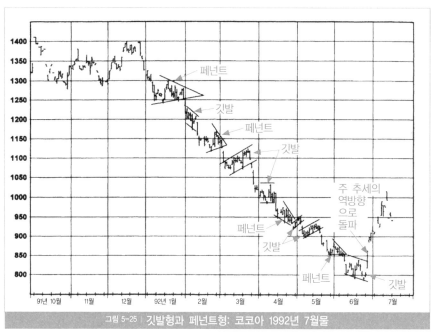

그림 5-25 | 깃발형과 페넌트형: 코코아 1992년 7월물

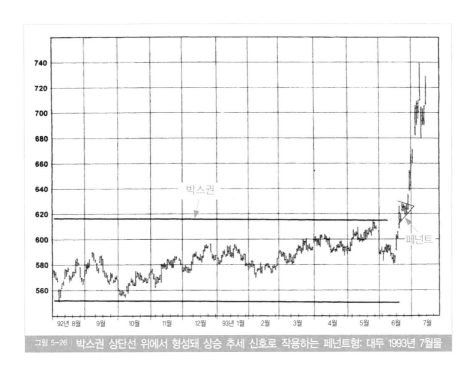

그림 5-26 | 박스권 상단선 위에서 형성돼 상승 추세 신호로 작용하는 페넌트형: 대두 1993년 7월물

그림 5-27 | 박스권 상단선 위에서 형성돼 상승 추세 신호로 작용하는 깃발형: 대두박 1993년 7월물

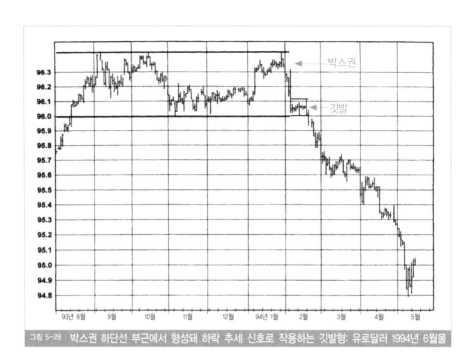

그림 5-28 | 박스권 하단선 부근에서 형성돼 하락 추세 신호로 작용하는 깃발형: 유로달러 1994년 6월물

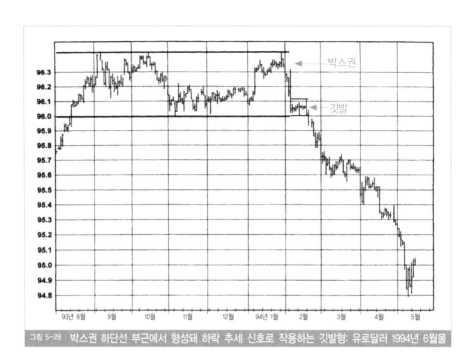

그림 5-29 | 박스권 하단선 밑에서 형성돼 하락 추세 신호로 작용하는 깃발형: 천연가스 1994년 11월물

천장형과 바닥형

①V형(바닥형)과 역V형(천장형)

V형은 위(⟨그림 5-30⟩ 참고)나 아래(⟨그림 5-31⟩ 참고)가 뾰족한 패턴을 말한다. 특히 아래가 뾰족한 형태를 바닥형(V형), 위가 뾰족한 형태를 천장형(역V형)이라고 한다. V형 및 역V형의 한 가지 문제는 다른 기술적 지표(예: 뚜렷한 스파이크, 주요 반전일, 큰 폭의 갭, 대변동일)를 동반하지 않으면 급격한 가격 조정 국면과 구분이 잘 안 된다는 데 있다. ⟨그림 5-31⟩의 V형(바닥형)은 이러한 단서(극단적 스파이크)를 포함하고 있으나 ⟨그림 5-30⟩의 역V형(천장형)은 추세 반전의 증거가 될 만한 기타 신호를 동반하지 않는다.

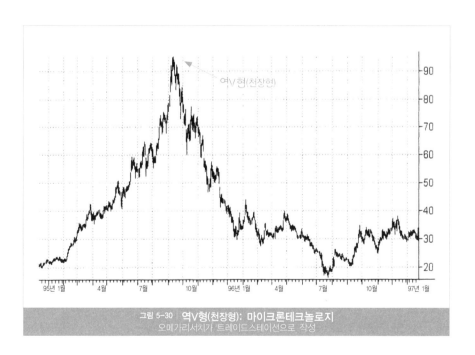

그림 5-30 | **역V형(천장형): 마이크론테크놀로지**
오메가리서치가 트레이드스테이션으로 작성

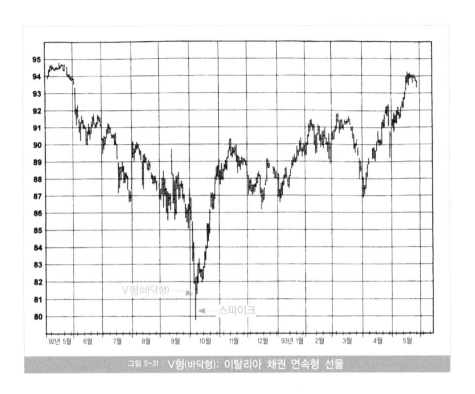

그림 5-31 | V형(바닥형): 이탈리아 채권 연속형 선물

②이중 천장형과 이중 바닥형

이중 천장형double top과 이중 바닥형double bottom은 명칭 그대로 이해하면 된다. 여기서 이중 패턴을 구성하는 천장(혹은 바닥) 2개가 완전히 똑같을 필요는 없으며, 극점이 서로 비슷한 지점 부근에서 형성되기만 하면 된다.

큰 폭의 가격 변동이 있은 후에 형성된 이중 천장 및 바닥은 주 추세 반전의 강력한 신호로 간주해야 한다. 〈그림 5-32〉는 독일 마르크 가격 차트에 나타난 주요 이중 천장을 보여준다(선물 차트의 이중 천장 및 바닥 패턴은 연속형 선물 차트를 사용해 나타낸다. 개별 선물 계약은 대부분 매매 기간이 그리 길지 않아서 이러한 가격 추이 패턴은 물론이고 이전 및 이후의 가격 추세를 표시하기 어렵기 때문이다).

가격이 두 천장(혹은 바닥) 사이의 저점(혹은 고점) 밑으로(혹은 위로) 떨어질 때 이중 천장(혹은 바닥) 패턴이 완성된 것으로 간주한다. 그러나 〈그림 5-32〉에서처럼 중간의 가격 낙폭이 매우 크면 이중 천장이 '공식' 확정될 때까지 기다리는 것은 무의미하며, 다른 증거 지표를 근거로 이중 천장이 형성될지 여부를 판단하는 것이 바람직하다.

예를 들어 〈그림 5-32〉를 보면 4월부터 8월까지의 가격 상승분이 절반 가까이 하락한 후에야 이중 천장이 완성됐다. 그러나 두 번째 천장에서 형성된 스파이크 고점과 이 고점에서 하락 반전이 시작된 후에 형성된 깃발 패턴은 앞으로의 하락 추세를 암시한다. 따라서 기본적인 정의에 따르면 아직 이중 천장이 완성되지 않았어도 투자자는 이러한 단서를 근거로 이중 천장이 형성된 것으로 추정할 수 있다.

〈그림 5-33〉은 1990년대 초 10년 만기 오스트레일리아 채권의 강세장에서 형성된 이중 천장을 보여준다. 이중 천장이 형성되기 전 장기적인 가격 상승 추세가 지속된 기간을 전부 보여주고자 주간 차트를 사용했다. 이 차트는 주 추세 반전 패턴으로 작용하는 이중 천장의 매우 좋은 예라 할 수 있다. 〈그림 5-32〉와는 대조적으로 이 차트에서는 두 천장 사이의 골이 매우 얕다. 결과적으로 실제 고점에 매우 근접한 수준에서 이중 천장 패턴이 확정됐다.

〈그림 5-34〉는 이중 바닥 패턴을 보여준다. 〈그림 5-35〉에서는 한 차트에서 이중 바닥과 이중 천장을 모두 확인할 수 있다. 3중 천장과 3중 바닥 같이 천장과 바닥이 반복적으로 나타나는 일은 드물지만, 이 또한 같은 방식으로 해석하면 된다. 〈그림 5-36〉은 3중 바닥을 보여준다. 여기서 세 저점은 모두 비슷한 수준에서 형성돼 있다. 〈그림 5-37〉은 3중 천장을 나타낸다.

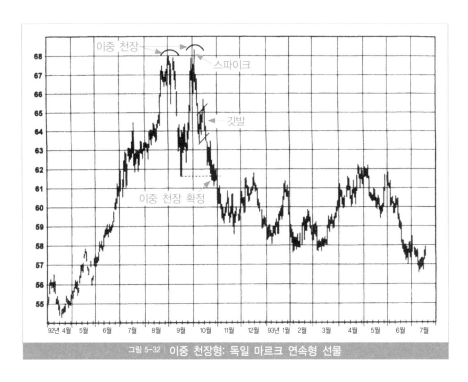

그림 5-32 │ 이중 천장형: 독일 마르크 연속형 선물

그림 5-33 │ 이중 천장형: 10년 만기 오스트레일리아 채권 연속형 선물(주간 차트)

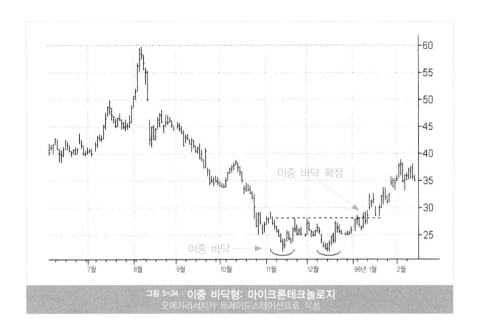

그림 5-34 | 이중 바닥형: 마이크론테크놀로지
오메가리서치가 트레이드스테이션으로 작성

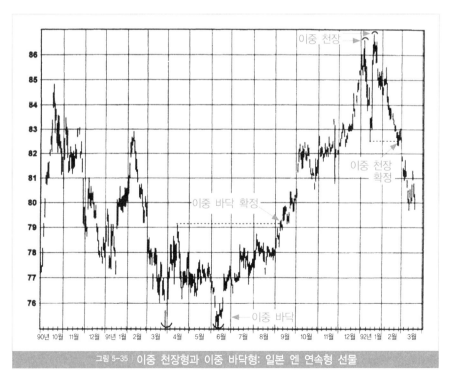

그림 5-35 | 이중 천장형과 이중 바닥형: 일본 엔 연속형 선물

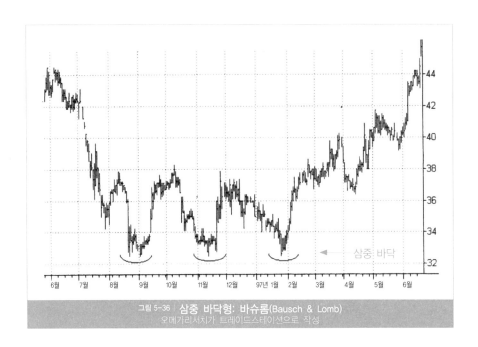

그림 5-36 | **삼중 바닥형: 바슈롬(Bausch & Lomb)**
오메가리서치가 트레이드스테이션으로 작성

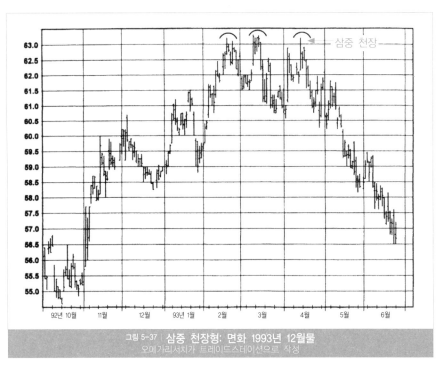

그림 5-37 | **삼중 천장형: 면화 1993년 12월물**
오메가리서치가 트레이드스테이션으로 작성

③ 머리어깨형

머리어깨형head and shoulder은 가장 잘 알려진 차트 패턴 가운데 하나다. 머리어깨 천장형은 세 부분으로 나뉘는데 양쪽 고점을 사이에 두고 가운데에 최고점이 솟아 있는 형태를 말한다(〈그림 5-38〉 참고). 이와 마찬가지로 머리어깨 바닥형 또한 세 부분으로 구성돼 있으며 양쪽 저점을 사이에 두고 가운데에 최저점이 형성돼 있다(〈그림 5-39〉 참고).

기술적 분석 초보자가 저지르는 실수 가운데 가장 흔한 것이 머리어깨형이 완성되기도 전에 이 패턴을 너무 성급하게 확정하려 하는 점이다. 머리어깨형은 목선neckline이 돌파돼야 비로소 패턴이 완성된다(〈그림 5-38〉과 〈그림 5-39〉 참고). 더구나 머리어깨형은 커다란 가격 움직임이 나타난 후에 형성돼야 유효한 패턴으로 인정할 수 있다. 머리어깨형의 모양은 취하고 있으나 이 조건을 충족하지 못

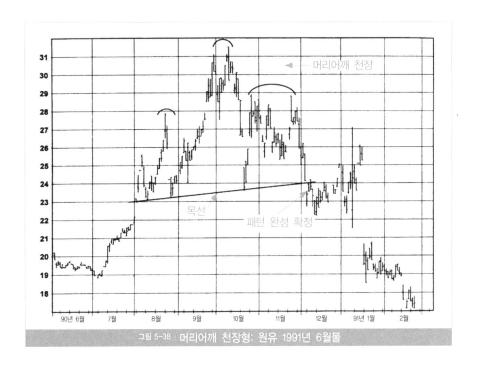

그림 5-38 | **머리어깨 천장형: 원유 1991년 6월물**

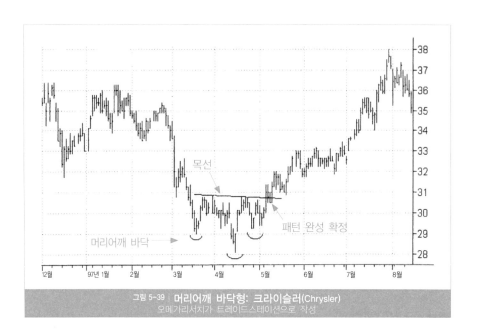

목선

머리어깨 바닥

패턴 완성 확정

12월　97년 1월　2월　3월　4월　5월　6월　7월　8월

한 패턴은 잘못된 신호일 수 있다.

④둥근 천장형과 둥근 바닥형

'대접형'이라고도 하는 둥근 천장형rounded top 및 둥근 바닥형rounded bottom은 그리 자주 나타나는 편은 아니지만, 그래도 천장형과 바닥형 중에서 가장 신뢰할 만한 추세 패턴이다.

〈그림 5-40〉은 둥근 천장형을 보여주는 연속형 선물 차트다. 차트에 나타난 둥근 천장은 주요 상승 추세와 이후의 급격한 하락 추세 사이에 형성돼 있다. 그림에서 보는 바와 같이 이 패턴은 뾰족하게 튀어나온 부분이 없으며, 바깥쪽 주변부가 둥근 모양인지가 패턴 확정의 주요 기준이 된다.

〈그림 5-41〉은 둥근 천장형을 보여주는 주식 차트다. 〈그림 5-42〉와 〈그림

5-43)은 둥근 바닥형을 보여주는 사례다.

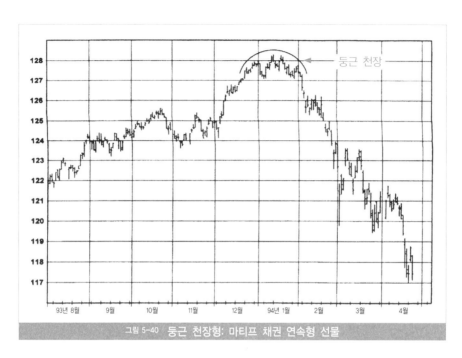

그림 5-40 | 둥근 천장형: 마티프 채권 연속형 선물

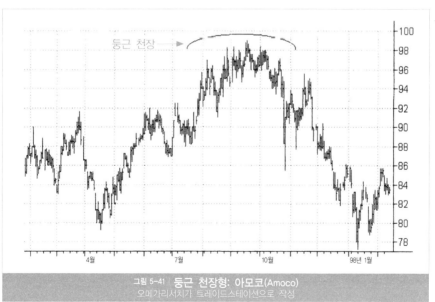

그림 5-41 | 둥근 천장형: 아모코(Amoco)
오메가리서치가 트레이드스테이션으로 작성

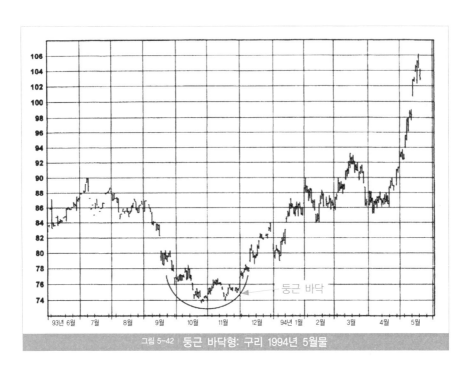

그림 5-42 | 둥근 바닥형: 구리 1994년 5월물

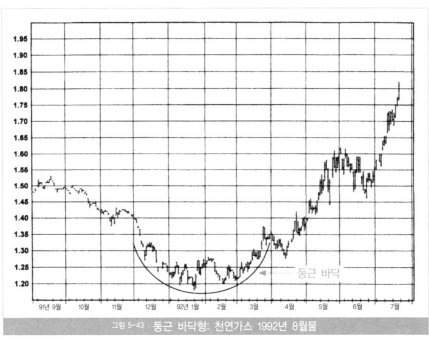

그림 5-43 | 둥근 바닥형: 천연가스 1992년 8월물

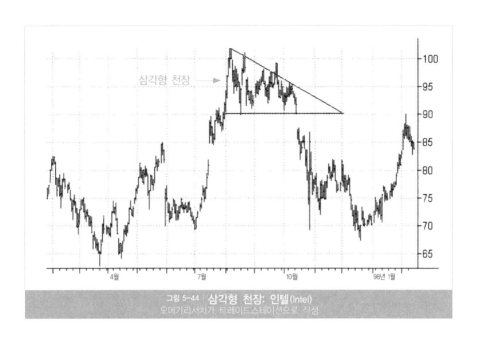

그림 5-44 │ **삼각형 천장: 인텔**(Intel)
오메가리서치가 트레이드스테이션으로 작성

⑤삼각형

가장 일반적인 지속형 패턴 가운데 하나가 삼각형 패턴이며, 이 패턴에서도 천장과 바닥을 확인할 수 있다. 〈그림 5-44〉는 삼각형 패턴의 천장을 보여준다. 다른 지속형 패턴과 마찬가지로 중요한 것은 삼각형에서 돌파가 일어나는 '방향'이다.

⑥쐐기형

상승 쐐기형은 가격이 상승하며 한 곳으로 수렴하는 형태를 보인다(〈그림 5-45〉 참고). 가격이 신고가 영역을 계속 건드리며 움직이기는 하나 실질적인 상승 추세를 만들어내지 못하는 상황이라면 이에 상응하는 정도의 매도 세력이 있는

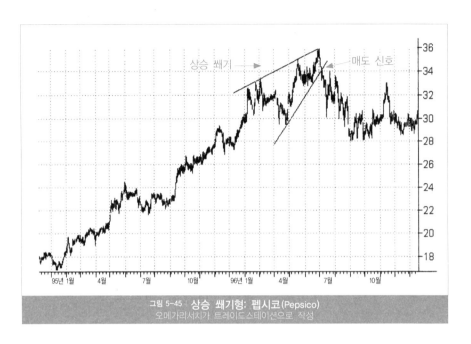

그림 5-45 │ 상승 쐐기형: 펩시코(Pepsico)
오메가리서치가 트레이드스테이션으로 작성

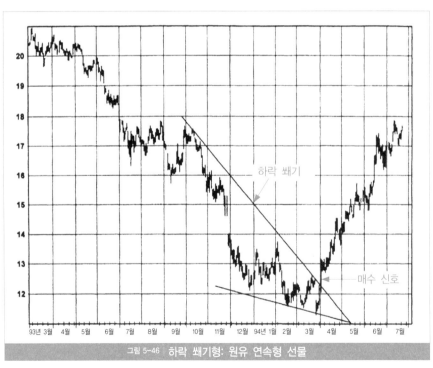

그림 5-46 │ 하락 쐐기형: 원유 연속형 선물

144

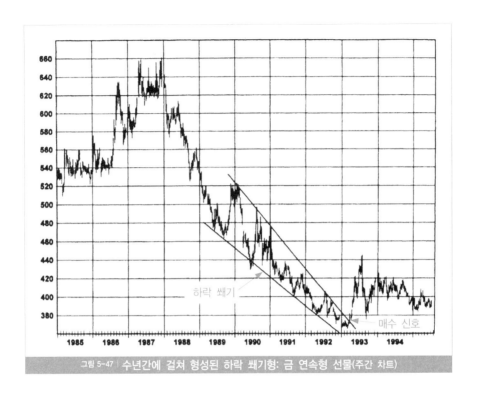

하락 쐐기

매수 신호

그림 5-47 │ **수년간에 걸쳐 형성된 하락 쐐기형: 금 연속형 선물(주간 차트)**

것으로 해석할 수 있다. 매도 신호는 가격이 쐐기선을 하향 돌파할 때 나타난다. 〈그림 5-46〉은 하락 쐐기형을 보여준다.

쐐기형은 완성되는 데 수년이 걸리기도 한다. 〈그림 5-47〉은 금 연속형 선물 차트에서 수년간에 걸쳐 형성된 하락 쐐기형의 좋은 예다.

⑦섬꼴 반전형

스파이크나 반전일과 유사한 섬꼴 천장형은, 가격 상승세가 이어진 후 상향 갭이 발생하고 하루 혹은 수일간 메워지지 않은 채로 있다가 하향 갭이 나타날 때 형성된다. 〈그림 5-48〉은 하루 동안 형성된 섬꼴 천장을 나타내며, 〈그림 5-

49)는 처음에 갭이 형성되고 나서 수일 동안 이 갭 위에서 매매가 이뤄지다가 이후에 하향 갭이 형성된 모습을 보여준다. 〈그림 5-50〉은 섬꼴 바닥을 보여준다. 때로는 수주 동안 매매가 이뤄지다가 추세와 반대 방향으로 두 번째 갭이 형성되면서 섬꼴형이 완성되기도 한다 (〈그림 5-51〉의 섬꼴 천장을 참고하라).

일련의 상향 갭(혹은 하향 갭)이 나타난 다음, 가격 상승(혹은 하락) 추세가 이어지지 않은 상태에서 역방향으로 후속 갭이 나타나면 섬꼴 반전형이 완성되는 셈이다. 섬꼴 반전은 추세 반전의 중요한 신호일 수 있으며, 중간에 갭이 메워지지 않을 때 특히 중요한 의미가 있다.

두 갭 가운데 나중에 형성된 갭이 메워지지 않는 한 섬꼴 반전 신호의 효과는 그대로 유지된다. 그러나 잘못된 섬꼴 반전 신호가 나타나는 일이 아주 흔하다는 사실에 유의해야 한다. 즉, 섬꼴 반전 패턴이 나타나고 며칠 만에 갭이 메

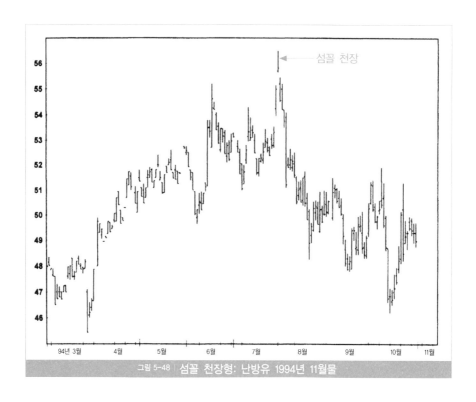

그림 5-48 | 섬꼴 천장형: 난방유 1994년 11월물

146

워지는 일이 종종 있다.

　그러므로 처음 섬꼴 반전 신호가 나타나고 나서 최소한 3일에서 5일 정도 기다린 다음 비로소 유효한 반전 신호라는 결론을 내리는 것이 바람직하다. 다만 유효한 반전 신호인지 판단하는 데 신중을 기하려고 며칠 기다리는 동안 최적의 투자 시점을 놓칠 수 있다는 부분도 염두에 둬야 한다.

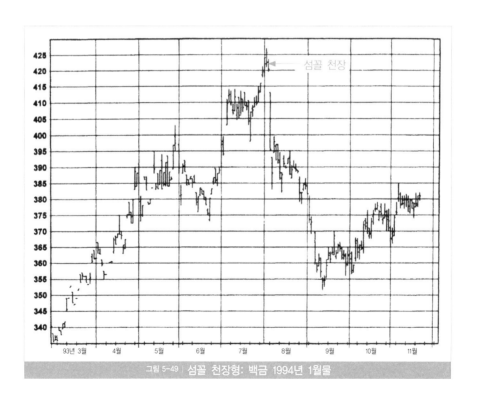

그림 5-49 | 섬꼴 천장형: 백금 1994년 1월물

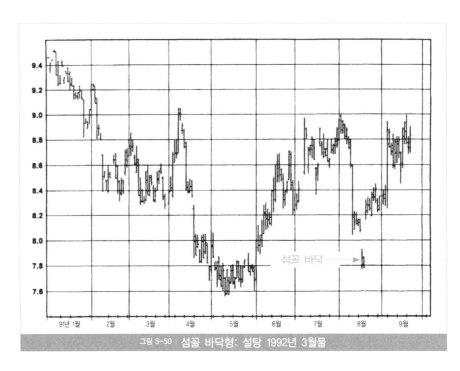

그림 5-50 | 섬꼴 바닥형: 설탕 1992년 3월물

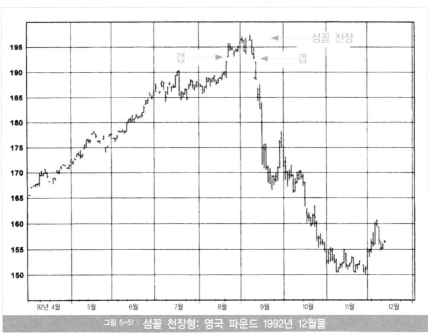

그림 5-51 | 섬꼴 천장형: 영국 파운드 1992년 12월물

나는 수도 없이 실패했다. 그러나 실패를 통해 많은 것을 배웠다.

– 토머스 에디슨(Thomas A. Edison)

제6장

오실레이터

차트 분석법을 활용하는 투자자는 가격에 기반을 둔 다양한 수학 공식을 사용해 가격 동향을 파악하고 이를 바탕으로 투자 시점을 결정한다. 이를 흔히 기술적 지표라고 한다. 가장 대중적인 기술적 지표가 바로 오실레이터oscillator다. 오실레이터는 상대강도지수relative strength index: RSI, 스토캐스틱stochastic, 이동평균수렴확산지수moving average convergence-divergence: MACD, 모멘텀momentum, 변화율rate of change: ROC 등의 도구를 포괄하는 개념이다.

오실레이터는 역추세 지표로 가장 흔하게 사용되기 때문에(장기 추세보다는 단기 가격 전환점을 찾아내려는 목적으로) 그 본질적 특성상 역투자를 주로 하는 사람들이 선호하는 도구다. 〈그림 6-1〉은 일간 주식 차트 밑에 RSI와 스토캐스틱을 표시한 것이다.

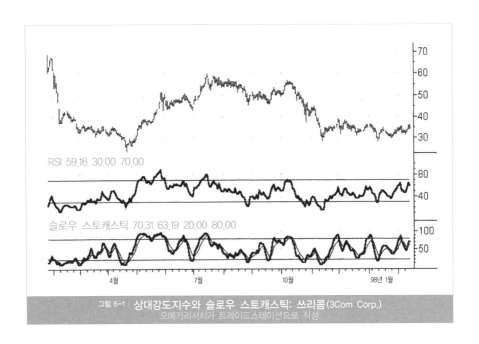

RSI 59.16 30.00 70.00

슬로우 스토캐스틱 70.31 63.19 20.00 80.00

4월　　　　　　7월　　　　　　10월　　　　　98년 1월

그림 6-1 | **상대강도지수와 슬로우 스토캐스틱: 쓰리콤**(3Com Corp.)
오메가리서치가 트레이드스테이션으로 작성

오실레이터와 모멘텀

오실레이터는 대다수가 명칭도 낯설고 공식도 복잡해서 처음 접할 때는 다소 혼란스럽게 느껴질 수 있다. 그러나 실제로는 이러한 지표 거의 전부가 모멘텀 개념에 바탕을 두고 있다. 모멘텀이란 쉽게 말해 가격 변동 비율(혹은 속도)을 말한다.

모멘텀은 두 가지 중요한 요소로 구성돼 있다. 첫째, 강한 가격 추세는 강력한 모멘텀을 나타내는 반면, 약한 가격 추세는 정체 혹은 하락 모멘텀(강력한 추세 반전이나 조정의 신호일 수 있음)을 나타낸다. 예를 들어 다음과 같은 두 가지 유형의 주식이 있다고 가정해보자.

먼저 한 주식은 하루에 0.5포인트 상승하고 다음 날은 1포인트 상승 그리고 그다음 날은 2포인트, 또 그다음 날은 3포인트, 또 다음 날은 4포인트 상승했다. 또 다른 주식은 오늘 2포인트 상승하고 다음 날은 1포인트 하락한 다음, 또 다음 이틀 동안은 각각 0.5포인트 상승하고 그다음 날은 0.25포인트 상승했다. 두 주식 모두 5일 동안 상승세를 나타내기는 했으나 첫 번째 주식의 상승세가 훨씬 강하다. 즉, 첫 번째 주식이 두 번째 주식보다 강한 모멘텀을 나타낸다.

둘째, 모멘텀 지표는 각각 과매도 혹은 과매수로 표현되는 극단적 시장 상태에 주목한다. 극단적으로 강하고 빠른 가격 움직임은 무한정 지속되지 않는다는 것이 핵심 논리다. 비교적 단기간에 가격이 큰 폭으로 상승하거나 하락할 때(전술한 첫 번째 주식 사례처럼) 적어도 일시적으로나마 가격 반전이 일어날 공산이 크다. 심지어 가장 강력한 추세가 진행되는 중에도 다양한 폭으로 간간이 되돌림 현상이 일어난다. 모멘텀 오실레이터는 이와 같은 추세 전환점을 포착하는 데 그 목적이 있다.

기본적인 오실레이터

모멘텀은 가격을 기초로 다양한 방식으로 산출할 수 있다. 가장 간단한 방법은 금일 가격(일반적으로 '종가' 사용)과 N일 전 가격 간의 차이를 구하는 것이다. 예를 들어 10일 모멘텀은 금일 종가에서 10일 전의 종가를 빼서 구한다. 이와 비슷한 것으로 '변화율ROC'이 있는데, 이는 금일 가격을 N일 전 가격으로 나눈 것이다.

〈그림 6-2〉는 주식 차트 하단에 10일 모멘텀과 ROC를 표시한 것이다. 눈금 상의 차이가 있을 뿐 실질적으로 두 지표는 거의 동일하다. 두 지표 모두 '기준선equilibrium line'이라고 하는 중앙값을 갖는다. 이 중앙값은 수평선의 형태로 중앙

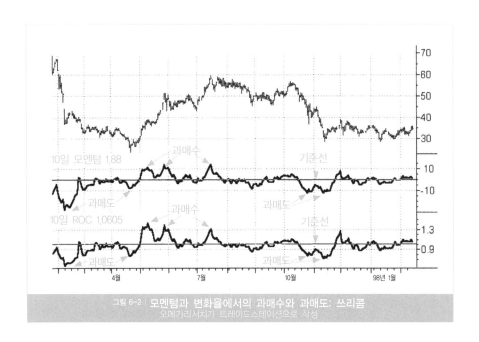

에 표시된다.

지표 값이 기준선을 넘어서면 현재 가격은 10일 전 가격보다 높은 것이다. 반대로 지표 값이 기준선 아래로 떨어지면 현재 가격이 10일 전 가격보다 낮은 것이다. 지표가 기준선 위에서 상승하면 모멘텀은 증가하고 가격은 상승하고 있는 것이다. 반대로 지표가 기준선 아래에서 하락하면 모멘텀 증가와 함께 가격이 하락하고 있는 것이다.

기준선 위에 형성된 극단적 지표 값은 과매수를 나타내고, 기준선 아래의 극단적 지표값은 과매도를 나타낸다. 전부 그렇지는 않으나 과매수와 과매도를 나타내는 이러한 지표 값은 최소한 단기적인 반전 신호일 수 있다(과매수와 과매도 수준을 정의하는 방법에 관해서는 추후에 다룬다).

추세가 오실레이터 값에 어떠한 영향을 미치는지, 즉 추세와 오실레이터 간의 관계에도 주목해야 한다. 하락 추세였던 1997년 1월부터 4월까지는 과매도 신호가 뚜렷했고 과매수 신호는 나타나지 않았다. 반면 그 이후 이어진 상승 추세 때는 이와는 정반대 현상이 나타났다.

이동평균과 마찬가지로 오실레이터 값을 구할 때도 사용하는 일수에 따라 지표의 민감도가 달라진다. 예를 들어 5일 모멘텀은 20일 모멘텀보다 단기적 시장 변동을 좀 더 세밀하게 반영한다. 이와 같은 맥락에서 5일 오실레이터가 나타내는 반전 신호는 20일 오실레이터가 나타내는 반전 신호보다 약하다. 〈그림 6-3〉을 보면 5일 모멘텀은 시장 가격 변동을 좀 더 세밀하게 반영하고 20일 모멘텀은 주 추세 전환점을 더 잘 반영한다는 사실을 확인할 수 있다.

이동평균을 이용해서 모멘텀 오실레이터를 산출할 수도 있다. 〈그림 6-4〉는 20일 이동평균과 가격 차트를 겹쳐 놓은 것이다. 하단은 가격에서 이동평균값을 빼서 구한 오실레이터다. 가격 등락에 따라 오실레이터 값은 이동평균값을 웃돌거나 밑돌게 된다. 가격이 이동평균을 상회하거나 하회하는 속도가 빠를수록 모멘텀이 더 크게 나타난다.

한편 가격이 이동평균값에서 멀어질수록 가격의 움직임은 커진다(이동평균 일수가 길어지면 주 추세를 더 잘 반영한다. 또 일수가 긴 이동평균을 이용한 오실레이터는 장기적 가격 변동을 더 잘 반영한다). 기준선('0')은 가격과 이동평균값이 같다는 것을 의미한다. 오실레이터가 기준선과 상하로 교차할 때 가격 또한 이동평균과 상하로 교차한다고 보면 된다.

방금 설명한 오실레이터와 유사한 지표가 바로 가격 오실레이터price oscillator다. 가격 오실레이터는 가격에서 이동평균을 빼는 것이 아니라 단기(기준 일수가 짧은) 이동평균에서 장기(기준 일수가 긴) 이동평균을 뺀 것이다.

〈그림 6-5〉는 10일 및 20일 이동평균을 겹쳐 표시한 것이며 하단은 10일 이동평균에서 20일 이동평균을 빼서 구한 가격 오실레이터다. 가격 오실레이터는 제14장에서 다룰 기본적인 이동평균교차 시스템과 본질적으로 같은 개념이다.

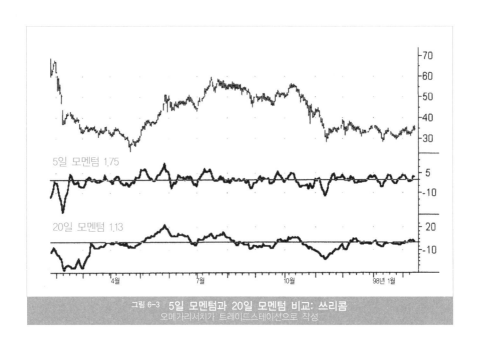

그림 6-3 | 5일 모멘텀과 20일 모멘텀 비교: 쓰리콤
오메가리서치가 트레이드스테이션으로 작성

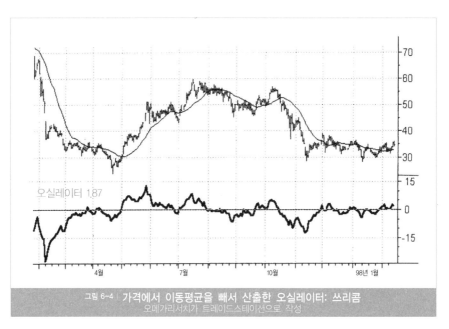

그림 6-4 | 가격에서 이동평균을 빼서 산출한 오실레이터: 쓰리콤
오메가리서치가 트레이드스테이션으로 작성

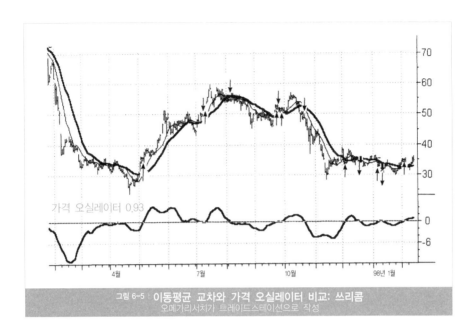

가격 오실레이터 0.93

차트상의 화살표는 단기 이동평균이 장기 이동평균의 위 혹은 아래로 교차한 지점을 나타낸다. 이 교차점은 가격 오실레이터가 기준선에서 상향 혹은 하향 교차하는 지점과 일치한다.

모멘텀과 변화율 간의 관계와 마찬가지로 이동평균을 기준으로 한 오실레이터 역시 빼기 대신 나누기로 구할 수 있다(즉, 가격을 이동평균으로 나누거나 단기 이동평균을 장기 이동평균으로 나눔). 어느 쪽 방법을 취하든 결과는 마찬가지다.

잘 알려진 이동평균수렴확산지수MACD는 매우 독특한 유형의 가격 오실레이터다. 이는 특정 일수(예: 12일과 26일)의 지수가중이동평균EWMA. 이 용어에 대해서는 부록 참고 2개의 차이다. 이 차이 값으로 9일 이동평균을 구하는데, 이를 신호선signal line 이라고 한다(〈그림 6-6〉 참고).

MACD의 기본적 매매 신호는, MACD선이 9일 신호선을 상회할 때 매수하고 9일 신호선을 하회할 때 매도하는 것이다. 이동평균 교차와 거의 같은 기제

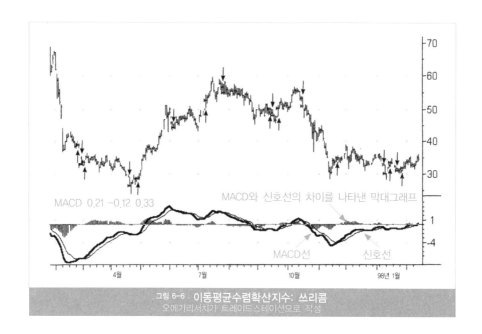

MACD와 신호선의 차이를 나타낸 막대그래프

MACD선   신호선

4월   7월   10월   98년 1월

그림 6-6 | 이동평균수렴확산지수: 쓰리콤
오메가리서치가 트레이드스테이션으로 작성

라고 보면 된다.

〈그림 6-6〉의 화살표는 이 기법을 사용할 때 나타나는 매수 및 매도 신호다 (차트 하단의 막대 그래프는 MACD선과 신호선의 차이를 나타낸 것이며 이 두 선의 교차점을 강조하고자 표시해 놓은 것이다). 수익 가능성이 낮은 매매 신호를 걸러내기 위해 과매수와 과매도 수준을 정해놓고 이 구간에서 발생한 교차만 매매 신호로 간주할 수도 있다. 12일과 26일 이동평균을 사용한 가격 오실레이터는 9일 신호선을 제외하면 MACD와 거의 같아 보인다.

〈그림 6-1〉부터 〈그림 6-5〉까지에서 눈여겨봐야 할 부분은 이처럼 지표 값의 산출 방식이 매우 다양함에도 각기 다른 오실레이터 간에 유사성이 존재한다는 점이다(이 부분을 강조하고자 같은 가격 차트를 사용해 다양한 오실레이터 사례를 제시했다). 현재 보편적으로 통용되는 오실레이터 대부분이 이 단순한 개념을 기초로 변형된 지표라고 보면 된다.

과매수, 과매도, 발산

모멘텀, 변화율, 가격 오실레이터, MACD 등은 일종의 '무경계' 지표다. 다시 말해 이러한 지표는 고점이나 저점에 관한 절대적 한계선이 없다. 그러나 과매수와 과매도는 가장 극단적인 오실레이터 값을 구분하는 방법으로 간단하게 확인할 수 있다. 여기에 무슨 특별한 규칙이 있는 것은 아니다.

가장 보편적 방법은 오실레이터 값에서 최고 10%와 최저 10%를 취하는 것이다. 과거의 최고점과 최저점을 살펴보면 적절한 수준을 파악하는 데 도움이 된다. 〈그림 6-7〉은 가장 중요한 오실레이터 고점과 저점 확인을 위해 〈그림 6-2〉의 10일 모멘텀과 ROC에 과매수선과 과매도선을 표시한 것이다. 그러나 유감스럽게도 오늘 설정한 과매수 및 과매도 수준이 한 달 후의 시장 상황에도 적합하리라는 보장은 없다.

과매수와 과매도 신호는 각각 잠재적 매도 기회와 매수 기회를 나타낸다.

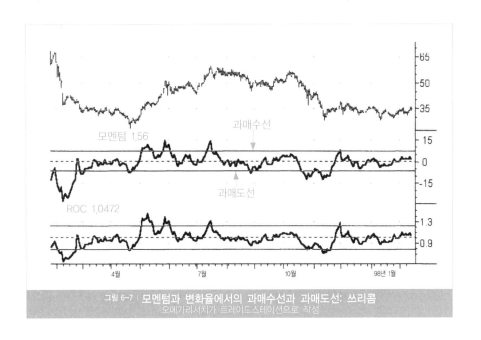

그림 6-7 | 모멘텀과 변화율에서의 과매수선과 과매도선: 쓰리콤
오메가리서치가 트레이드스테이션으로 작성

따라서 새로운 추세를 기대하며 포지션을 개시하는 데 혹은 기존 포지션을 청산, 축소, 보호하는 데 사용할 수 있다. 예를 들어 오실레이터 값이 과매수 수준을 넘어설 때는 다음과 같은 대안을 고려해야 한다. (1) 가격의 하락 반전을 기대하며 매도를 한다. (2) 기존의 매수 포지션을 청산한다. (3) 매수 포지션 일부를 청산한다. (4) 수익 보호를 위해 지정가 주문을 낸다.

한편, 정확한 투자 시점에 관한 것은 또 다른 문제다. 투자 시점에 관해서는 다음과 같은 선택지를 생각해볼 수 있다. (1) 오실레이터가 처음으로 극단적인 수준을 돌파할 때 (2) 돌파 이후 일정 수준의 가격 반전이 있을 때 (3) 극단적인 수준에서 벗어났을 때만 (4) 추세 반전을 확정하는 가격 패턴이 보일 때만 등이다. 이 가운데 마지막 선택지(4)가 아마 가장 신중한 접근법일 것이다.

RSI와 스토캐스틱(산출 공식은 부록 참고) 같은 지표는 '표준화된' 오실레이터다. 즉, 이 두 가지 지표는 상한선과 하한선이 고정돼 있다. 예를 들어 RSI와 스토캐스틱 둘 다 지표 값의 범위가 0부터 100까지다. 이러한 지표의 과매수와 과매도 수준은 일반적으로 상한선과 하한선에서 등거리에 설정되는데, 70과 30 혹은 80과 20이 그 좋은 예다(강한 추세 시장일 때는 이 조건이 필요 없거나 오히려 부적절할 수 있음).

〈그림 6-1〉은 10일 RSI와 스토캐스틱을 비교한 것이다. 스토캐스틱 위에 겹쳐 표시된 선은 기본 스토캐스틱의 3일 이동평균선으로서 MACD의 신호선과 비슷하다. RSI의 과매수 수준과 과매도 수준은 각각 70과 30이고 스토캐스틱의 경우는 각각 80과 20이다. 이러한 지표의 개발자들은 지표의 응용 범위가 넓다고 주장하지만, 사실 이러한 지표가 제시하는 핵심 정보는 이번 장에서 다뤘던 다른 지표들과 크게 다르지 않다. 요컨대 과매수 수준은 매도 기회를 나타내고 과매도 수준은 매수 기회를 나타낸다.

과매수와 과매도 외에 기타 주목할 만한 오실레이터 신호로 발산divergence이라는 개념이 있다. 발산이란 모멘텀과 가격이 서로 반대 방향으로 움직이는 현상을 말한다. 앞서 언급했듯이 모멘텀의 약화는 추세 소멸의 신호일 수 있으며 따라서 추세 반전 혹은 조정의 징후일 수 있다.

고전적 발산classic divergence은 가격 고점 상승과 함께 오실레이터 고점 하락이 나타나거나, 이와는 정반대로 가격 저점 하락과 함께 오실레이터 저점 상승이 나타나는 것을 말한다. 이러한 현상이 나타난다는 것은 시장 가격이 신고점(신저점)을 형성했으나 모멘텀은 약하다는 의미다. 즉, 가격 추세를 확정할 수 없는 상황이라는 것이다.

예를 들어 〈그림 6-1〉에 나온 스토캐스틱을 제외하고 〈그림 6-1〉부터 〈그림 6-7〉에 제시된 모든 지표는 1997년 2월의 가격 저점과 1997년 4월의 저점 재하락 사이에서 전형적 발산 패턴을 보여준다. 즉, 가격 추세와 달리 오실레이터 지표의 4월 저점은 2월의 저점보다 높았다.

상승장에서의 발산 현상에 대한 전형적인 해석은, 새로운 하락 추세를 예상하고 매도 포지션을 취하거나 아니면 방어적 차원에서 매수 포지션을 청산(혹은 축소)하는 것이다. 예를 들어 〈그림 6-8〉은 장기적 상승 추세를 보여주는 주간 주식 차트다. 가격 차트 하단은 10일 RSI다.

먼저 A, B, C, D는 상대 고점(가격)과 이에 대응하는 RSI 고점을 나타낸다. 1996년 11월부터 1997년 10월까지 상대 고점이 계속해서 상승하는데 오실레이터 고점은 하락하고 있다. 즉 모멘텀과 가격 추세가 발산하는 모양새이며 이는 상승 추세의 동력이 떨어지고 있다는 의미다(1995년 3월부터 10월까지 상승장이 이어졌을 때의 가격 움직임과 오실레이터 움직임을 비교하라).

상승장에서의 고전적 발산은 가격 하락의 징조이므로 이를 하락 발산bearish divergence이라고 한다. 반대로 하락장에서의 고전적 발산은 가격 상승의 징조이므로 이를 상승 발산bullish divergence이라고 한다.

아쉽게도 발산이 상승장에서 최종 고점과 최종 고점 직전의 고점, 즉 마지

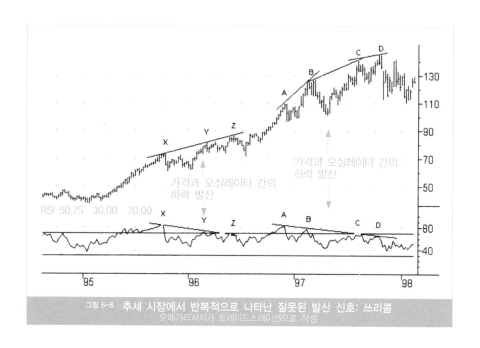

RSI 50.75 30.00 70.00

가격과 오실레이터 간의
하락 발산

가격과 오실레이터 간의
하락 발산

그림 6-8 | 추세 시장에서 반복적으로 나타난 잘못된 발산 신호: 쓰리콤
오매거리서치가 트레이드스테이션으로 작성

막 두 고점 사이에서만 나타나는 일은 별로 없다. 마찬가지로 하락장에서 발산
이 마지막 두 저점에서만 나타나는 경우는 극히 드물다. 〈그림 6-8〉의 A와 B, B
와 C 그리고 C와 D 사이처럼 보통 발산 현상은 수차례 발생한다.

그러므로 이 차트에서 나타난 첫 번째 발산(A와 B 사이)을 기준으로 매도 포
지션을 취한 투자자는 너무 성급하게 뛰어든 것이다. 투자자의 기대와 달리 시
장은 짧은 조정을 거친 후 계속해서 상승세를 이어갔다. 이보다 훨씬 이전인 X,
Y, Z 지점에서도 수차례 발산 패턴이 나타났다. 이러한 고전적 발산을 기반으로
매도에 나선 투자자는 빨라도 너무 빨리 결정을 내린 셈이다.

〈그림 6-8〉에서 확인할 수 있는 오실레이터의 또 다른 단점은 기존 추세의
방향으로 편향되는 경향이 있다는 점이다. 차트상의 기간 내내 오실레이터는 단
한 차례도 과매도 신호를 내지 않은 채로 반복해서 과매수 신호를 나타냈다. 기
존 추세에서 시장 진입 시점을 포착하는 데는 매수 신호가 더 유용한 지표임에

도 오실레이터는 이 기간 내내 매수 신호는 나타내지 않고 잘못된 매도 신호만 나타냈다.

그러므로 이러한 편향성을 고려해 과매수 및 과매도 수준을 조정할 필요가 있다. 요컨대 위 경우에는 오실레이터의 과매수 및 과매도 수준을 상향 조정하면 과매도 신호를 더 많이 포착하고 과매수 신호를 더 많이 배제할 수 있다.

결론

오실레이터가 과매수 신호를 나타낼 때 매도하고 과매도 신호일 때 매수하는 전통적 역추세 접근법은 박스권에서 시장 진입 시점을 결정하는 데 매우 유용하다. 그러나 앞선 사례에서 볼 수 있듯이 추세 시장에서는 최악의 결과를 낼 수 있다.

안타깝게도 추세가 언제 끝나는지 또 박스권이 언제 형성되는지 그 정확한 시점을 '미리' 알아내는 것은 불가능하다. 지정가 주문을 통해 손실 규모를 제한하지 않는 한 역추세 접근법에 의한 오실레이터 신호는 반복적으로 막대한 손실을 내는 끔찍한 결과로 이어질 수 있다.

이러한 내재적 한계 때문에 오실레이터 신호는 향후 가격 변동의 가능성을 알려주는 지표로 종종 사용된다. 그러나 포지션은 가격 반전이 확실할 때만 설정돼야 한다. 예를 들어 오실레이터 값이 과매수선을 넘어서면 시장이 과열됐으며, 따라서 조만간 추세 반전이 일어날 수 있다는 신호다. 이때 투자자는 성급하게 결정을 내리지 말고, 이러한 신호 외에도 결정적인 매매 신호를 포착한 다음 포지션을 개시해야 한다.

"기술적 분석가 중에 부자인 사람을 본 적이 없다"고 말하는 사람을 보면
실소를 금할 수 없다. 문외한의 오만이 묻어나는 터무니없는 소리다.
나는 9년 동안 기본적 분석을 했는데 정작 돈은 기술적 분석으로 벌었다.

– 마티 슈워츠(Marty Schwartz)

제7장

차트 분석 기법은 여전히 효과적인가

차트 분석 기법을 한 번도 써본 적이 없는 대다수 투자자는(그리고 이 기법을 사용해본 일부 투자자도 마찬가지) 이 접근법에 지극히 회의적인 반응을 보인다. 회의론자가 지적하는 몇 가지 문제를 예로 들면 이렇다. "그렇게 단순한 기법이 과연 효과가 있을까?", "웬만한 차트 분석 기법을 거의 다 알고 있는 마당에 투자자가 이를 역으로 이용할 수도 있지 않은가?", "수많은 서적을 통해 이 기법이 많이 알려지기 전이라면 몰라도 이미 기술적 분석 기법에 관한 정보를 대부분 알고 있는 지금도 이것이 여전히 유용할까?"

이러한 의문은 기본적으로 타당하다. 그러나 차트 분석이 여전히 효과적인 접근법으로 남아 있는 이유 또한 만만치 않게 많다.

1. 위험 관리 | 전체 투자 횟수 중 적어도 절반 이상 이익을 내야만 성공 투자로 간주되는 것은 아니다. 또 옳은 결정을 내린 비율이 50%밖에 안 되더라도 손실 관리가 제대로 이루어지면서 꾸준히 수익을 낸다면 이 또한 성공

투자라 할 수 있다.

예를 들어 1991년 3월에 한 투자자가 유로달러 1992년 9월물의 가격이 또다시 박스권에 진입하리라 예상하고(〈그림 7-1〉 참고) 이후 종가의 돌파 방향에 맞춰 매매를 시도했다고 하자. 〈그림 7-2〉는 이러한 전략을 바탕으로 한 초기 매매 신호와 청산(혹은 손절매) 지점을 나타낸다(여기서는 박스권의 중간 부분이 청산 지점이 된다. 청산 지점의 선택과 관련한 내용은 제9장에서 더 상세히 다룬다).

〈그림 7-2〉에서 보는 바와 같이 처음 두 번의 매매는 즉각적인 손실로 이어졌을 것이다. 그러나 〈그림 7-3〉은, 세 번째 신호는 진짜였고 따라서 때를 놓치지 않고 매수 포지션을 취했다면 두 차례의 손실을 두 배 이상 뛰어넘는 엄청난 이익을 냈으리라는 사실을 보여준다(두 번의 잘못된 돌파 신호 이후 박스권이 재조정(더 넓어짐)된 부분에 주목하라).

처음 두 번의 매매에서는 손실을 냈으나 세 번째 매매에서 큰 이익을 냈으므로 순이익은 크게 증가했을 것이다. 여기서 핵심은 위험 관리 원칙을 제대로 준수하는 것이야말로 차트 분석 기법을 적용한 투자에서 성공의 필수 요소라는 점이다.

2. 확정 조건 | 기술적 신호 전부를 무작정 따르기보다는 신호 확정 조건을 고려하여 투자 시점을 결정하면 차트 분석 기법을 좀 더 효과적으로 활용할 수 있고 결과적으로 성공 확률을 더 높일 수 있다.

신호 확정 조건을 선택할 때는 상충 요소 간의 절충 지점을 찾는 것이 매우 중요하다. 요컨대 확정 조건이 느슨할수록 오신호가 많이 발생한다. 반대로 조건이 까다로울수록 시장 진입 시점이 늦어져 그만큼 잠재적 수익 기회가 줄어든다. 신호 확정 조건을 구성하는 데 활용할 수 있는 주요 방법으로는 시간 경과(매매를 결정하기 전 일정한 시간을 기다리는 것), 최소 돌파율, 특정한

166

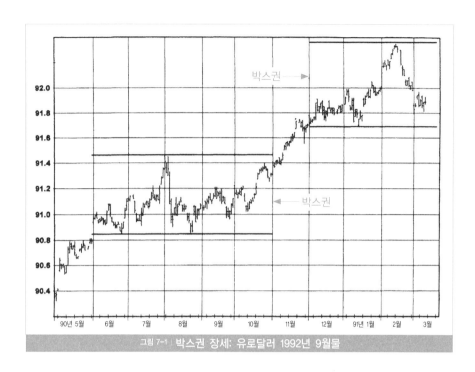

그림 7-1 | 박스권 장세: 유로달러 1992년 9월물

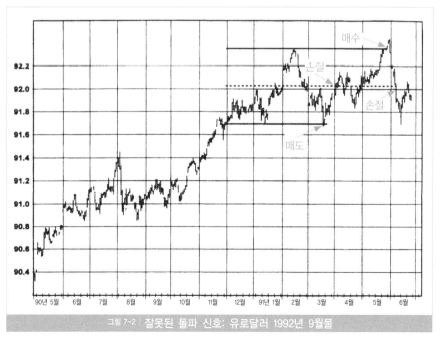

그림 7-2 | 잘못된 돌파 신호: 유로달러 1992년 9월물

세7장 차트 분석 기법은 여전히 효과적인가

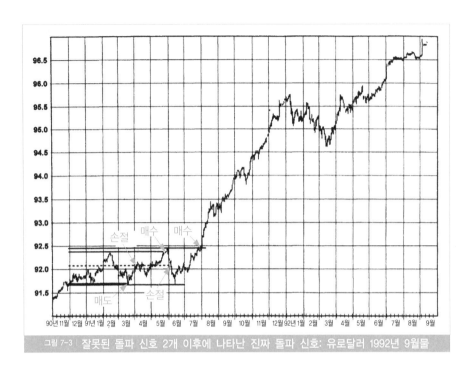

그림 7-3 | 잘못된 돌파 신호 2개 이후에 나타난 진짜 돌파 신호: 유로달러 1992년 9월물

차트 패턴(가령 신호가 발생한 방향으로 이틀 간 추력이 일어났을 때를 투자 시점으로 확정할 수 있음) 등을 들 수 있다.

최상의 확정 조건 같은 것은 존재하지 않는다. 시장마다 그리고 시기마다 최적의 전략이 달라질 수밖에 없다. 따라서 최종적으로 확정 조건을 선택하는 것은 투자자 각자의 분석 능력과 경험에 달렸다. 각자가 자신만의 확정 조건을 선택하는 것이야말로 차트 분석의 '개인별 최적화' 과정에서 가장 핵심적인 요소라 할 수 있다. 다음은 확정 조건의 사용 예다.

a. 매매 신호가 나타나고 나서 3일 동안 기다린다.

b. a가 매수 신호일 경우 4일째 종가가 지난 3일의 고점을 넘어설 때 시장에 진입한다. 매도 신호의 경우에도 이와 같은 규칙을 적용한다.

168

이러한 조건을 사용하면 고수익 가능성이 큰 매수 신호를 인식하고도 시장 진입 시점이 늦어지는 데 따른 '약간'의 손실은 발생할 수 있다. 그러나 〈그림 7-2〉에서 3월과 5월에 나타난 오신호(결국 손실로 이어질 잘못된 신호)를 효과적으로 걸러낸다.

물론 확정 조건 사용이 불리한 투자 결과를 초래할 수도 있고 그러한 사례도 있다. 그러나 확정 조건 사용은 고전적 차트 개념을 좀 더 강력하고 효과적인 매매 접근법으로 만드는 가장 기본적인 수단이라는 사실에 방점을 둬야 한다.

3. 전체적 맥락 속에서의 차트 패턴의 이해 | 차트 분석은 개별 패턴을 인식하고 해석하는 작업에서 그치지 않는다. 기술적 분석에 의존하는 투자자의 성패는 전체적인 맥락에서 다양한 요소를 잘 조합해 의미 있는 큰 그림을 완성하는 능력에 달렸다.

예를 들어 유로달러 1992년 9월물 차트(〈그림 7-1〉 참고)에서 박스권만을 확인한 투자자는 상향 돌파와 하향 돌파를 같은 비중으로 취급할 것이다. 그러나 좀 더 노련한 투자자는 시야를 넓혀 좀 더 큰 그림 속에서 상황을 파악한다. 예를 들어 1991년 초에 유로달러 연속형 선물의 장기 주간 차트(〈그림 7-4〉 참고)를 분석했다면 5년간에 걸친 박스권의 상단선 부근에서 깃발 패턴이 막 형성된 것을 포착했을 것이다.

이처럼 장기 상승장의 차트를 보면, 아무리 명확한 신호라도 일간 차트상의 매도 신호에는 더욱 신중하게 반응해야 한다는 사실을 알 수 있다. 좀 더 포괄적인 관점에서 차트를 분석하면 〈그림 7-2〉에 나타난 3월의 잘못된 매도 신호(〈그림 7-2〉 참고)를 피할 수 있으며, 이와 동시에 이 상황을 또 다른 박스권이 형성된 것으로만 이해하기보다는 훨씬 공격적인 접근법을 취하게 될 것이다.

전술한 사례는 사실 '사후' 평가에 기댄 측면이 있기는 하나, 노련한 차트 투자자가 행하는 다면적 분석 과정을 보여주는 좋은 예다. 차트 분석이 단순 과학이 아닌 고도의 '기술' 영역에 속한다고 하는 것은 이 접근법에 내재한 주관성과 기술적 요소 때문이다. 요컨대 차트 분석은 단순히 교과서상의 규칙을 따르는 것으로는 흉내 낼 수 없는, 즉 고도의 기술적 능력을 요하는 작업이다. 이는 차트 분석 기법이 이미 대중적인 매매 접근법이 됐음에도 여전히 효과적인 기법으로 남아 있는 결정적인 요소라 할 수 있다.

4. 기본적 분석에 대한 이해 | 기술적 분석뿐 아니라 기본적 분석에 대해서도 어느 정도의 지식과 능력을 갖추고 있다면(즉, 기본적 분석을 통한 예측의 적중률이 50% 이상이라면) 훨씬 나은 결과를 얻을 수 있다. 가령 기본적 분석을 통해

그림 7-4 | 포괄적 분석 도구로서의 장기 차트: 유로달러 연속형 선물

가격이 더 상승(혹은 더 하락)하리라 예상한다면 차트상의 강세(혹은 약세) 신호만 받아들이게 된다. 기본적 분석상의 시장 예측 결과가 중립적이라면 매수와 매도 신호 두 가지를 다 수용할 것이다. 따라서 기본적 분석 능력까지 갖춘 기술적 분석가는 오로지 차트 분석에만 의존하는 대다수 투자자보다는 훨씬 유리한 입장에 서게 된다.

5. 잘못된(혹은 추세 포착 및 지속에 '실패한') 신호의 활용 ｜ 중요한 차트 신호와 시장 추세가 엇나갈 때도 여기서 중요한 정보를 얻을 수 있다. 그런데 차트 분석 초보자들은 종종 이 부분을 간과한다. 이러한 상황을 인식하고 행동한다면 차트 분석 기법의 효용성이 크게 증가할 수 있다. 이 주제에 관해서는 제11장 '차트 분석의 가장 중요한 규칙'에서 더 상세히 다룰 것이다.

끝으로, 회의론자는 차트 신호를 맹목적으로 따른다고 해서 투자에 성공하는 것은 아니라고 주장한다. 회의론자들의 이 같은 주장이 일리가 있기는 하지만, 전술한 요건을 제대로 갖춰 잘만 활용한다면 차트 분석이야말로 효과적인 투자 도구가 될 수 있다.

차트 분석은 고도로 개인화된 접근법으로서 이 기법으로 투자에 성공하느냐 실패하느냐는 전적으로 투자자 각자의 역량과 경험에 달렸다. 타고난 재능과 더불어 어느 정도의 연습이 없으면 바이올린을 제대로 켤 수 없듯이 차트 분석도 마찬가지다. 기본 지식 외에 각 개인의 분석 기술과 경험이 투자의 성패를 좌우한다.

제2부

투자와 관련한 주요 쟁점

변동 추세를 전부 포착할 수 있는 사람은 아무도 없다.

–에드윈 르페브르

제8장

추세 진행 중 시장 진입과 피라미딩

추세 진행 중 진입 전략

시장이 이미 분명한 추세를 형성하는 와중에 새로운 포지션을 개시해야 할지 말지를 고민할 수 있다. 고민을 하는 이유 가운데 몇 가지를 예로 들면 다음과 같다. (1) 시장 추세를 놓쳤다. (2) 가격 조정기 내내 더 유리한 가격대가 형성되기를 기대하며 마냥 기다렸다(결국은 원하는 가격대가 형성되지 않음). (3) 현 추세의 지속 가능성에 회의적이었으나 지금은 생각이 바뀌었다.

이러한 상황에 직면하면 대다수가 시장 진입을 망설일 것이다.

〈그림 8-1〉을 보라. 차트 분석에 의존하는 투자자가 가격이 급등했을 때 시장에 진입하지 않았다가 1994년 5월 중순의 커피 시장을 주시하고 있다고 하자. 이 투자자는 1년간 이어진 박스권에서 상향 돌파가 이루어졌고 시장 가격이 2주 동안 신고가 구간 부근에 머물렀다는 점에 주목할 것이다. 이는 강력한 강세장을 반영하는 차트 패턴이다.

게다가 가격 상승세 이후 깃발형 패턴이 형성된 사실까지 확인했다. 이는 또 한 번의 가격 상승이 임박했다는 신호다.

그러나 4월 저점 이후 채 한 달이 지나지 않은 시점에 가격이 이미 35% 이상 상승한 것을 보고, 뒤늦게 매수 포지션을 취하는 것을 망설일 수 있다. 추세 장기화가 이제 끝을 보이는 것이 아닌가 하는 생각 때문이다.

〈그림 8-2〉는 이것이 얼마나 어리석은 판단인지를 잘 보여준다. 믿을 수 없겠지만, 1994년 5월 중순 당시의 커피 가격 상승은 이후 계속된 총 가격 상승분의 5분의 1에 불과한 수준이었다. 게다가 나머지 5분의 4는 겨우 두 달 만에 상승한 것이었다. 에드윈 르페브르의 《어느 주식 투자자의 회상Reminiscences of a Stock Operator》에 나오는 다음과 같은 구절이 떠오르는 대목이다.

"가격이 너무 높다고 매수할 수 없는 것도 아니고, 가격이 너무 낮다고 매도할 수 없는 것도 아니다."

가격이 너무 높을 때라고 해서 혹은 가격이 너무 낮을 때라고 해서 새로운 매수 혹은 매도 포지션을 취하는 것이 너무 늦었다고 생각하지 말라는 의미일 것이다.

문제는 주 추세가 진행되는 와중에 어떻게 시장에 진입할 것인가 하는 점이다. 추세가 잠깐 멈추거나 조정을 받을 때 차후 추세가 재개될 가능성을 보고 시장에 진입할 수 있다. 추세 진행 중에 포지션을 개시하는 목적은 처음 포지션을 개시할 때와 같다. 즉, 유리한 진입 시점 포착과 위험 관리다. 아래는 이러한 목적을 달성하는 데 사용할 수 있는 몇 가지 핵심 전략이다.

1. 되돌림 비율 ㅣ 이 접근법은 부분적으로나마 가격이 이전 수준으로 되돌아가려는 시장의 자연스런 경향을 이용하는 것이다. 일반적으로 가격이 이전의 상대 저점이나 상대 고점까지 일정 비율로 되돌아가는 시점에서 포지션

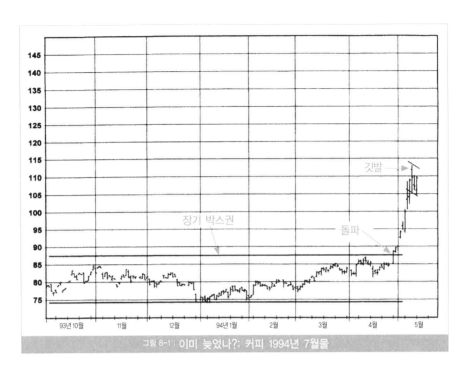

그림 8-1 | 이미 늦었나?: 커피 1994년 7월물

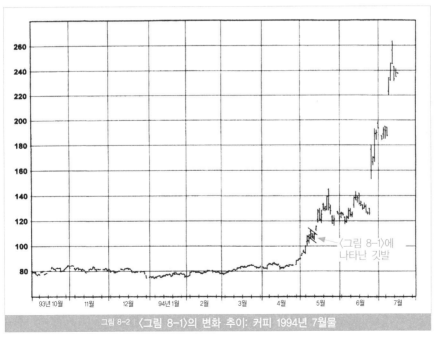

그림 8-2 | 〈그림 8-1〉의 변화 추이: 커피 1994년 7월물

을 개시하게 되는데, 되돌림 비율은 35~65% 범위에서 선택하는 것이 가장 이상적이다. 상대 저점이나 상대 고점에 근접한 가격을 청산 지점으로 활용할 수도 있다. 〈그림 8-3〉은 이 접근법을 활용한 2개의 진입 시점을 보여준다. 첫 번째는 되돌림 비율을 65%로 한 것이고, 두 번째는 50%로 한 것이다. 이 접근법의 주요 장점은 가장 적절한 진입 시점을 포착할 수 있다는 것이다. 그러나 이러한 장점 외에 단점 또한 만만치 않다. 즉, 추세가 상당히 진행된 연후에야 되돌림 조건이 충족되기도 하고, 가격이 되돌림 조건을 넣어 아예 하락해버리는 경우가 발생하기도 한다.

2. 소반발 반전 | 소반발^{minor reaction}이 나타날 때까지 기다렸다가 주 추세 재개를 나타내는 첫 번째 신호에서 시장에 진입하는 방법이다. 물론 이 접근법을 사용할 때는 반발과 추세 재개를 어떻게 정의하느냐가 매우 중요하다. 그리고 이러한 정의의 선택에는 본질적으로 아무런 제한이 없다. 한 가지 예를 통해 이 부분을 살펴보자. 일단 상승 추세에서 N일의 저점(이전 N일의 최저점보다 낮은 신저점)을 소반발로 정의한다. 그리고 추세 재개는 종가가 최근 X일의 고점보다 높을 때로 정의한다. 하락 추세에서는 이 상황이 역전된다고 이해하면 된다. 예를 들어 하락 추세에서는 8일 (상대) 고점을 소반발로 정의할 수 있으며, 종가가 최근 4일 (상대) 저점보다 낮을 때를 매도 신호로 본다(상대 고점을 방어적 청산 수준으로 활용한다). N값과 X값의 크기에 따라 이 접근법의 민감도가 달라진다. 예를 들어 추세 재개 요건을 '종가가 7일 저점보다 낮을 때'로 변경하면 몇몇 오신호를 제거할 수는 있으나 대신 추세 재진입 시기를 놓칠 위험이 있다. 〈그림 8-4〉는 하락 추세에서 10일 상대 고점을 반발 조건으로, 최근 3일 저점보다 낮은 종가를 추세 재개 조건으로 정했을 때의 매도 신호를 보여준다(이보다 좀 더 정교한 기법에 관해서는 부록에서 설명하겠다).

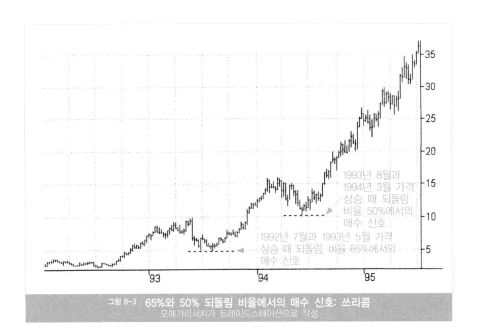

1993년 8월과
1994년 3월 가격
상승 때 되돌림
비율 50%에서의
매수 신호

1992년 7월과 1993년 5월 가격
상승 때 되돌림 비율 65%에서의
매수 신호

그림 8-3 | 65%와 50% 되돌림 비율에서의 매수 신호: 쓰리콤
오메가리서치가 트레이드스테이션으로 작성

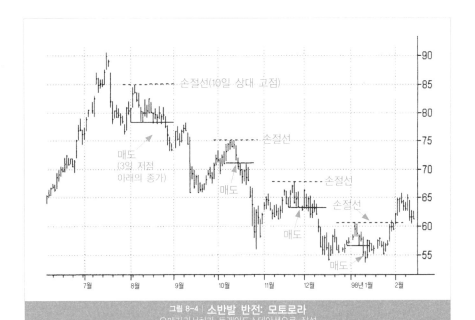

손절선(10일 상대 고점)

손절선

손절선

매도
(3일 저점
이래의 종가)

매도

손절선

매도

매도

그림 8-4 | 소반발 반전: 모토로라
오메가리서치가 트레이드스테이션으로 작성

3. 지속형 패턴과 박스권 돌파 | 시장 진입 신호를 포착하려 할 때 지속형 패턴과 박스권 돌파를 사용하는 것에 관해서는 제5장에서 설명한 바 있다. 차트 패턴은 보는 사람에 따라 해설에 차이가 있기 마련이므로 이 접근법에는 주관성이 내포돼 있다. 〈그림 8-5〉는 지속형 패턴(암묵적 가정: 지속형 패턴이 형성되려면 매매일이 최소 5일은 돼야 함) 그리고 이 패턴을 상회하는 종가를 기준으로 한 매수 시점을 보여준다. 그러나 일단 추세가 형성되었다면 지속형 패턴의 돌파가 시장 진입 신호 확정의 필수 요건은 아니라는 점에 주목해야 한다. 즉, 굳이 패턴의 돌파를 기다렸다가 진입할 필요는 없다. 정의상 이러한 패턴은 패턴 형성 이전에 진행되었던 것과 같은 방향으로 가격 흐름이 이어진다. 따라서 상승 추세에서 매수 포지션은 상향 돌파를 기대하며 이 패턴 내에서 취할 수도 있다. 〈그림 8-5〉에서 볼 수 있듯이 방어적 청산의 기준점으로는 패턴의 저점을 사용할 수 있다.

4. 장기 이동평균에서의 가격 반발 | 이동평균으로의 가격 되돌림은 주 추세에 대한 반발이 끝나간다는 신호로 간주할 수 있다. 구체적으로 말해 상승 추세가 형성됐다고 판단한다면 가격이 미리 정한 이동평균선이나 그 밑으로 하락할 때 언제든 매수 포지션을 취할 수 있다. 이와 마찬가지로 하락 추세라고 판단한다면 이동평균을 상회하는 가격 반등이 나타날 때 매도 포지션을 취할 수 있다. 주식 차트에 40일 이동평균선을 표시한 〈그림 8-6〉은 이 접근법의 사례를 보여준다. 차트상의 주가가 상승세를 타기 시작했다고 가정하자. 가격이 40일 이동평균 밑으로 하락하면 이를 매수 신호로 간주할 수 있다. 〈그림 8-6〉에서 화살표는 이 접근법을 기준으로 했을 때의 잠재적 매수 시점을 나타낸다.

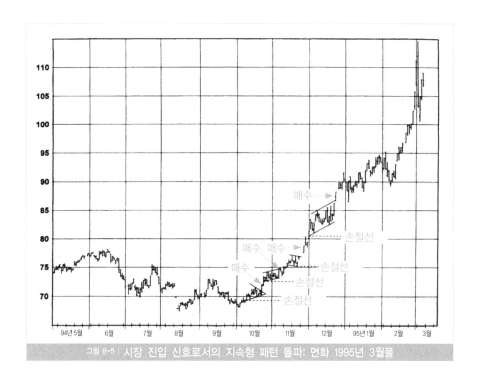

그림 8-5 | 시장 진입 신호로서의 지속형 패턴 돌파: 면화 1995년 3월물

↑=40일 이동평균 하향 돌파 후의 반등을 기준으로 한 매수 신호

그림 8-6 | 장기 이동평균에서의 반발: 델컴퓨터
오메가리서치가 트레이드스테이션으로 작성

제14장 '기술적 매매 시스템: 구조와 설계'에서 이동평균의 교차를 추세 반전 신호로 활용하는 방법에 관해 살펴볼 것이다. 이미 설명했듯이 이동평균 교차점을 역추세 매매 진입 신호로 사용한다. 이동평균 교차기법을 활용해 추세 반전 신호를 포착하려 할 때는 통상적으로 2개의 이동평균을 사용하는데, 2개의 이동평균이 완만한 것은 잘못된 추세 반전 신호를 줄여준다. 방금 설명한 방법처럼, 일련의 가격들(평활화 단계를 거치기 전이기 때문에 이동평균보다 더 민감함)과 하나의 이동평균을 기초로 교차점을 정의할 수 있다. 달리 표현하면, 단순히 추세 확인을 위해서라기보다는 역추세 전략을 구사하기 위해 이동평균 교차의 개념을 사용할 것이다.

한편 2번 전략으로 소개했던 소반발 반전 기법은 제17장 '82가지 매매 규칙과 시장 관찰'에서 설명할 돌파 시스템과 유사하다. 소반발 반전 기법에서 추세 재개를 정의하기 위해 사용했던 일수(3일)는 추세 추종 시스템에서 통상적으로 사용하는 일수보다 훨씬 적다. 따라서 훨씬 민감하다.

추세 진행 중 시장에 진입하는 문제는 기존의 포지션에 새 포지션을 계속 추가하는 과정(가령 가격이 30달러일 때 시장에 진입한 다음 상승장이 계속됨에 따라 35달러, 45달러 등의 가격일 때 추가로 매수함)인 피라미딩pyramiding 기법상의 문제와 동일하다. 추세 진행 중의 매매와 피라미딩 모두 이미 일정 방향으로 추세가 형성된 이후에 포지션을 개시하는 것이다. 그러므로 이번 장에서 논의한 추세 진행 중의 투자 전략은 피라미딩 포지션 개시 시점을 정하는 데도 적용할 수 있다.

이외에 피라미딩 매매에서 유념해야 할 사항이 몇 가지 있다.

첫째, 바로 직전 매매에서 이익이 발생하지 않는 한 포지션을 추가하는 것은 바람직하지 않다. 둘째, 미리 정한 청산 지점이 전체 포지션에서 순손실을 의미하는 수준이라면 포지션을 추가해서는 안 된다. 셋째, 피라미드 매매 단위는 기본(개시 때의) 포지션 크기보다 크면 안 된다.

모두에게 해당하는 이야기다. 처음에 조금 손실을 보는 선에서 만족해야 하는데 대다수가 그렇지 못하다. 손실은 조금도 보지 않으려고 하고, 향후 가격이 올라서 손실분을 만회하고 이를 통해 최소한 본전치기라도 할 수 있기를 기대하면서 계속 그 포지션을 유지한다. 그러나 기대와 달리 가격은 계속 폭락하고 그 바람에 이제는 팔고 싶어도 쉽게 팔지 못하는 지경에 이른다. 그 결과 감당할 수 없을 지경까지 손실이 커져버린다. 이러지도 저러지도 못하는 와중에 수많은 사람이 매도를 해야만 하는 상황에 몰리면서 더는 껴안고 있을 수 없게 된 포지션이 '폭탄'처럼 쏟아져 나오고 가격은 더욱 하락할 수밖에 없다.

– 에드윈 르페브르

제9장

손절매 지점 선택

손절매 시점 선택 전략

차트 투자의 성공 여부는 효과적인 손실 관리에 달렸다고 해도 과언이 아니다. 제7장에서 언급했듯이, 총 투자 건수 중 성공(이익) 투자 건수가 최소 절반은 돼야 하는 것이 아니라 손실이 났을 때 그 규모를 최소화하는 것이 훨씬 중요하다. 요컨대 투자에 실패했을 때 손실 규모를 효과적으로 줄여서, 성공 투자를 통해 이익이 손실을 메우고도 남는 상황을 만드는 것이 관건이다. 이를 위해서는 투자를 개시하기 전에 정확한 손절매 시점을 정해놓아야 한다.

가장 엄격한 접근법은 투자 개시와 동시에 GTC good-till-canceled, 주식이나 선물 시장에서 조건부로 주문하는 경우, 투자자가 그 조건을 취소하기 전까지 유효한 주문을 말함-역주 주문을 걸어두는 것이다. 그러나 투자자가 스스로를 믿는다면 손절매 범위를 미리 정해놓고 가격이 그 범위 내로 들어올 때 당일유효주문 day order, 주문을 낸 당일까지만 유효한 주문-역주을 내면 될 것이다.

그렇다면 손절매 시점을 어떻게 정하는가? 기본적인 원칙은 가격 흐름이 반전되는 시점 혹은 그 시점 이전에 포지션이 청산되어야 하는 것이다. 예를 들어 〈그림 9-1〉에서 보는 바와 같이 1995년 4월의 상향 돌파가 막대 5개에 걸쳐 유지되면(막대 1개가 일주일이므로 5주간 유지되면) 그때 주식을 매수하기로 정해 놓았다고 하자. 이 경우 방어적^{protective} 청산 지점은 1994년 4월부터 1995년 4월까지의 박스권 하한선보다 낮아서는 안 된다. 박스권을 하향 돌파하면 차트의 전체적인 그림이 바뀌기 때문이다. 방어적 청산 지점을 설정하는 데 공통적으로 사용하는 기술적 기준점 몇 가지를 소개하자면 다음과 같다.

1. 추세선 | 상승 추세선의 하향 돌파 지점에서 매도역지정가^{sell stop}를 설정하고, 하락 추세선의 상향 돌파 지점에서 매수역지정가^{buy stop}를 설정할 수 있다. 이 접근법의 한 가지 장점은 추세선 돌파가 추세 반전에 대한 최초의 기술적 신호 가운데 하나라는 것이다. 그러므로 이러한 유형의 손절점 지정은

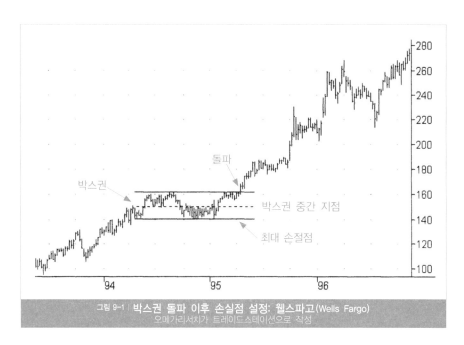

그림 9-1 | **박스권 돌파 이후 손실점 설정: 웰스파고(Wells Fargo)**
오메가리서치가 트레이드스테이션으로 작성

손실 규모를 최소화하고 이미 획득한 수익을 보호하는 데 도움이 된다. 그러나 이 접근법에 내재한 위험 수준이 상당하다. 추세선 돌파가 잘못된 신호인 경우가 많기 때문이다. 제3장에서 논한 바와 같이 강세장 혹은 약세장이 진행되는 '과정'에서 추세선을 재정의하는 일이 흔하게 일어난다. 추세선이 생각보다 '유동적인' 기준이라는 의미다.

2. 박스권 | 이전 사례에서 설명했듯이 박스권에서 돌파가 이뤄진 쪽의 반대편 경계선을 손절점으로 활용할 수 있다. 돌파가 유효한 신호라면 가격이 박스권 안쪽 깊이 들어가는 일이 없어야 하므로 손절점은 이 경계선보다는 더 안쪽에 설정해야 한다(특히 박스권이 넓을 때). 따라서 박스권의 중간 지점과 돌파 반대쪽 경계선 사이의 어느 지점에서 손절점을 정할 수 있다(〈그림 9-1〉에서 박스권의 중간 지점을 나타내는 점선 참고).

그러나 박스권의 경계선 부근은 유의미한 손절점으로 보기 어렵다. 사실상 이 지점까지의 되돌림은 너무 흔하게 발생하므로 포지션 개시 전에 그러한 되돌림을 기다리는 투자자가 아주 많다(돌파 이후 되돌림을 기다렸다가 진입하는 전략은 개인의 선택에 달린 문제라 이것이 효과적인지 아닌지는 딱 잘라 말하기 어렵다. 이러한 접근법 대부분은 손실 규모를 줄이는 일종의 완충재 같은 역할을 하지만 주 추세를 놓쳐 실기할 위험 또한 내포하고 있다).

3. 깃발과 페넌트 | 깃발 혹은 페넌트 패턴이 형성된 방향으로 돌파가 일어난 다음 그 반대 극점으로 가격이 되돌아가는(혹은 몇 포인트 상회하는) 것을 반전의 신호로 보고 이를 손절점으로 사용할 수 있다. 예를 들어 〈그림 9-2〉에서 점선은 깃발 패턴의 하한선에 표시한 손절점을 나타낸다. 깃발 패턴에서 상향 돌파가 일어난 후 이 손절점을 깨고 내려오는 것은 현 상승 추세의 반

전을 암시하는 것으로, 이 시점에서 매수 포지션을 청산할 필요가 있다.

4. 대변동일 | 깃발이나 페넌트와 마찬가지로 패턴이 형성된 방향으로 돌파가 일어난 후 정반대쪽으로 가격 회귀가 있으면 이를 가격 반전의 신호로 보고 손절점으로 사용할 수 있다. 예를 들어 〈그림 9-3〉에서 9월 중순에 형성된 대변동일의 참저가(부록 참고) 아래로 가격 회귀가 일어나고(대변동일 패턴 위에서 매매를 개시한 이후에) 이것이 커다란 가격 붕괴로 이어진 상황에 주목하라.

5. 상대 고점과 상대 저점 | 잠재적 위험이 과히 크지 않다면 최근 상대 고점이나 저점을 손절점으로 사용할 수 있다.[2] 예를 들어 〈그림 9-4〉에서 보는 바와 같이 이중 바닥이 확정되자 1998년 1월 초에 매수 포지션을 취하며 시장에 진입했다고 하자. 이 경우 1997년 11월 저점과 12월 저점 둘 다 유의미한 손절점이 될 수 있다. 가격이 이 지점 밑으로 떨어지면 매수 포지션의 타당성이 사라진다.

때때로 기술적 분석 측면의 주요 지점에 가장 근접한 지점을 포지션 청산 지점으로 선택해도 위험 수준이 과도하게 높을 수 있다. 이럴 때는 금액 기준 방식money stop도 있다. 즉, 차트 분석을 통한 손절 지점이 아니라 투자금에 대한 손실 위험 수준을 기준으로 방어적 손절매 지점을 정하는 것이다.

---

2) 상대 고점 혹은 상대 저점에 대한 정의 자체가 다소 자의적인 측면이 있다. 상대 고점(저점)의 일반적 정의는 이전 및 이후 N일의 고점(저점)보다 높은(낮은) 것을 말한다. 상대 고점 및 저점에 대한 구체적 정의는 N을 얼마로 정하느냐에 달렸다. 이상적인 N값은 5~15 정도다.

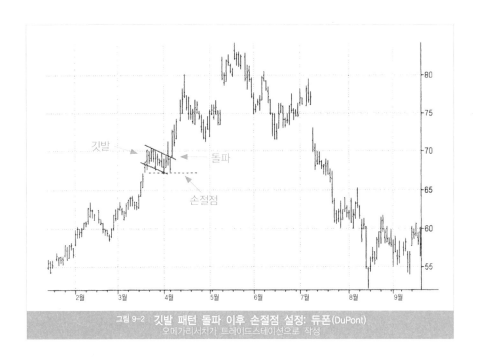

깃발

돌파

손절점

그림 9-2 | 깃발 패턴 돌파 이후 손절점 설정: 듀폰(DuPont)
오메가리서치가 트레이드스테이션으로 작성

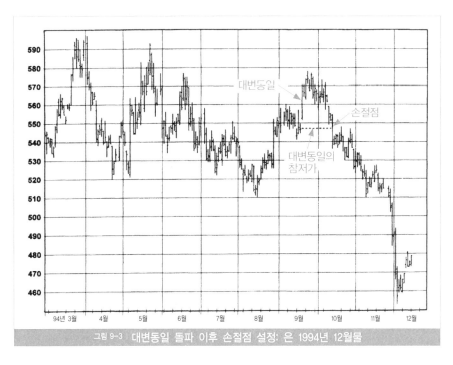

대변동일

손절점

대변동일의
참저가

그림 9-3 | 대변동일 돌파 이후 손절점 설정: 은 1994년 12월물

예를 들어 목재 시장의 어느 투자자가 1993년 3월의 가격 급락 이후 목재 시장이 이미 주 천장을 가졌음을 확신했다고 가정하자(〈그림 9-5〉 참고). 여기서 가장 유의미한 손절 지점은 천장으로부터 가장 가까운 상대적 고점인데, 여기서는 계약당 약 1만 5,000달러나 되는 큰 손실(4월 박스권의 중간 지점에서 매도했다고 가정했을 때)이 발생한다!

매도를 하기 전 가격 반등을 기다린다면 위험을 줄일 수도 있겠으나 시장 가격이 엄청나게 하락하지 않는 한 그러한 반등은 일어나지 않을 공산이 크다. 그러므로 기술적 분석에 따른 손절 지점에서 오히려 위험 수위가 매우 높아진다면 차라리 위에서 언급한 금액을 기준으로 시장가 주문market order을 내는 것이 최선일 수 있다.

손절점 지정은 손실 제한은 물론이고 수익을 보호할 때도 사용한다. 매수 포지션의 경우 시장이 상승할 때는 수시로 손절점을 상향 조정해야 한다. 이와 마찬가지로 시장이 하락할 때는 손절점을 하향 조정해야 한다. 이러한 유형의 손절 결정을 추격역지정가trailing stop: 주가가 상승(하락)함에 따라 지정가를 점차 높은(낮은) 수준으로 조정하는 것-역주 방식이라고 한다.

〈그림 9-6〉은 추격역지정가 사례를 보여준다. 상대 저점을 기준으로 한 손절매 전략과 함께 9월부터 11월까지의 박스권 위에 형성된 11월의 상향 갭에서 매수 포지션을 실행한다고 하자. 이 경우 시장이 신고점 구간으로 움직일 때마다 손절점을 조정하면서, 종가가 가장 최근의 상대 저점 아래로 떨어지면 매수 포지션을 청산하기로 정한다(물론 손절 조건을 좀 더 엄격하게 정할 수도 있다. 예를 들어 이전 저점 밑으로 하락한 종가의 횟수 혹은 최소 돌파 수준 등의 요건을 추가할 수 있다). 따라서 최초 손절매 지점은 종가가 10월 저점(손절점1) 밑으로 떨어질 때다(이 사례에서 상대 저점은 지난 10일 동안의 최저점을 의미한다).

12월에 가격 반등으로 신고점에 도달한 후에는 손절매 기준점이 12월 저점

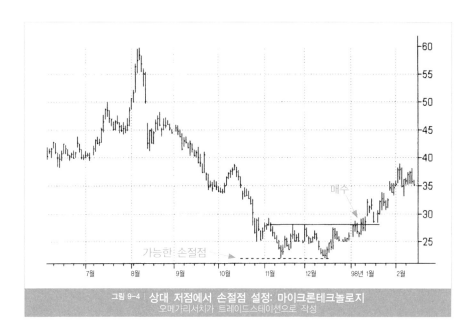

그림 9-4 | 상대 저점에서 손절점 설정: 마이크론테크놀로지
오메가리서치가 트레이드스테이션으로 작성

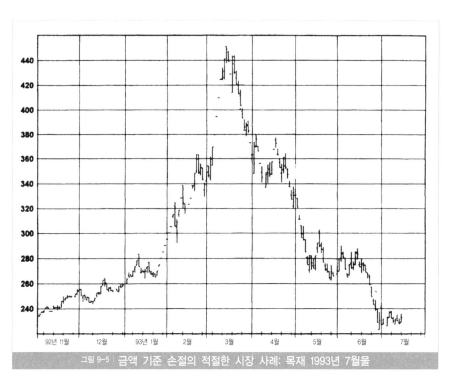

그림 9-5 | 금액 기준 손절의 적절한 시장 사례: 목재 1993년 7월물

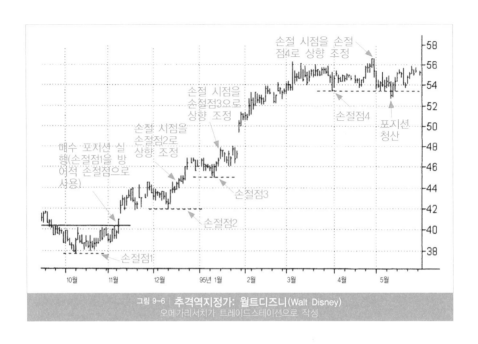

(손절점2) 수준으로까지 상승할 것이다. 이와 같은 논리로 손절매 기준점은 계속해서 손절점 3과 4 수준까지 상승할 것이다. 투자자는 5월에 손절점4 밑으로 가격이 하락할 때 포지션을 청산한다.

추격역지정가는 금액, 비율, 포인트를 기준으로 설정되기도 한다. 이는 앞서 설명했던 '금액 기준 청산' 방식과 같은 맥락으로 미리 정한 수준으로 위험을 관리하는 것이며, 기술적 근거 없이도 투자를 청산할 수 있으므로 투자자가 차트 패턴을 기초로 위험 수준이 과도하게 높은 지점을 손절점으로 정하지 않게 해준다.

손절점은 위험을 줄이려는 목적에서만 변경해야 한다. 바닥에서(혹은 매도 포지션일 때는 천장에서) 포지션을 청산해야 하는 상황을 못견뎌하는 투자자는 포지션을 개시할 때 GTC 주문을 걸어두지만 막상 가격이 그 수준으로 떨어지면 주문을 취소해버린다. 이러한 유형의 주문을 조롱하는 의미로 '청산 시점이 오면

취소하는 주문 방식^{cancel if close: CIC}'이라고 부른다. 위험 수준을 높이는 쪽으로 손
절점을 변경하는 것은 손절매의 본래 목적을 무색하게 하는 일이다.

내가 큰돈을 벌 수 있었던 것은 머리를 잘 써서가 아니라 엉덩이가
무거워서였다. 요컨대 명석한 두뇌로 올바른 선택과 결정을 해서가 아니라
수익이 나는 포지션을 잘 지켰기 때문이다. 시장 승부에 왕도는 없다.

－에드윈 르페브르

제10장

목표치 설정 및 기타 포지션 청산 기준

투자는 군대와 비슷하다. 즉, 들어가기는 쉬워도 나오기는 너무 어렵다. 위험 관리 원칙을 준수하면 손실 투자의 위험이 줄어든다. 즉, 미리 정해 놓은 청산 시점을 기준으로 손실이 나기 전에 혹은 손실을 최소화하는 수준에서 포지션이 청산된다.

그러나 문제는 수익이 나고 있을 때다. 이때는 포지션을 청산하면서 수익을 실현하는 시점을 언제로 해야 하는가? 이러한 딜레마를 해결하고자 수많은 해법이 제시됐다. 이번 장에서는 이에 관한 기본적 접근법 몇 가지를 소개할 것이다.

차트에 근거한 목표치

수많은 차트 패턴이 잠재적 가격 변동 폭에 관한 단서를 제공해준다. 예를 들어 가격이 일단 머리어깨형의 목선을 돌파하면 이후 가격 변동 폭은 최소한 머리 끝(혹은 바닥)에서 목선까지의 거리와 같아진다. 또 다른 예를 들자면, 수많은 P&F 차트 분석가는 박스권을 구성하는 기둥의 수를 보면 이후 추세에서 형성될 칸(X혹은 O)의 수를 가늠할 수 있다고 주장한다(P&F 차트에 관해서는 45쪽을 참고하라). 일반적으로 차트 패턴은 매매 신호를 포착하는 데 사용할 때보다 가격 목표치를 정하는 지표로 사용할 때 상대적으로 신뢰도가 떨어진다.

가격 목표치의 산출

이는 매우 단순한 접근법이다. 기본 전제는 시장 가격은 거의 같은 변동 폭을 보이며 움직인다는 것이다. 그러므로 30센트 반등한 다음 다시 30센트가 하락했다면 이제 이 저점에서 다시 약 30센트가 반등하리라 예상할 수 있다.

기본 개념 자체가 너무 단순해서 신뢰도에 문제가 있기는 하지만, 그래도 이 방법은 사람들이 생각하는 것보다 유용한 지침을 제공해줄 때가 꽤 많다. 이러한 가격 변동치가 2개 이상 일치하면 예측한 가격 목표치에 대한 신뢰도가 그만큼 높아진다.

〈그림 10-1〉은 작은 가격 변동치와 큰 가격 변동치를 기준으로 산출한(측정한) '가격 변동 목표치measured move objective'를 나타낸 것이다. 여기서 작은 변동치는 끝이 숫자(예: MM1)로 표시되고, 큰 변동치는 끝이 문자(예: MMA)로 표시된다. 이러한 변동치를 기준으로 측정한 가격 목표치 대부분이 놀라울 정도로 정확한 것으로 드러났다.

예를 들어 1994년 7월부터 8월까지의 초기 가격 상승분 2 11/16(가격 변동치 '1')을 기초로 MM1 수준에서 가격 목표치가 설정됐다. 이후 5주간에 걸쳐 약 1포인트의 가격 되돌림이 나타난 후 10월부터 11월까지 2 9/16가 상승했다. 이는 목표치에서 겨우 2/16밖에 차이가 나지 않는 수준이다.

이와 마찬가지로 가격 변동 '2'를 기초로 한 가격 목표치도 2월 초의 고점과 거의 정확히 일치했다. 때로는 한 개 이상의 가격 목표치가 거의 같은 가격 구간에서 일치하는 모습을 보이기도 한다. MM3와 MMA 수준에서 설정한 가격 목표치 모두 3월의 상대 고점과 거의 나란할 정도로 일치한 부분에 특히 주목하라. 5월 초에 형성된 갭 부근의 MM4만이 목표치에서 벗어났을 뿐이다.

선물의 경우 가격 변동 범위가 여러 선물 계약에 걸쳐 형성되므로 가격 목표치 측정 기법은 여러 계약이 연결된 장기 가격 차트에 적용하는 것이 유용하다. 일반적으로 가격 목표치 기법은 최근월물 차트보다 연속형 선물 차트에 더 적합하다. 제2장에서 살펴봤듯이 연속형 선물 차트는 가격 변동을 정확히 반영하는 데 비해 최근월물은 그렇지 않기 때문이다.

〈그림 10-2〉는 가격 목표치 접근법을 옥수수 연속형 선물 차트에 적용한 것이다. 이 차트를 보면 가격 목표치가 놀랍도록 정확하다는 사실을 알 수 있

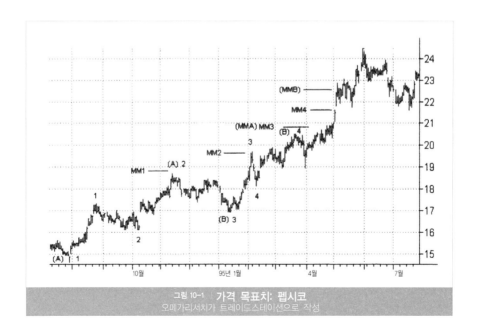

그림 10-1 | **가격 목표치: 펩시코**
오메가리서치가 트레이드스테이션으로 작성

다. 1994년 1월 고점에서 최초 하락한 가격 변동치를 기준으로 산출한 가격 목표치(MM1)가, 1994년 3월의 실제 상대 저점과 거의 정확히 일치한다. 2월부터 3월 초까지의 가격 하락분을 기준으로 한 가격 목표치(MM2)는 실제 5월 저점과는 어느 정도 차이가 있으나, 1994년 1월에 찍은 고점에서 3월의 상대 저점까지의 가격 하락분을 기준으로 한 가격 목표치(MM3)는 거의 완벽하게 실제 5월 저점을 예측한다.

특히 놀라운 점은 1994년 1월 고점에서 1994년 5월 저점까지의 가격 하락분을 기준으로 산출한 주요 가격 목표치(MM4)가 1994년 11월 최저점을 거의 정확히 예측했다는 사실이다. 게다가 9월부터 10월 초까지의 가격 하락분으로 설정한 가격 목표치(MM5)도 같은 효과를 냈다. 이 두 가지 목표치는 시장이 1994년 11월 말에 주요 바닥점에 거의 근접했음을 보여주는 강력한 증거였다.

옥수수 차트 사례에서 보듯이 한 개 이상의 가격 목표치가 동일한 고점 및 저점을 예측하기도 한다. 가격 목표치 설정의 기준이 되는 가격 변동치가 여러 개 있을 때 이러한 현상이 나타난다. 여러 개의 가격 목표치가 일치할 때 이 목표치의 신뢰도가 높아진다.

〈그림 10-3〉은 가격 목표치 산출 방법으로 구한 목표 가격들이 하나로 일치하는 완벽한 사례를 보여준다. 그림에서 확인할 수 있듯이 3월 말부터 5월 말까지의 가격 상승분을 기준으로 한 가격 목표치(MM1), 6월의 가격 상승분을 기준으로 한 목표치(MM2), 6월 말부터 7월 중순까지의 가격 상승분을 기준으로 한 목표치(MM3) 등 이 세 가지 모두가 8월에 형성된 실제 고점에 거의 근접했다.

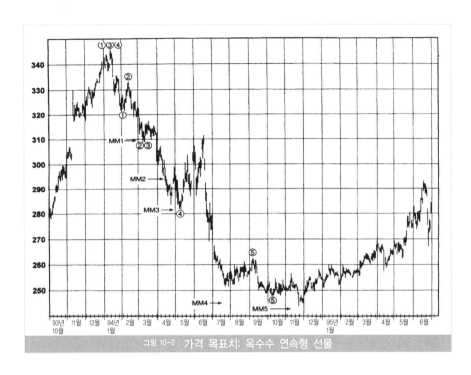

그림 10-2 | **가격 목표치: 옥수수 연속형 선물**

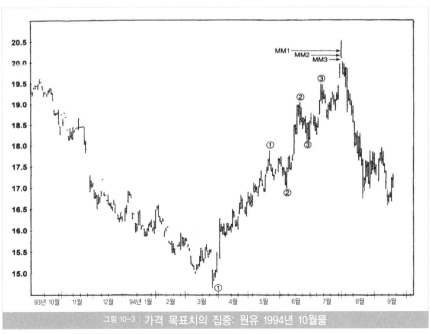

그림 10-3 | **가격 목표치의 집중: 원유 1994년 10월물**

지지선과 저항선

매도 포지션의 목표 지점을 설정할 때는 지지선 부근이 꽤 적절한 기준점이 될 수 있다. 예를 들어 〈그림 10-4〉에 표시된 목표 구간은, 이전 2개의 상대 고점에 바탕을 둔 지지선을 기준으로 한 것이다.

이와 마찬가지로 저항선에 근접한 가격은 매수 포지션의 최초 목표치를 설정하는 기준으로 사용할 수 있다. 예를 들어 〈그림 10-5〉에 표시된 목표치는 이전의 주요 고점에 바탕을 둔 저항선을 기준으로 한 것이다.

일반적으로 지지선과 저항선은 주된 목표 지점이라기보다는 일시적(혹은 잠정적) 목표 지점이라 할 수 있다. 따라서 이 접근법을 사용하는 동안에 가격 반발이 나타나면 더 좋은 가격 조건에서 포지션 재진입을 노리는 것이 바람직하다.

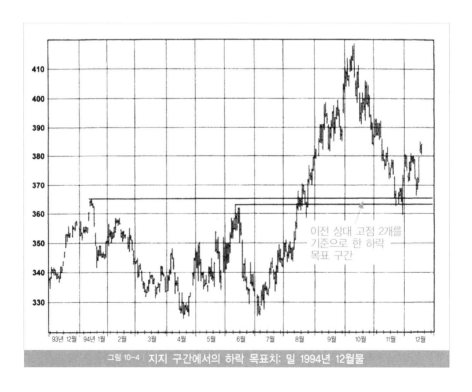

그림 10-4 | **지지 구간에서의 하락 목표치: 밀 1994년 12월물**

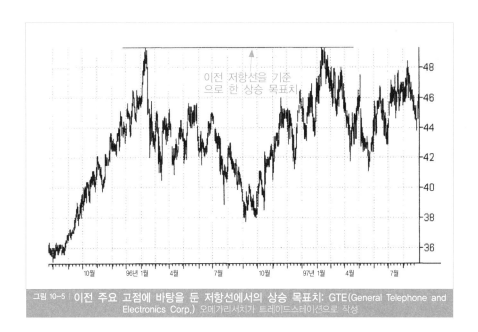

그림 10-5 | 이전 주요 고점에 바탕을 둔 저항선에서의 상승 목표치: GTE(General Telephone and Electronics Corp.) 오메가리서치가 트레이드스테이션으로 작성

과매수/과매도 지표

과매수/과매도 지표는 종종 오실레이터라고 칭하는 다양한 기술적 지표를 말한다. 이는 가격이 너무 급격히 상승 혹은 하락한 탓에 반발에 취약한 상태를 반영하는 지표라 할 수 있다. 이러한 지표에 관해서는 제6장 '오실레이터' 부분에서 상세히 설명한 바 있다.

〈그림 10-6〉은 0부터 100까지의 값으로 표시되는 상대강도지수[RSI]를 나타낸다. 통상적으로 RSI가 70 이상이면 과매수 상태이고 30 이하면 과매도 상태로 해석한다.

과매수/과매도의 기준은 각 개인이 주관적으로 선택할 수 있다. 예를 들어 전술한 70, 30 대신에 75, 25 혹은 80, 20을 선택해 사용할 수도 있다. 극단치를 선택할수록 과매수/과매도 신호가 시장 전환점에 더 가깝다. 그러나 극단치를 사용할수록 반전 포인트를 놓치는 경우가 더 많아진다.

〈그림 10-6〉에 표시된 매수 신호는 RSI가 30 밑으로 떨어진 지점을 나타낸다. 즉, 과매도 상태에 도달한 것으로서 이는 매도 포지션의 청산 신호로 받아들일 수 있다. 그리고 이 차트에 표시된 매도 신호는 RSI가 70을 넘어선 지점을 나타낸다. 이는 과매수 상태에 도달한 것으로서 매수 포지션의 청산 신호로 간주할 수 있다. 모든 것을 고려할 때 〈그림 10-6〉의 과매수/과매도 신호는 꽤 이상적인 포지션 청산 신호라 할 수 있다.

이 사례는 과매수/과매도 지표를 청산 신호로 사용하는 방법의 장점과 단점을 동시에 보여준다. 요컨대 이 방법은 시장 가격이 박스권에 있을 때는 그런대로 유용하지만 강력한 추세 시장에서는 그다지 힘을 발휘하지 못한다. 즉 〈그림 10-6〉에서는 시장이 대부분 박스권 내에서 움직이고 있기 때문에 과매

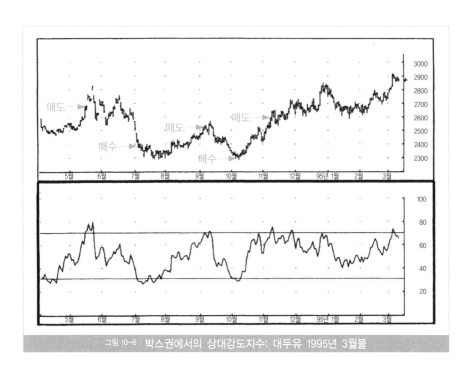

그림 10-6 | 박스권에서의 상대강도지수: 대두유 1995년 3월물

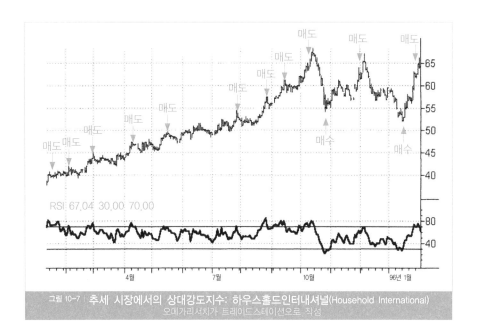

그림 10-7 | **추세 시장에서의 상대강도지수: 하우스홀드인터내셔널**(Household International)
오메가리서치가 트레이드스테이션으로 작성

수/과매도 신호가 잘 작동한다.

〈그림 10-7〉은 과매수/과매도 신호를 추세 시장에 적용했을 때의 모습이다. 1995년 10월부터 1996년 1월까지의 박스권에서는 이러한 신호가 유용한 반면, 이전 9개월 동안 가격 상승이 이어지는 상황에서 계속 나타난 매도 신호는 이 방법이 추세 시장에서는 잘 먹히지 않는다는 점을 여실히 보여준다.

반대 의견

반대 의견contrary opinion 이론('역발상' 이론이라고도 함)은 대다수 투자자가 시장을 낙관적으로 볼 때면 매수할 사람은 이미 다 매수했다는 생각에 기반을 둔다. 그 결과 신규 매수 수요가 턱없이 부족해지면서 시장은 하락 반발에 취약한 상태가 된다. 대다수가 장세를 비관적으로 볼 때도 마찬가지 논리가 적용된다.

반대 의견은 시황 안내서에 포함된 권고 사항이나 투자자의 의견 조사 결과에 바탕을 둔다. 이러한 의견이 시장의 전반적인 분위기를 대표한다고 가정하는 것이다. 반대 의견 자료에서 과매수 및 과매도에 대한 기준치는 정보의 출처에 따라 달라진다.

반대 의견은 이론적으로 특별히 문제가 없는 개념이기는 하나 이 접근법의 치명적 약점은 시장 분위기를 정확하게 파악하기 어렵다는 것이다. 반대 의견 자료를 제공하는 서비스 업체의 반대 의견 지수는 주요 시장 전환점을 비교적 정확히 포착하기도 하지만, 시장이 계속 상승하면 높게 유지되고 시장이 하락세를 타면 낮게 유지되는 것이 일반적이다. 이 모든 것을 고려할 때 이 방법은 다른 투자 지표와 병행해 사용하는 것이 유용하다.

추격역지정가

추격역지정가 방식은 크게 매력적인 기법은 아니지만 포지션 청산 시점을 결정하는 데는 꽤 유용하다. 이 방법을 사용하면 고점에서 팔고 저점에서 사는 일은 없지만, 그래도 수익성 있는 투자를 하는 데 매우 유용하다. 추격역지정가 방식에 관해서는 제9장에서 상세히 설명했다.

시장 의견의 변화

이 또한 별로 주목받지는 못하지만 매우 상식적인 접근법 가운데 하나다. 투자

자는 특정한 목표치를 미리 정해 놓지 않고 시장 의견이 바뀌거나 최소한 중립
으로 될 때까지 기존 포지션을 유지한다.

시장은 인플루엔자 바이러스와 같다. 정복했다고 생각하는 순간
돌연변이를 일으켜버린다.

– 웨인 와그너(Wayne H. Wagner)

제11장

차트 분석의 가장 중요한 규칙

잘못된 신호 혹은 어긋난 신호

모든 차트 신호 가운데 가장 신뢰할 만한 것이 바로 잘못된(어긋난) 신호^{failed} signal(시장이 차트 신호대로 움직이지 않았다는 측면에서 신호대로의 추세를 만들어내는 데 '실패'한 것이지만, 결과적으로는 잘못된 신호이고 또 실제로 시장 추세와 어긋난 신호라는 의미에서 '실패한' 신호라는 표현보다는 '잘못된' 신호 혹은 '어긋난' 신호라고 표기했다-역주)다. 시장이 차트 신호의 방향대로 움직이지 않는다는 것은 시장이 그와 반대 방향으로 움직일 가능성이 있다는 점을 강하게 시사하는 것으로 봐야 한다.

예를 들어 〈그림 11-1〉에서 6~7월의 박스권에서 상향 돌파가 일어난 후 급작스럽게 시장 흐름이 반전된 부분에 주목하라. 이 상향 돌파가 유효한 신호였다면 박스권 하단선까지 가격 되돌림이 일어나지 말았어야 하고, 이 하단선마저 돌파하는 일이 벌어져서는 안 됐다. 상향 돌파 이후 이러한 가격 되돌림이 나타났다는 것은 강세 함정^{bull trap}의 강력한 증거다.

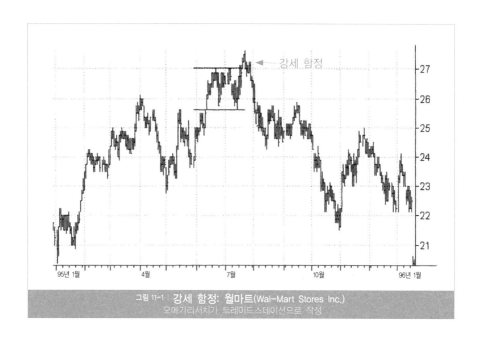

이러한 가격 움직임은 박스권이 돌파된 지점에서 지정가 주문이 쇄도했지만, 돌파 이후 추가 매수세가 동반되지 않았다는 의미이며 실질적 시장 약세를 드러내는 것이다. 사실상 명백해 보이던 매수 신호가 잘못된 신호였다는 사실 자체가 매도 시점을 알리는 강력한 지표일 수 있다.

잘못된 신호의 중요성에 관해 설명했으니 이제부터는 잘못된 신호의 유형과 그러한 신호의 해석 및 투자의 기본 지침에 관해 상세히 알아보자.

강세 함정과 약세 함정

강세 함정bull trap과 약세 함정bear trap은 박스권 돌파 이후 갑작스럽고 가파른 가격 반전이 나타나는 경우인데, 돌파 후 일어날 것으로 기대되는 지속형 패턴과는 대비된다. 내 경험상 이처럼 예상과 정반대로 전개되는 가격 흐름이야말로 시장의 주요 천장과 바닥을 예측하는 가장 신뢰할 만한 지표 가운데 하나다.

앞에서 강세 함정의 사례(〈그림 11-1〉)를 하나 제시했다. 강세 함정의 전형적인 또 한 가지 사례는 6년간 상승세를 이어온 미 재무부 채권 시장이 1993년 10월에 고점을 찍었을 때다(〈그림 11-2〉 참고). 10월 중순에 7주간의 박스권을 상향돌파하며 신고가를 경신했으나 이내 가격이 붕괴한 부분에 주목하라.

강세 함정과 마찬가지로 약세 함정일 때는 가격이 박스권 하단선을 돌파하면서 포지션 청산 주문이 쇄도하지만, 박스권 하향 돌파 이후 추가 매도 압박이 발생하지는 않는다. 이는 시장의 잠재적 강세를 보여주는 징표다. 그러므로 잘못된 매도 신호는 사실상 매수 신호로 간주할 수 있다.

〈그림 11-3〉은 은銀 시장에서 6년간 이어진 하락세가 정점을 찍었을 때의 상황이며 이는 약세 함정의 전형적인 사례다. 1993년 2월에 시장은 이틀 동안 이전 3개월간의 좁은 박스권과 6개월간의 넓은 박스권의 하단선을 돌파했다. 그러나 그 이후 가격은 계속 하락하지 않고 처음에는 횡보세를 보이다가 결국은 박스권 수준으로 가격이 회귀했다. 이러한 가격 흐름은 극적인 가격 반등의 전조였던 것으로 드러났다.

그렇다면 가격 되돌림 수준이 어느 정도여야 강세 혹은 약세 함정이 일어났다고 볼 수 있을까? 이에 관한 몇 가지 기준을 제시하자면 아래와 같다.

최초 가격initial price 기준 | 돌파 이전에 있었던 박스권 중간 지점까지 되돌림이 나타났을 때

강력한 가격 변동strong price 기준 | 돌파 이전 박스권의 반대쪽 경계선(강세 함정은 하단선, 약세 함정은 상단선)을 한참 넘어가는 수준까지 가격 되돌림이 나타났을 때

시간^{time} 기준 | 돌파 이후 형성된 최고가 혹은 최저가로 가격이 특정 시간(예: 4주) 내에 되돌아가지 못했을 때

최초 가격 기준과 강력한 가격 변동 기준의 상충관계를 간략히 정리하자면 다음과 같다. 전자는 강세 및 약세 함정에서 투자할 때 좀 더 나은 진입 시점을 알려주고, 후자는 더 신뢰할 만한 신호를 제공해준다. 시간 기준 확정은 단독으로 혹은 전술한 두 가지 확정 조건과 함께 사용할 수 있다.

〈그림 11-4〉와 〈그림 11-5〉는 각각 〈그림 11-2〉와 〈그림 11-3〉에 이 세 가지 확정 기준(시간 기준 확정 조건은 4주로 함)을 추가한 것이다. 시간 기준 확정은 〈그림 11-4〉처럼 2개의 가격 기준 확정 이후에 일어날 수도 있고, 〈그림 11-5〉처럼 2개의 가격 기준 확정 이전에 발생할 수도 있으며, 이 2개의 기준 사이에서도 발생할 수 있다.

강세 함정 신호는 가격이 돌파 후에 발생한 고점으로 되돌아온다면 무효가 된다. 이와 마찬가지로 약세 함정 신호는 시장이 돌파 후에 발생한 저점으로 되돌아온다면 무효가 된다.

그러나 가격이 신호의 방향으로 충분히 움직이거나 일정한 시간이 경과하는 경우에도 강세 함정 혹은 약세 함정 신호를 무효로 만들 수 있다. 예를 들어 강력한 가격 변동 기준이 만족된 후에 박스권 반대편 경계선으로 가격이 되돌아가는 경우다(다시 말해 강세 함정의 경우 가격이 박스권의 하한선 아래로 떨어진 후 박스권의 상한선으로 되돌아간 경우다).

만약 위에서 설명한 신호 무효 조건이 발생하지 않으면, 강세 혹은 약세 함정 신호를 바탕으로 개시한 매매 포지션은 가격 목표치나 다른 매매 포지션 청산 조건이 충족될 때까지 혹은 추세 반전의 징후가 나타나기 전까지 그대로 유지될 것이다.

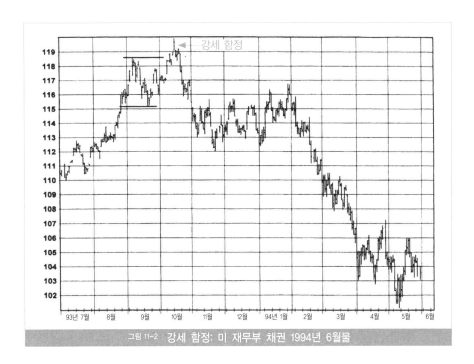

그림 11-2 | 강세 함정: 미 재무부 채권 1994년 6월물

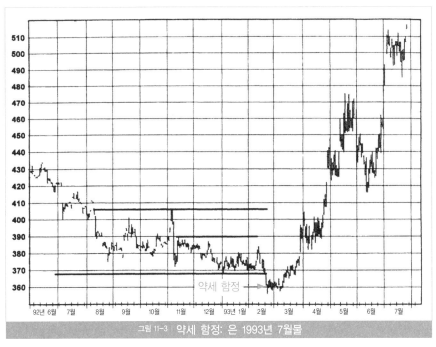

그림 11-3 | 약세 함정: 은 1993년 7월물

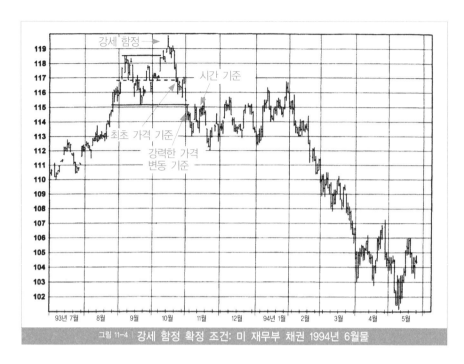

강세 함정

시간 기준

최초 가격 기준

강력한 가격
변동 기준

그림 11-4 | 강세 함정 확정 조건: 미 재무부 채권 1994년 6월물

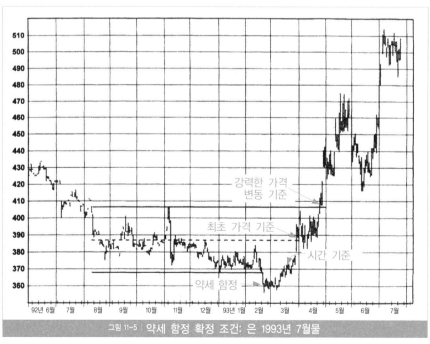

강력한 가격
변동 기준

최초 가격 기준

시간 기준

약세 함정

그림 11-5 | 약세 함정 확정 조건: 은 1993년 7월물

추세선 돌파 오신호

제3장 '추세'에서 살펴본 바와 같이 추세선에서 종종 잘못된 돌파가 일어날 수 있다. 이러한 오신호를 돌파가 일어난 역방향으로의 매매 신호로 활용할 수 있다. 개인적인 생각으로는 잘못된 추세 돌파 신호가 전통적 추세 돌파 신호보다 훨씬 더 신뢰할 만하다고 본다.

하락 추세일 때 상향 돌파가 일어난 다음 종가가 수차례(예: 두세 번) 추세선 밑으로 떨어지면 추세선 돌파는 잘못된 신호였음이 판명된다. 이와 마찬가지로 상승 추세일 때 하향 돌파가 일어난 다음 추세선보다 높은 지점에서 종가가 형성되는 일이 수차례 발생하면 추세선 돌파 오신호로 확정할 수 있다.

〈그림 11-6〉은 상승 추세선상의 돌파가 오신호였음을 보여주는 사례다. 이전 4개의 상대 저점을 기준으로 9월에 추세선 돌파가 이루어진 것으로 봤으나 곧바로 추세선 상향 돌파가 뒤따랐다. 여기서는 두 번이나 종가가 추세선보다 높게 형성된 것을 오신호 확정 기준으로 보았다.

1997년 10월과 1998년 1월에도 이와 같은 추세선 돌파가 일어났다. 그러나 10월에 발생한 추세선 하향 돌파의 경우 종가가 추세선 밑으로 떨어지지는 않았기 때문에 추세선 돌파 오신호로서는 그다지 큰 의미가 없다.

추세선을 계속해서 재정의하는 과정에서 잘못된 추세 돌파 신호가 수차례 나타날 수 있다. 〈그림 11-7〉에서 하락 추세선(Ⅰ)이 진행되는 과정에서 12월 중순에 처음으로 상향 돌파가 일어났다. 그리고 종가가 두 번째로 추세선 밑으로 떨어지면서 돌파 오신호가 확정됐다.

12월의 상대 고점을 이용해 다시 그린 추세선(Ⅱ)을 기준으로 또 한 번 추세선 돌파 오신호가 발생했다. 이번에도 곧바로 하락 추세선 밑으로 가격 되돌림이 나타나면서 또 한 번 추세선 돌파 오신호를 기록하게 되었다. 1월의 상대 고

돌파 오신호 확정

추세선 하향 돌파 오신호

그림 11-6 | 상승 추세에서 나타난 돌파 오신호: 올스테이트(Allstate Corp)

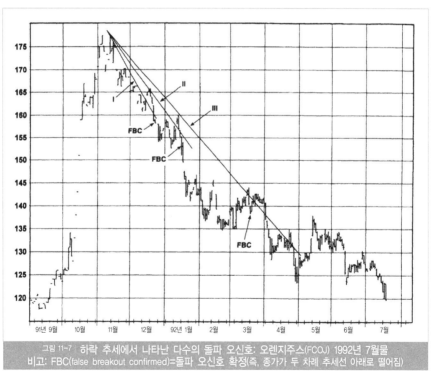

그림 11-7 | 하락 추세에서 나타난 다수의 돌파 오신호: 오렌지주스(FCOJ) 1992년 7월물
비고: FBC(false breakout confirmed)=돌파 오신호 확정(즉, 종가가 두 차례 추세선 아래로 떨어짐)

점을 기준으로 재규정한 추세선(Ⅲ)에서는 3월에 짧게 상승 돌파가 일어났으나 이 역시 추세선 돌파 오신호로 판명됐다.

갭 메움

제5장에서 살펴본 바와 같이 갭은, 통상적으로 갭이 발생한 방향으로 추세가 이 어진다고 간주된다. 갭이 메워지면 그 갭은 잘못된 신호로 간주할 수 있다. 아 래 제시한 부가적 특성을 적용하면 메워진 갭의 중요성이 더 커진다.

- 메워진 갭의 폭이 특히 넓다.
- 메워진 갭이 돌파갭이다.
- 2개 이상 연속된 갭이 메워진다.

일반적으로 일중 가격이 갭 생성 전날의 고점(혹은 하향 갭의 경우 저점)까지 내 려가면 갭이 메워지는 것으로 간주하나, 나는 이보다 좀 더 엄격한 조건을 선호 한다. 즉, 종가가 갭 생성 전날의 종가보다 낮을 때(하향 갭일 때는 전날 종가보다 높 을 때) 갭이 메워진 것으로 본다. 이렇게 엄격한 기준을 사용하면 갭이 잘못된 신 호로 해석되는 빈도가 감소한다.

〈그림 11-8〉은 상향 돌파 갭이 약 일주일 후에 메워지는 모습을 보여준다. 흥미롭게도 대변동일에 이 갭이 메워졌다. 이 자체가 하락 반전이 일어난다는 신호다. 즉 이러한 가격 패턴은 설탕 선물 시장이 하락세를 탈 가능성을 예고하 는 것이다.

〈그림 11-9〉에서는 강세장이 최고점을 찍기 전날에 형성된 상향 갭이 이틀

만에 메워졌다. 이는 주 추세 반전의 초기 신호라 할 수 있다. 〈그림 11-10〉은 1997년 8월에 나타난 큰 폭의 상향 갭이 갑작스러운 하락 국면으로 6일 후에 거의 메워졌다. 이후 시장은 2개월 동안 횡보세를 보이다가 1997년 10월에 결국 이 갭이 완전히 메워졌고 이 지점부터 하락세가 계속됐다.

〈그림 11-11〉과 〈그림 11-12〉는 갭 메움을 통해 이전의 하향 갭이 잘못된 신호였음을 보여주는 사례다. 〈그림 11-11〉에서 신저점 가까이에 형성된 넓은 하향 갭은 단 이틀 만에(저점 경신 바로 다음 날) 메워졌다. 이는 주 추세 반전에 대한 초기 신호였다(하향 갭이 메워진 또 다른 사례는 바로 3개월 후에 확인할 수 있음).

〈그림 11-12〉는 연속적으로 나타난 하향 갭이 메워지는 모습을 보여준다. 이러한 가격 흐름은 주요 바닥이 형성됐다는 정확한 신호일 수 있다. 다만 이후 가격이 대폭 상승하기 전 가격 되돌림이 나타났다는 점에 주목하라. 여기서 배울 수 있는 교훈은 갭 메움 자체가 애초의 갭이 잘못된 신호였음을 보여주는 유효한 지표일지라도 이 지표의 유효성과는 별개로, 잘못된 갭 신호 이후 시장에 기대했던 추세가 나타나기 전 가격 조정이 일어날 수 있다는 점이다.

하향 갭의 경우 종가가 갭 아래로(혹은 갭이 하나 이상일 때는 최저점 갭 아래로) 떨어지지 않는 한 잘못된(어긋난) 갭 신호의 효력이 유지되는 것으로 간주될 수 있다. 즉, 애초의 하향 갭은 역시 잘못된 신호였다고 볼 수 있다(이와 마찬가지로 상향 갭의 경우 종가가 갭 위 혹은 최고점 갭 위에서 형성되지 않는다면(갭이 하나 이상일 때는 가장 높은 갭의 위) 갭이 잘못된 신호라는 판단은 유지된다).

스파이크 극점으로의 회귀(및 돌파)

제5장 '차트 패턴'에서 상세히 살펴봤듯이 주요 가격 반전이 있을 때 스파이크

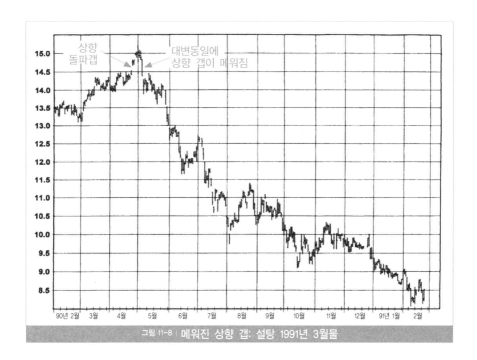

그림 11-8 | 메워진 상향 갭: 설탕 1991년 3월물

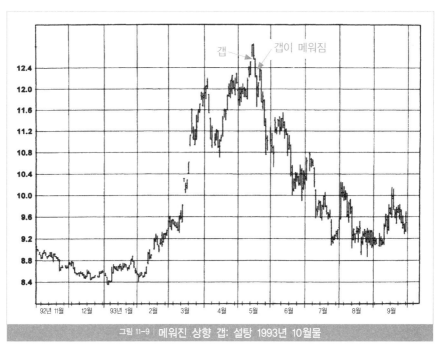

그림 11-9 | 메워진 상향 갭: 설탕 1993년 10월물

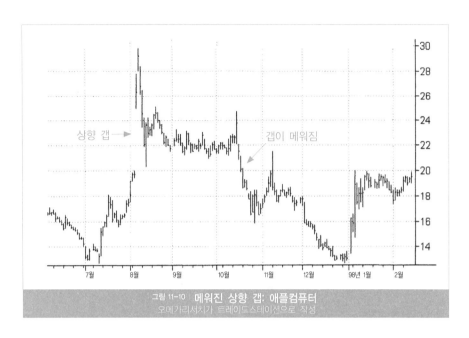

상향 갭 →　　　　　　　　　갭이 메워짐

그림 11-10 | 메워진 상향 갭: 애플컴퓨터
오메가리서치가 트레이드스테이션으로 작성

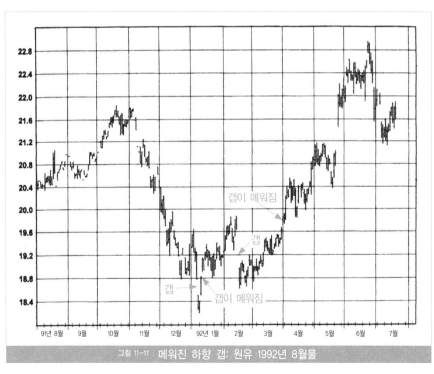

갭이 메워짐

갭

갭

갭이 메워짐

그림 11-11 | 메워진 하향 갭: 원유 1992년 8월물

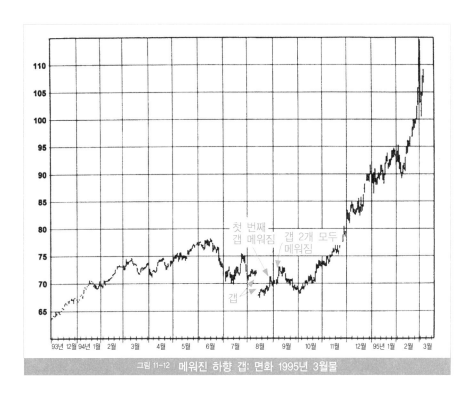

현상이 종종 발생한다. 따라서 이전 스파이크 극점(고·저점)으로 가격이 회귀한다면 이는 애초의 스파이크가 잘못된 신호였음을 보여주는 것이다.

극단적인 스파이크일수록(즉, 스파이크 고점이 이전 및 이후 고점을 상회하는 정도나 스파이크 저점이 이전 및 이후 저점을 하회하는 정도가 클수록) 이 스파이크 극점을 돌파하는 '사건'의 중요성은 더 커진다. 애초의 스파이크 발생 후 최소한 몇 주, 더 나아가 몇 개월이 경과하면 이 잘못된 신호의 중요성도 커진다.

〈그림 11-13〉에서 볼 수 있듯이 7월에 스파이크 고점을 찍은 후 4개월 만에 이 고점 수준이 회복됐고 이것이 상승 추세의 장기화로 이어졌다. 〈그림 11-4〉는 스파이크 저점의 하향 돌파 사례다. 스파이크 저점 돌파 이후 급속한 가격 하락세가 이어진 모습이다.

〈그림 11-15〉에서는 7월의 스파이크 고점이 약 한 달 후 돌파되면서 예상했던 대로 가격 상승세가 이어지는 모습을 볼 수 있다. 그러나 몇 개월 후인 10월의 스파이크 저점이 돌파된 것은 아쉽게도 오판으로 이어졌다. 다시 말해 '잘못된 신호라는 판단'이 '잘못된' 것이었다.

일반적으로 종가가 스파이크의 반대 극점을 돌파할 때를 '잘못된 신호의 부정'으로, 즉 잘못된 신호의 효력이 상실된 것으로 간주할 수 있다. 이 사례에서는 스파이크가 하향 돌파되고 나서 4일 후에 스파이크 고점보다 높은 종가를 기록했다.

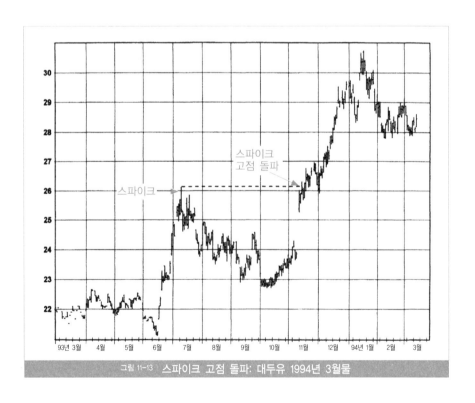

그림 11-13 ┃ 스파이크 고점 돌파: 대두유 1994년 3월물

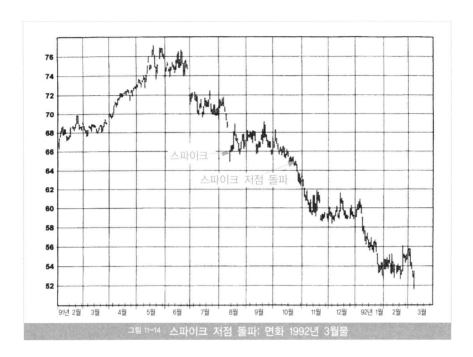

스파이크
스파이크 저점 돌파

그림 11-14 | 스파이크 저점 돌파: 면화 1992년 3월물

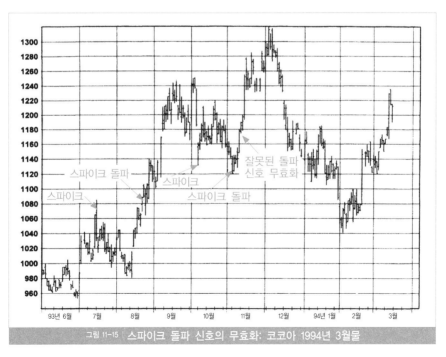

잘못된 돌파
신호 무효화

스파이크 돌파
스파이크
스파이크 돌파
스파이크

그림 11-15 | 스파이크 돌파 신호의 무효화: 코코아 1994년 3월물

대변동일 극점으로의 회귀

제5장에서 살펴본 바와 같이 특별히 높은 종가 혹은 낮은 종가로 구성된 이른바 대변동일은 종가와 같은 방향으로 추세가 지속되는 경향이 있다. 따라서 종가가 하락 대변동일의 고점보다 높게 혹은 상승 대변동일의 저점보다 낮게 형성되면 이를 대변동일의 잘못된 신호로 간주할 수 있다.

〈그림 11-16〉을 보면 10월 말에 하락 대변동일이 형성된 이후 단기 박스권이 형성됐다. 그다음에 또 한 번의 대변동일이 나타나고 10월 대변동일의 고점을 상회하는 수준으로 종가가 형성되면서 상승 반전이 일어났다. 이렇게 애초의 하락 대변동일이 반전된 이후 몇 개월 동안 가격 상승세가 지속됐다.

〈그림 11-17〉은 약간의 시차를 두고 매우 근접한 지점에서 형성된 두 차례의 하락 대변동일이 이후 각기 상승 돌파되는 모습을 보여준다. 게다가 이 두 차례의 돌파 사이에 상승 대변동일이 있다는 점에 주목하라. 이처럼 상승 추세

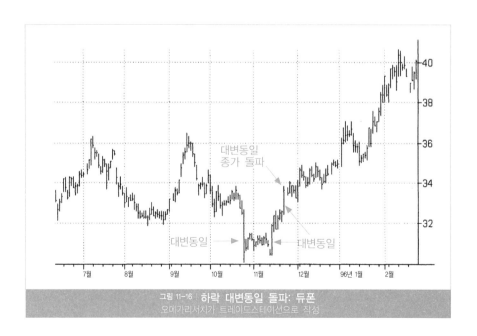

그림 11-16 | 하락 대변동일 돌파: 듀폰
오메가리서치가 트레이드스테이션으로 작성

222

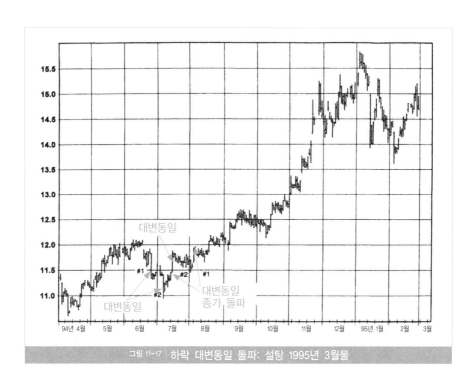

그림 11-17 | 하락 대변동일 돌파: 설탕 1995년 3월물

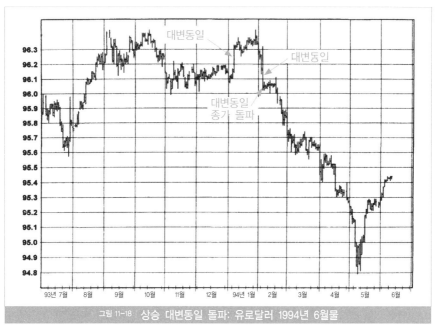

그림 11-18 | 상승 대변동일 돌파: 유로달러 1994년 6월물

신호가 연이어 나타난 것이 대세 반등의 전조였다.

〈그림 11-18〉은 상승 대변동일의 하락 돌파 사례를 나타낸 것이다. 1월 초의 대변동일이 하락 돌파한 그날 자체가 대변동일이었고 이는 대세 하락장이 임박했음을 나타내는 전조였다.

예상과 정반대의 깃발 혹은 페넌트 패턴 돌파

제5장에서 설명한 것처럼 깃발이나 페넌트 패턴이 형성된 이후에는, 이러한 패턴이 형성되기 이전의 가격 흐름과 똑같은 방향으로 추세가 이어지는 경향이 있다. 그러므로 깃발이나 페넌트 패턴이 형성되고 나서 이전과 정반대 방향으로 가격 흐름이 일어나면 이 패턴은 잘못된 신호일 가능성이 크다.

제5장의 차트 해석에서 설명했듯이 〈그림 11-19〉에서처럼 하락 추세기에 형성된 깃발 혹은 페넌트 패턴은 이후 계속해서 하락 추세가 나타나는 것이 일반적이다. 그러나 3월에 신저점을 찍고 나서 형성된 깃발 패턴은 예외다. 이처럼 예상과 정반대 방향으로 일어난 가격 흐름은 의미 있는 반등을 예고하는 신호였다. 〈그림 11-20〉에서 4월과 10월의 저점에서 형성된 두 깃발 패턴이 예상과는 반대 방향으로 돌파가 이루어졌다는 점에 주목하라.

〈그림 11-21〉도 바닥에서 형성된 깃발 패턴이 기대했던 방향과 반대로 돌파됐다. 그러나 이때는 돌파가 일어난 이후 가격 되돌림이 나타났고 그 뒤로 가격 급상승세가 이어졌다. 여기서 기대했던 방향과 다른, 이른바 역방향 돌파가 이루어진 다음에 그 방향으로 가격 추세가 지속되지 않아도 이를 잘못된 신호로 인정하는 데는 문제가 없다. 요컨대 역방향 돌파가 잘못된 신호였다고 확정하려 할 때 돌파 이후 같은 방향으로 가격 추세가 반드시 계속 이어져야 하는

것은 아니다.

그렇다면 잘못된 신호로 확정하는 데 영향을 미치지 않는 되돌림 수준은 어디까지인가? 일단 종가가 해당 깃발 혹은 페넌트 패턴의 반대 극점을 돌파하지 않는 한 잘못된 신호 확정의 효력은 유지되는 것으로 간주한다. 전술한 사례에서는 가격 되돌림이 이에 못 미치는 지점에서 멈췄다. 따라서 잘못된 신호라는 판단은 유효하다.

〈그림 11-22〉와 〈그림 11-23〉은 가격 상승 이후에 형성된 깃발 혹은 페넌트 패턴의 하향 돌파 사례를 보여준다. 각 경우에 고점 혹은 고점 부근에서 깃발 혹은 페넌트 패턴이 형성됐다. 보통 이는 강한 상승 추세를 예고하는 신호다. 그러나 예상과 달리 이 패턴들은 신규 대세 상승이 아니라 급격한 하락 추세로 이어졌다.

이 두 경우에서 확인할 수 있듯이, 역방향 돌파로 가늠할 수 있는 잘못된 신호는 매우 시의적절한 대세 반전 지표라 할 수 있다. 단, 〈그림 11-22〉에서는 깃발 패턴 형성 직후 가격 하락세가 이어졌고, 〈그림 11-23〉에서는 페넌트 고점 부근까지 반등이 이루어진 다음 가격 하락세가 나타났다는 점에 주목할 필요가 있다. 보다시피 가격 되돌림은 페넌트 고점을 넘어서까지 진행되지는 않았다. 따라서 전술한 규칙에 따라, 이 잘못된 신호에 대한 판단은 여전히 유효한 것으로 간주한다.

깃발 혹은 페넌트 패턴에서 정상적 돌파 이후의 역방향 돌파

깃발 혹은 페넌트 패턴 형성 이후 정방향으로 돌파가 이루어졌으나 그 다음에 패턴의 반대편 경계선을 넘어 종가가 형성되면서 가격 반전이 나타날 때도 있

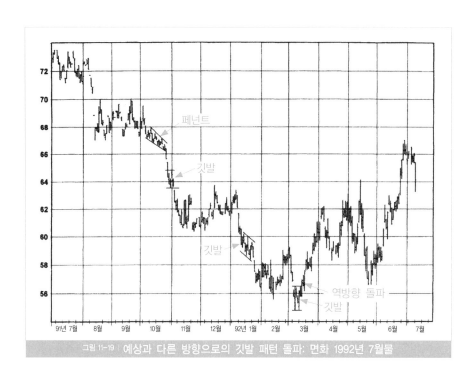

그림 11-19 ┃ 예상과 다른 방향으로의 깃발 패턴 돌파: 면화 1992년 7월물

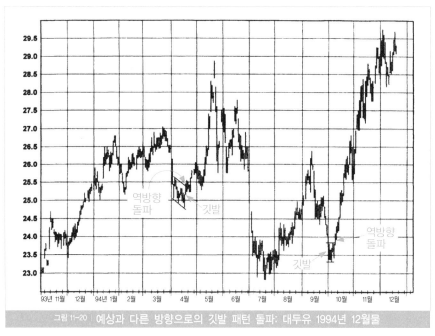

그림 11-20 ┃ 예상과 다른 방향으로의 깃발 패턴 돌파: 대두유 1994년 12월물

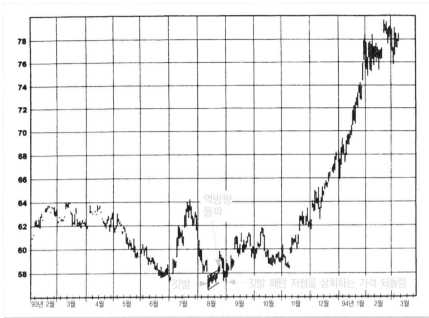

역방향
돌파

깃발
깃발 패턴 저점을 상회하는 가격 되돌림

그림 11-21 예상과 다른 방향으로의 깃발 패턴 돌파 이후 가격 되돌림: 면화 1994년 3월물

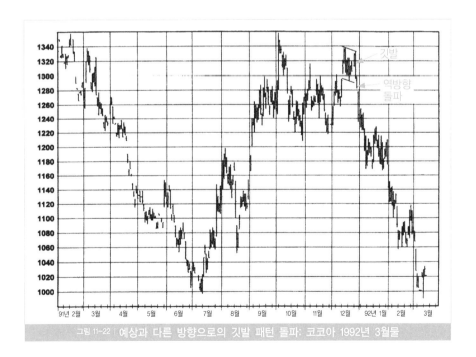

깃발

역방향
돌파

그림 11-22 예상과 다른 방향으로의 깃발 패턴 돌파: 코코아 1992년 3월물

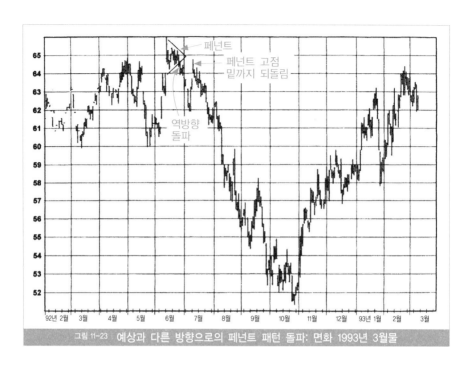

페넌트

페넌트 고점
밑까지 되돌림

역방향
돌파

그림 11-23 | 예상과 다른 방향으로의 페넌트 패턴 돌파: 면화 1993년 3월물

다. 이러한 혼합적 가격 흐름은 잘못된 신호의 또 다른 사례다. 예상했던 방향
으로 돌파가 일어난 다음 같은 방향으로 추세가 이어진 것이 아니라 다시 가격
반전이 나타났기 때문이다.

　단지 일중 돌파만으로 잘못된 신호 확정의 요건이 충족되는 것이 아니다.
깃발 혹은 페넌트 패턴의 반대편 경계선을 넘어 종가가 형성돼야 한다는 점에
유의하라. 이처럼 잘못된 신호의 확정 요건을 엄격히 하면 잘못된 신호라는 판
단이 결국 타당한 것인데도 그 확정이 늦어지는 위험이 있기는 하지만, 잘못된
신호에 대한 부정확한 판단의 빈도를 줄일 수 있다는 이점이 있다.

　〈그림 11-24〉를 보면 4개월 동안 이어진 상승 추세의 고점 부근에서 깃발
패턴이 형성된 이후 예상했던 방향대로 상승 돌파가 이루어졌다. 그런데 예상
과 달리 가격 상승세는 겨우 3일 동안 이어졌고(이 가운데 종가가 깃발 패턴의 상단선

을 넘어선 경우는 두 번 뿐임), 4일 만에 깃발 패턴의 하단선 밑까지 가격이 하락했다. 이러한 가격 흐름은 처음에 나타난 깃발 패턴의 상향 돌파가 잘못된 신호였음을 나타내는 것이다.

〈그림 11-25〉는 계속된 하락세 이후 형성된 페넌트 패턴에서의 하향 돌파가 잘못된 신호임을 보여준다. 이 하향 돌파 이후 가격 하락세가 잠깐 이어지기는 했으나 이내 페넌트 고점 수준까지 반등이 일어났고, 이는 이전의 하향 돌파가 잘못된 신호였음이 확정되는 순간이자 이후 대세 상승을 예고하는 것이었다.

〈그림 11-26〉은 초기의 하향 돌파 이후 깃발 고점을 상회하는 수준의 가격 반등으로 상대 저점이 확정되고, 이후 큰 폭의 가격 상승이 뒤따랐음을 보여주는 또 다른 사례다. 이 차트는 또한 추세의 꼭대기에서 일어난 깃발 패턴의 역방향 돌파를 기준으로 한 잘못된 신호의 사례도 보여주고 있다.

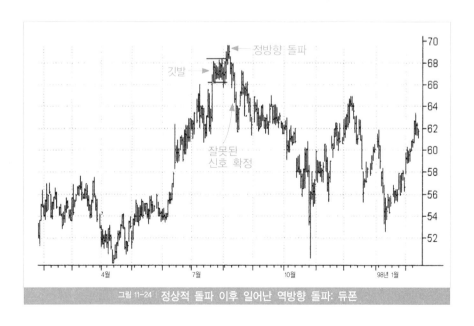

그림 11-24 | 정상적 돌파 이후 일어난 역방향 돌파: 듀폰

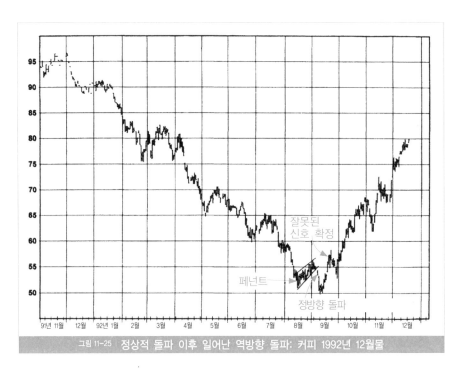

그림 11-25 │ 정상적 돌파 이후 일어난 역방향 돌파: 커피 1992년 12월물

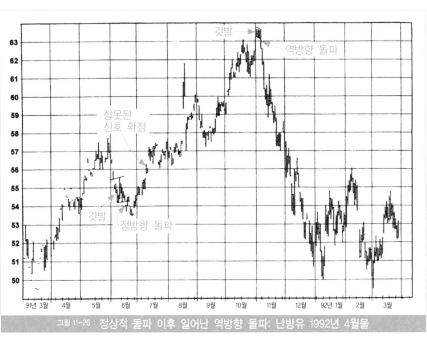

그림 11-26 │ 정상적 돌파 이후 일어난 역방향 돌파: 난방유 1992년 4월물

천장형과 바닥형에서의 돌파

통상적으로 천장 및 바닥과 관련한 패턴의 돌파는 그러한 패턴 형성에 내포된 지지 및 저항선을 무력화했다는 측면에서 또 다른 유형의 잘못된 신호를 의미한다. 예를 들어 〈그림 11-27〉은 1994년 5월물 커피 가격 차트로, 1993년에 형성된 이중 천정과 약 7개월 후에 발생한 이중 천정의 돌파 상황을 나타낸다.

1994년 7월물 차트를 나타낸 〈그림 11-28〉은 이중 천장의 상향 돌파 이후 큰 폭의 반등이 이어진 모습을 보여준다. 〈그림 11-27〉의 확실한 이중 천장과는 대조적으로, 이 차트에서 나타난 1993년 7~9월의 이중 천장은 약간 도드라진 굴곡 정도로밖에 보이지 않을 것이다. 1994년 5월과 7월에 큰 폭으로 일어난 가격 상승이 상대적으로 이전의 가격 변동을 좁은 박스권 안에서의 고만고만한 가격 움직임으로 보이게 한 측면이 있다.

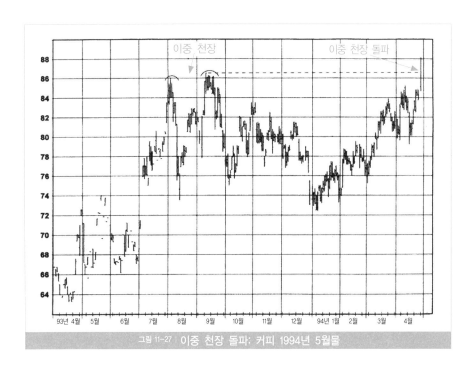

그림 11-27 | 이중 천장 돌파: 커피 1994년 5월물

이중 천장과 이중 바닥의 돌파는 유용한 매매 신호이기는 하나, 이러한 현상은 비교적 드물게 나타난다. 이보다는 머리어깨형과 관련한 잘못된 신호가 훨씬 더 흔하게 나타나며 가끔 꽤 유용한 투자 지표의 역할을 한다. 잘못된 머리어깨형의 확정 조건을 결정하는 것은 주관적 선택의 영역이다. 다만 나는 가장 최근의 어깨를 넘는 수준으로까지 가격 되돌림이 일어났느냐를 잘못된 신호의 확정 기준으로 삼는다. 예를 들어 〈그림 11-29〉를 보면 1996년 1월에 가격이 반등하면서 1995년 11월에 형성된 어깨를 돌파했다. 이를 기준으로 머리어깨형이 잘못된 신호라고 확정하는 것이다.

〈그림 11-30〉은 잘못된 머리어깨 바닥형을 보여준다. 머리어깨 천장형의 경우와 마찬가지로 최근의 어깨를 하향 돌파하는 것을 잘못된 신호의 확정 기준으로 삼았다. 잘못된 신호 확정 이후 처음에는 가격이 반등했으나 결국에는 급격한 하락세가 이어졌다.

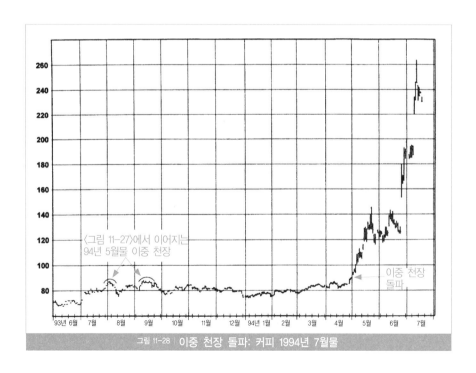

그림 11-28 | 이중 천장 돌파: 커피 1994년 7월물

머리어깨 천장형

잘못된 머리
어깨 천장형
확정

목선

머리여깨
천장형 확정

그림 11-29 | 잘못된 머리어깨 천장형: IBM

이 사례에서 보는 바와 같이 머리어깨형이 잘못된 신호였음이 확정됐어도, 투자자는 이를 기준으로 포지션을 개시하기 전 가격 되돌림을 이용하여 이득을 볼 수 있다. 그러나 이 전략은, 만약 되돌림이 없거나 있더라도 소폭에 그치는 경우에는 큰 수익을 놓치는 결과를 초래할 수 있다.

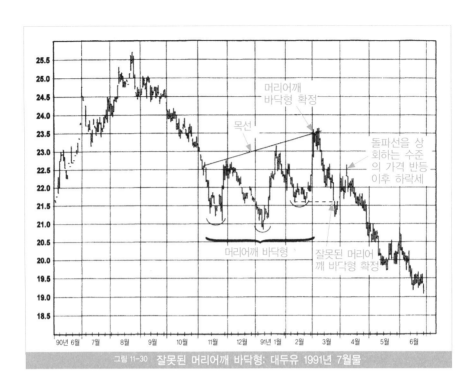

머리어깨
바닥형 확정

목선

돌파선을 상
회하는 수준
의 가격 반등
이후 하락세

머리어깨 바닥형

잘못된 머리어
깨 바닥형 확정

그림 11-30 | 잘못된 머리어깨 바닥형: 대두유 1991년 7월물

둥근 패턴의 돌파

제5장 '차트 패턴'에서 설명한 바와 같이 둥근 패턴(대접형)은 꽤 신뢰할 만한 매매 신호다. 이러한 의미에서 둥근 패턴의 돌파는 이 패턴이 잘못된 신호임을 나타내는 것으로 볼 수 있다. 예를 들어 〈그림 11-31〉에서처럼 둥근 천장형의 돌파는 강세장을 예고하는 신호다.

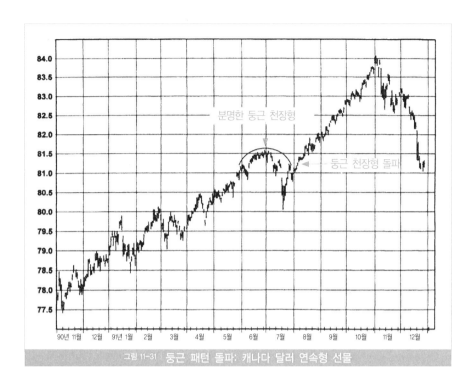

분명한 둥근 천장형

둥근 천장형 돌파

그림 11-31 | 둥근 패턴 돌파: 캐나다 달러 연속형 선물

잘못된 신호의 신뢰성

특정 지표의 대중성과 유용성 간에는 반비례 관계가 존재한다. 예를 들어 기술적 분석을 하는 투자자가 별로 많지 않았던 1980년대 이전에는 차트상의 돌파(박스권을 상회 혹은 하회하는 가격 움직임)가 꽤 정확한 매매 신호로 작용했었다. 더불어 이때는 잘못된 신호도 그렇게 많이 발생하지 않았다.

그러나 기술적 분석 기법이 대중화하고 돌파 신호가 보편적으로 사용되면서 이 기법의 유용성은 떨어지는 모양새를 나타냈다. 실제로 지금은 돌파 이후 가격 반전이 일어나는 것이 예외가 아닌 거의 규칙처럼 돼버렸다.

앞서 언급했듯이 나는 잘못된 신호가 전통적 차트 패턴보다 훨씬 신뢰도가 높다고 생각한다. 1984년에 썼던 책《선물 시장 안내서A Complete Guide to the Futures Markets》에 이미 소개했다시피 잘못된 신호 개념은 새로운 것이 아니기는 하나 다른 곳에서 언급된 것을 보지 못했다. 다만 잘못된 신호 개념도 널리 사용되면서 대중화돼버리면 장기적인 유용성은 낮아질 수 있다.

마지막으로, 잘못된 신호 개념은 전통적 차트 분석의 맥락에서 논해야 한다는 점을 강조하고 싶다. 미래에는, 특히 먼 미래에는 현재 대중화된 차트 해석법이 당연히 변할 것이다. 요컨대 현재 통용되는 차트 해석법이 영원히 변하지 않으리라 기대하지 말라. 그러나 잘못된 신호 개념은 전통적인 관점에서 해석하게 되면 훨씬 더 역동적인 개념이 될 수 있다. 다시 말해 앞으로 등장할 새로운 차트 패턴이 또 대중화되면(오늘날의 돌파 개념처럼 널리 사용되면) 그 패턴의 '잘못된' 신호가 패턴 자체보다 더 중요해질 수 있다. 따라서 잘못된 신호 개념의 가치는 영원하다고 할 수 있다.

결론

초보 투자자는 잘못된 신호를 무시하고 앞으로 나아지리라는 헛된 희망 속에 큰 손실이 나는데도 기존 포지션을 그대로 유지하는 경향이 있다. 다소 경험이 있는 투자자는 자산 관리의 중요성을 배웠기에 손실 투자였음이 분명하다고 판단되는 순간 곧바로 포지션을 청산한다.

그러나 진정한 투자 고수는 시장 움직임에서 오류를 감지하면 손실 포지션을 전환해버린다. 요컨대 잘못된 신호를 제대로 활용하는 데는 상당한 훈련과 경험이 필요하다. 그리고 이러한 융통성이야말로 차트 분석을 효과적으로 사용하는 데 필수적이다.

투자자의 적은 항상 자신 안에 존재한다. 희망과 두려움은
피할 수 없는 인간의 본성이다. 투자자들은 시장이 자신에게 불리한
방향으로 움직이면 이런 날은 오늘이 마지막이라 생각하고 내일부터는
달라지기를 '희망'한다. 다들 크든 작든 성공하고픈 헛된 희망을
품지 않았다면 아마 더 큰 손실이 나는 것은 피할 수 있었을 것이다.
이와는 달리 시장이 자신에게 유리한 방향으로 움직이면 다음 날 수익이
사라질지도 모른다는 두려움 때문에 곧바로 시장에서 나와버린다.
이러한 두려움이 더 많은 수익을 내는 것을 방해한다.
자신에게 유리한 장세에서 수익을 더 많이 낼 수 있는데도
두려움 때문에 시장을 박차고 나오는 것이다.
투자자로서 성공하려면 마음속에 깊이 뿌리박힌 이 두 가지 본능과
싸워야 한다. 이 본능적 충동이 반대로 작용해야 한다. 즉 헛된 희망이
생길 때 오히려 두려워해야 하고, 두려울 때 오히려 희망을 품어야 한다.
현재의 손실이 더 큰 손실로 이어지지 않을까 두려워해야 하고,
현재의 이익보다 더 큰 이익을 낼 수 있다는 희망을 품어야 한다.

– 에드윈 르페브르

제12장

실전 차트 분석

사후에 차트를 분석하기는 쉽다. 실시간으로 차트를 분석하고 그 결과에 따라 실제 투자 결정이 이루어지는 것은 사후 분석과는 엄연히 다르다. 이번 장에 제시한 차트 사례는 내가 푸르덴셜 증권Prudential Securities에서 선물 부문 리서치 팀장으로 있을 때 제출한 투자 지침을 바탕으로 한 것이다. 투자가 끝난 다음에는 각 투자에서 얻은 교훈과 함께 진입 및 청산 시점에 대한 이유를 기록했다. 균형적 시각에서 판단하고자 수익 투자와 손실 투자를 모두 포함했다. 항상 느끼는 점인데, 잘한 것보다 잘못한 것을 분석하는 일이 중요할 때가 더 많다.

이번 장의 내용을 효과적으로 활용하는 법

1. 순서를 뒤죽박죽해서 읽지 마라. 이 장을 읽기 전 반드시 제1부부터 차례대로 먼저 읽기 바란다.

2. 효과를 극대화하려면 이 장에서 읽은 내용을 직접 실천하는 것이 좋다. 우선 여기 소개된 차트 가운데 홀수(오른쪽) 페이지(그림 번호에 'a'가 붙은 차트가 제시된 페이지)에 있는 차트를 복사해 사용할 것을 권한다.

3. 각 투자 사례마다 포지션 진입 이유를 기록했다. 자신이 같은 차트를 보고 이와 똑같이 해석하는지 살펴보라. 같은 패턴을 이용하는 기술적 분석가라도 해석은 제각각일 수 있다. 같은 패턴을 보고 이를 이중 천장이라고 해석하는 분석가가 있는가 하면, 박스권 형성으로 이해하는 분석가도 있다. 요컨대 사후 평가가 그래서 필요하다. 실전 투자에서 대다수가 손실을 냈다는 점을 기억하라.

4. 여기에는 내가 가장 많이 사용하고 또 가장 비중 있게 다루는 분석 도구와 차트 패턴이 등장한다. 그렇다고 해서 이러한 방법이 가장 중요하다거나 가장 정확하다는 의미는 절대 아니다. 다시 말하지만, 차트 분석은 매우 주관적인 영역이다.

이 책에서 설명한 기법 가운데 앞으로 소개할 사례에 적용하지 않은 것도 꽤 많다. 독자 중에는 여기서 적용하지 않은 분석 도구가 보충적 자료로서 혹은 대안적 방법으로서 유용하리라 생각하는 사람도 있을 수 있다. 내가 편하게 생각하는 기법과 독자 개개인이 가장 적합하다고 생각하는 기법에는 큰 차이가 있을 수 있다. 요컨대 차트 분석 기법을 사용하는 사람은 각자 자신에게 적합한 기술적 분석 도구를 선택하고 자신만의 분석 스타일을 만들어나가야 한다.

5. 홀수(오른쪽) 페이지에 있는 차트를 보고 자신이 선호하는 방식에 따라 분

석하라. 그리고 자신만의 독자적 전략을 상세히 적어라. 차트를 복사했다면 복사본에 자신의 생각과 분석 내용을 적어두라. 그런 다음, 다음 페이지로 넘어가 자신의 분석이(그리고 내 분석이) 실전에서 어떤 결과로 나타났는지 살펴보라. 짝수 페이지에는 매매 포지션 청산의 이유 그리고 해당 투자와 관련한 평가 내용이 담겨 있다.

이 장의 내용을 수동적으로 읽지 말고 이러한 지침을 성실히 따라주기 바란다. 그러면 최대의 학습 효과를 거둘 것이다.

실전 차트 분석

다음 페이지에 있는 차트로 분석을 시작하라. 그리고 자신의 전략을 상세히 기록한 후 책장을 넘겨 다음 페이지를 살펴보라.

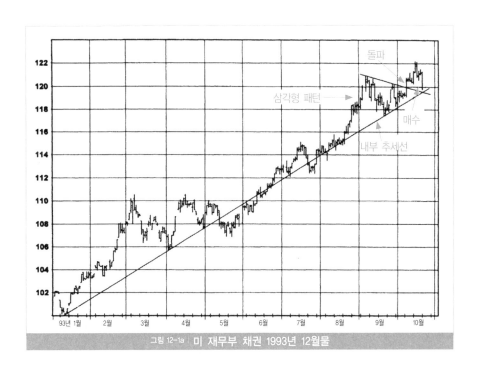

그림 12-1a | 미 재무부 채권 1993년 12월물

투자 결정 이유

1. 삼각형 패턴에서 상향 돌파가 일어난 것은 상승장이 지속된다는 의미다.

2. 내부 추세선과 삼각형의 상단선이 만나는 주요 지지선 부근까지 가격 되돌림 현상이 나타났다.

이 분석에 동의하는가?

페이지를 넘기기 전 이 상황을 평가해보라.

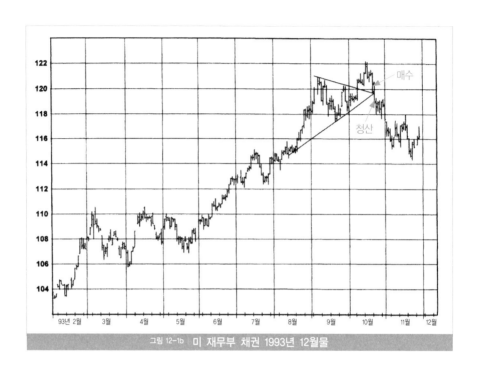

그림 12-1b | 미 재무부 채권 1993년 12월물

매매 청산

삼각형 하단선이 하향 돌파되면서 처음의 매매 신호가 무효화됐다.

평가

투자의 주요 전제가 무너지면 항상 매매 청산이 이뤄져야 한다. 이번 투자의 경우 가격이 삼각형의 상단선 위나 그 부근에 있어야 했다. 가격이 삼각형의 하단선을 돌파하면 이전의 돌파 신호는 문제가 있는 것이다. 투자의 전제를 깨뜨린 첫 신호에서 청산을 한 것이 그나마 손실 규모를 줄여주었다. 〈그림 12-1b〉에서 확인할 수 있듯이 청산을 조금만 미뤘어도 큰 손실로 이어졌을 것이다.

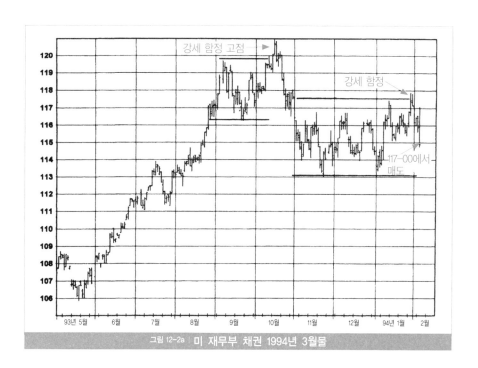

그림 12-2a | 미 재무부 채권 1994년 3월물

투자 결정 이유

1. 장기간의 가격 상승 후 고점을 기록한 10월의 강세 함정은 주요 천장이 형성됐다는 의미다. 여기서 가격은 이전 상승분 대비 소폭 하락한 정도였으며, 따라서 앞으로 큰 폭의 가격 하락이 예상된다.

2. 11월과 1월 사이의 박스권에서 1월 말에 일어난 상향 돌파는 이후 박스권의 중간까지 밀렸으며, 이는 또 한 차례의 강세 함정을 예고한다.

투자 의견은 117-00까지 가격이 반등했을 때 매도하라고 권고한다.

이 분석에 동의하는가?

페이지를 넘기기 전 이 상황을 평가해보자.

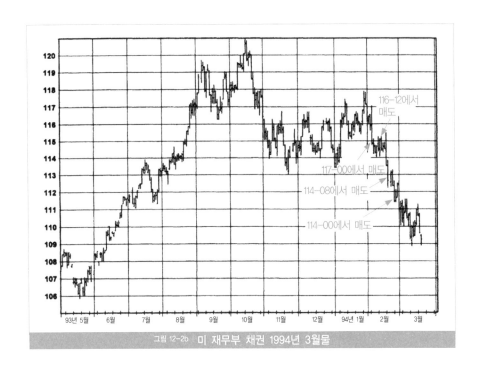

그림 12-2b | 미 재무부 채권 1994년 3월물

평가

차트에서 보는 바와 같이 시장은 매도 지점으로 권고했던 117-00까지의 반등에 실패했다. 이후 매도 지점은 세 차례에 걸쳐 급격히 하향 조정됐으나 매번 조정된 매도 지점에 도달하지 못했다. 결과적으로 처음에 예상했던 방향으로 가격이 급격하게 움직이는 것을 보면서도 매매 기회를 완전히 놓쳐버린 셈이 됐다.

이 사례는 최적의 진입 시점을 기다리느라 정작 매매 포지션을 잡지 못한 상황을 보여준다. 이처럼 너무 신중하게 접근하면 수익 투자 기회를 놓칠 수 있다. 때로는 의도했던 전략을 이행하기보다는 시장의 흐름에 따라 투자 기회를 잡아야 한다. 잠재적으로 큰 수익을 기대할 수 있는 장기 투자에서는 더욱 그러하다. 이번 투자에 실패한 것은 박스권을 염두에 둔 지정가 주문 방식을 선택했기

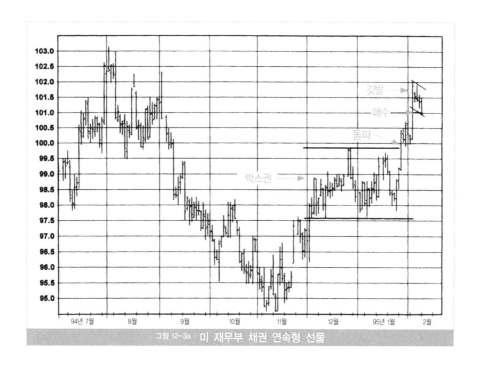

깃발
매수
돌파
박스권

그림 12-3a | 미 재무부 채권 연속형 선물

때문이 아니라, 가격 반등이 일어나지 않을 것으로 판단한 후에도 시장 진입 조 선을 변경하지 않았기 때문이다.

투자 결정 이유

1. 박스권에서 상향 돌파 지속
2. 박스권 위에서 깃발 패턴 형성

이 분석에 동의하는가?
페이지를 넘기기 전 이 상황을 평가해보자.

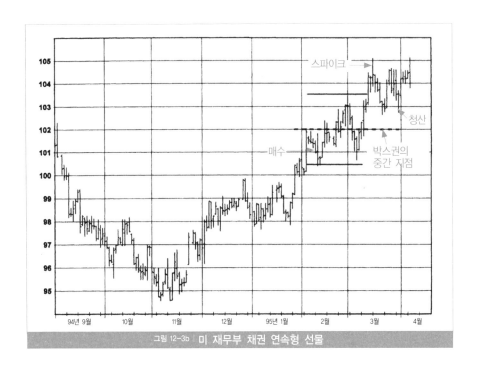

그림 12-3b | 미 재무부 채권 연속형 선물

매매 청산

이전에 형성된 스파이크 고점이 2주간 유지된 상황을 보고 천장이 형성됐다고 판단해 방어적 손절 지점에서 매매 포지션을 청산했다.

평가

이후 시장이 계속해서 상승했으므로 결과적으로 청산을 너무 빨리 한 셈이었다. 스파이크 고점이 청산의 근거가 된다 하더라도 어느 지점에서 청산을 하는지가 중요하다(이 경우에는 이전 박스권의 '중간 지점') 여기서의 교훈은 청산이 의미 있는 수준보다 빠를수록 좋은 투자를 성급히 중지하는 결과를 초래한다는 것이다.

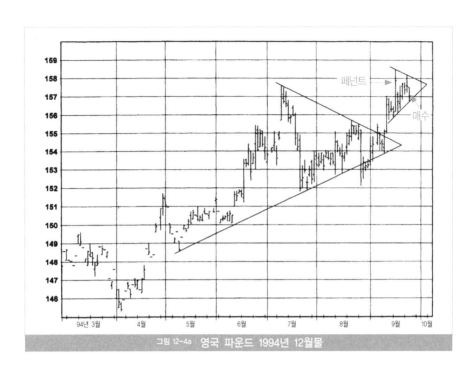

그림 12-4a | 영국 파운드 1994년 12월물

투자 결정 이유

1. 삼각형 패턴 상단에서 상향 돌파 유지

2. 가격 상승 이후 페넌트 패턴 형성

이 분석에 동의하는가?

페이지를 넘기기 전 이 상황을 평가해보자.

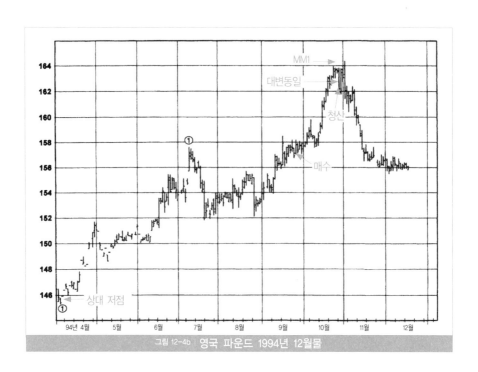

그림 12-4b 영국 파운드 1994년 12월물

매매 청산

주요 가격 목표치(MM1)가 대략 달성된 후 하락 대변동일에 청산했다.

평가

처음에는 삼각형 패턴(〈그림 12-4a〉 참고)에서 궁극적인 상향 돌파가 일어나리라 기대하며 이 패턴 내에서 지정가 주문을 사용해 매수 포지션을 취했었다. 그런데 매수 지점에 도달하지 못했고 결국 시장가에 매수 포지션을 취했다. 결과적으로 이 매매에서 취할 수 있는 잔존 수익을 실현하는 데 도움이 됐다.

이 사례가 주는 교훈은, 애초에 지정한 진입 가격에 도달하지 못해도 시장이 예상했던 방향으로 움직인다면 실기했다고 지레 포기하지 말고 다소 아쉬운 가격 조건에라도 시장에 진입하는 것이 낫다는 사실이다. 또한 가격 목표치

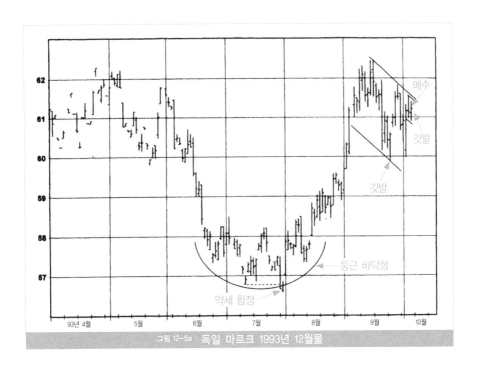

그림 12-5a | **독일 마르크 1993년 12월물**

(MM)를 청산 지표로 사용하면 커다란 이익을 확보하는 데 도움이 된다는 사실도 알 수 있다.

투자 결정 이유

1. 둥근 패턴과 약세 함정 저점 둘 다 주요 바닥을 예고한다.
2. 좁은 깃발과 넓은 깃발 둘 다 상향 돌파의 가능성을 예고한다.

이 분석에 동의하는가?

페이지를 넘기기 전 이 상황을 평가해보자.

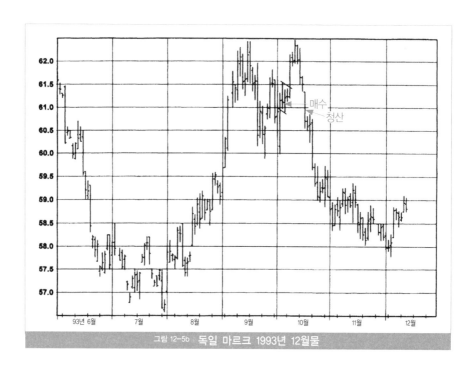

그림 12-5b 독일 마르크 1993년 12월물

처음에는 상향 돌파가 있었는데 그 이후로 움직임이 이어지지 않았고 이전에 형성된 깃발 패턴의 중간 지점 아래까지 가격 되돌림이 나타났으므로 이를 가격 하락의 조짐으로 판단해 매수 포지션을 청산했다.

평가

기술적 분석의 오류를 암시하는 첫 번째 신호가 나타났을 때 포지션을 청산해 투자 손실을 최소화할 수 있었다.

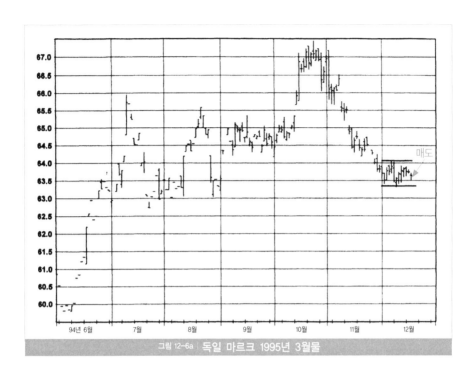

그림 12-6a | **독일 마르크 1995년 3월물**

투자 결정 이유

급격한 가격 하락 이후 폭이 좁은 박스권이 형성된 것은 하락 추세가 계속
될 수 있음을 나타내는 징조다.

이 분석에 동의하는가?

페이지를 넘기기 전 이 상황을 평가해보자.

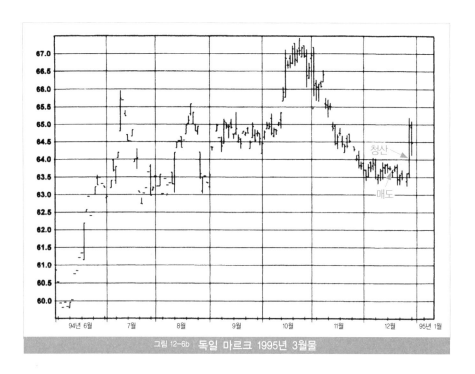

그림 12-6b | 독일 마르크 1995년 3월물

매매 청산

박스권에서 예상과 다른 방향으로 돌파가 일어난 것은 이번 투자 결정의 기본 전제에 어긋나는 움직임이므로 참여 이유가 사라졌다.

평가

투자 전제에 반하는 첫 번째 신호 때 청산을 한 것이 손실을 최소화하는 데 도움이 됐다.

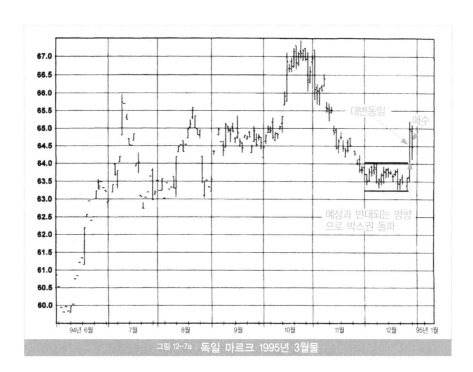

그림 12-7a | 독일 마르크 1995년 3월물

투자 결정 이유

1. 예상과 반대되는 방향으로 좁은 박스권이 돌파된 것은 상승 반전을 예고

하는 신호다(이전 매매 청산 이유도 동일함. 〈그림 12-6b〉 참고).

2. 상대 저점 부근에서 형성된 대변동일은 추세 반전의 초기 신호일 수 있다.

이 분석에 동의하는가?

페이지를 넘기기 전 이 상황을 평가해보자.

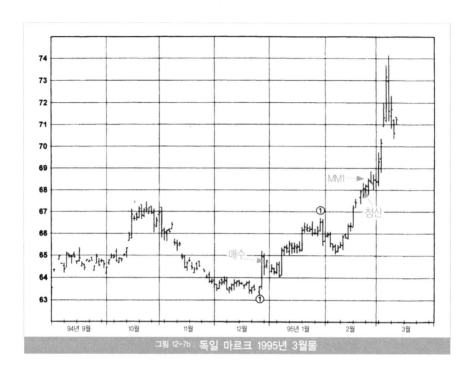

그림 12-7b | 독일 마르크 1995년 3월물

매매 청산

가격 목표치에 근접했을 때 포지션을 청산했다.

평가

이 사례는 시장 조건이 바뀌면 투자 전략을 신속히 변경하는 것이 바람직하다는 사실을 보여준다. 이 투자에서 나는 매수 포지션을 취하기 이틀 전 하락 추세를 예상하고 매도 포지션을 취했었다(〈그림 12-6b〉 참고). 그러나 상황이 바뀌었고 곧 매수 포지션을 취했다. 과거의 경험이 없었다면 이렇게 현명한 결정을 내리지 못했을 것이다.

한편 목표치에 근접했다는 이유로 수익 매매 포지션을 청산한 것은 계속된 가격 상승에서 얻을 수 있는 이득을 놓치는 악수였다. 목표치에 근접한 수준에

256

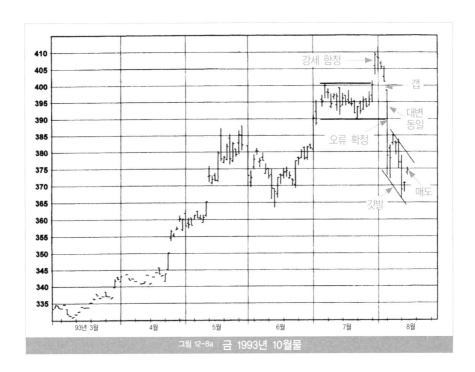

그림 12-8a | 금 1993년 10월물

서 청산하는 것이 옳은 결정일 때도 있지만(〈그림 12-4b〉 참고), 이번 투자 사례에서처럼 포지션을 계속 유지하는 것이 옳은 판단일 때도 있다.

투자 결정 이유

1. 강세 함정 천장 확정

2. 하향 갭 유지

3. 하락 대변동일 발생

4. 하락세 이후 형성된 깃발 패턴

이 분석에 동의하는가?

페이지를 넘기기 전 이 상황을 평가해보자.

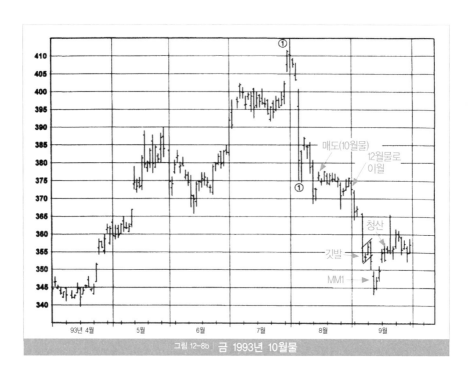

그림 12-8b | 금 1993년 10월물

매매 청산

1. 가격 목표치(MM1)에 도달했을 때 그 부근에서 포지션을 청산했다.

2. 깃발 패턴의 상단선 부근까지 가격 반등이 이루어진 것은 추세 반전의 첫
번째 신호였다.

평가

강세 함정의 확정은 주요 천장을 확인하는 가장 신뢰할 만한 차트 신호 가
운데 하나다. 또한 여기서는 가격 목표치(MM1) 도달을 청산 신호로 사용했다.
그러나 가격 목표치에 도달해도 현 가격 움직임이 계속 유지된다면 추가 수익
실현의 기회는 여전히 남아 있다(물론 이번 사례는 여기에 해당하지 않음).

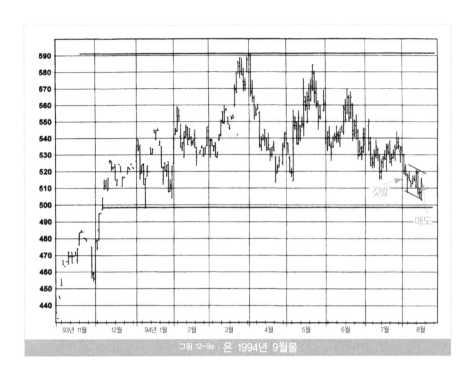

그림 12-9a | 은 1994년 9월물

폭이 넓은 장기 박스권의 하단선 부근에서 형성된 깃발 패턴은 매우 강력한 매도 신호다.

이 분석에 동의하는가?

페이지를 넘기기 전 이 상황을 평가해보자.

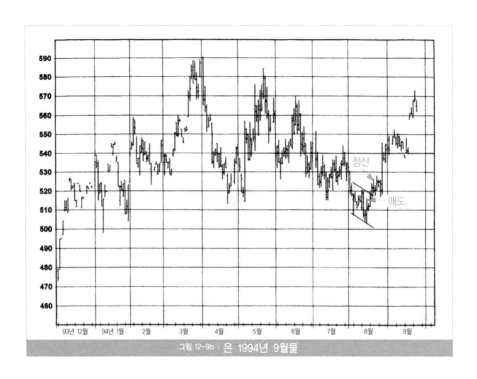

그림 12-9b | 은 1994년 9월물

매매 청산

예상과는 반대로 깃발 패턴에서 상향 돌파가 일어났다. 이는 투자 결정의 전제에 어긋나는 가격 흐름이었다.

평가

차트 패턴은 50% 이상 적중할 필요도 없으며, 심지어 50%일 필요도 없다. 예를 들어 이번 투자의 바탕이 된 패턴, 즉 박스권의 하단선 부근에서 형성된 깃발이 옳은 것으로 판명되면 투자자는 하락 추세에서 이득을 취할 수 있다. 반면 이 패턴이 잘못된 신호일 때는 그에 대한 증거('깃발 패턴의 상향 돌파')가 신속하게 제공된다. 다시 말해 이러한 패턴으로 투자하는 경우 손실 투자에서의 평균 손실보다 수익 투자에서의 평균 이익이 훨씬 높아진다. 결과적으로 패턴은 이익보

260

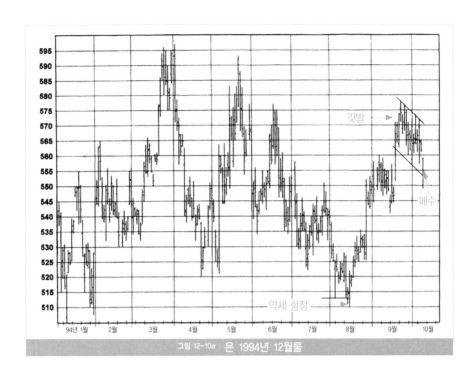

그림 12-10a 은 1994년 12월물

다 손실을 초래한다고 할지라도 유용한 도구가 될 수 있다. 중요한 것은 투자에 성공한 비율이 아니라 투자당 기대되는 평균 이익expected gain per trade(투자당 평균 기대 이익은 '수익 투자 비율과 수익 투자당 평균 수익'을 곱한 값에서 '손실 투자 비율과 손실 투자당 평균 손실'을 곱합 값을 빼서 구함)이다.

투자 결정 이유

1. 약세 함정의 지속은 주요 바닥이 형성됐다는 신호다.
2. 상승 추세에서 형성된 깃발 패턴은 이후 가격 상승세를 암시한다.
3. 광폭 깃발 패턴의 하단선인 지지선 부근에서 매수 포지션을 취했다.

이 분석에 동의하는가? 페이지를 넘기기 전 이 상황을 평가해보자.

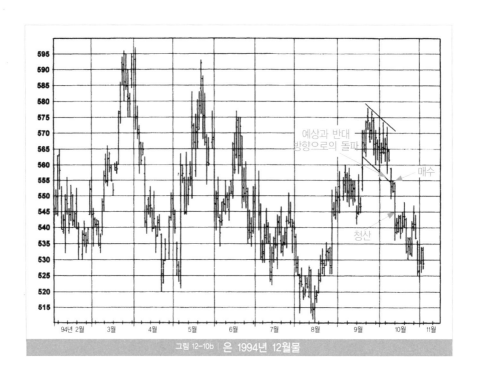

그림 12-10b | 은 1994년 12월물

예상과 정반대 방향으로 깃발 패턴의 하향 돌파가 나타났다는 것은 투자 결정의 전제가 잘못됐음을 나타내는 강력한 증거였다.

평가

시장이 예상했던 방향으로 움직이지 않는다면 과감하게 포지션을 청산하라! 이번 투자의 손실은 비교적 작은 규모(500달러)였다. 독자 여러분 중에는 예상과 반대 방향으로 돌파가 일어났을 때 돌파 지점에 더 가까운 지점에서 포지션을 청산했으면 손실 규모가 줄어들지 않았을까 생각하는 사람도 있을 것이다. 그러나 이는 그리 좋은 방법이 아니다. 예를 들어 깃발 패턴의 경우 시간이 경과하면서 깃발의 모양이 변할 수 있고, 또 단지 하루의 스파이크일 뿐이어서 패턴이 무너

262

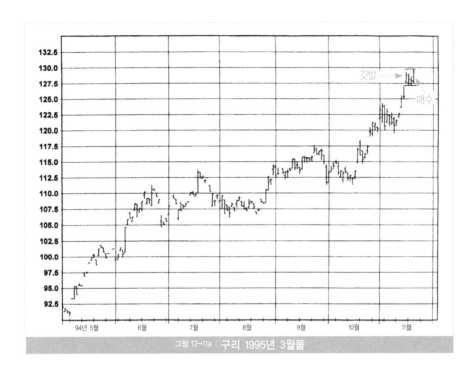

그림 12-11a | 구리 1995년 3월물

졌다가 다시 복원되는 일도 있다. 따라서 돌파 지점에 너무 근접한 곳에서 청산을 실행하면, 깃발 패턴이 유지되고 또 투자 결정 이유가 맞아떨어질 때도 포지션을 청산하는 결과를 초래할 수 있다.

투자 결정 이유

일반적으로 신고점 구간에서 형성된 깃발 패턴은 최소한 단기적 가격 상승을 예고한다.

이 분석에 동의하는가?

페이지를 넘기기 전 이 상황을 평가해보자.

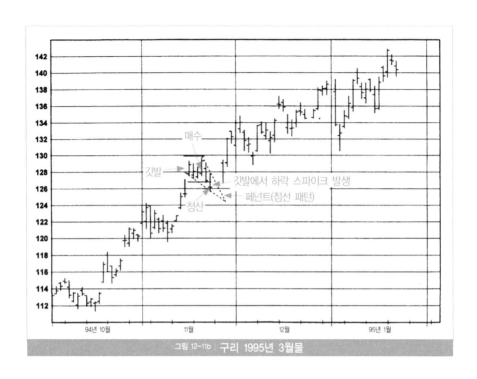

그림 12-11b | 구리 1995년 3월물

깃발 패턴에서 하향 돌파가 일어났을 때 포지션을 청산했다.

평가

결과적으로 투자 결정 이유는 옳았고 그대로 진행했으면 아마 큰 수익이 났을 것이다. 그러나 현실은 손실 투자로 끝나고 말았다. 이렇듯 실망스러운 결과는 청산을 너무 빨리했기 때문이다.

깃발이나 페넌트 패턴은 시간이 지나면서 형태가 바뀌는 일이 종종 있다. 앞서 말했듯 단지 하루의 스파이크 때문에 이러한 패턴이 무너지기도 한다. 그러므로 청산은 패턴의 경계선을 어느 정도 초과한 수준에서 하는 것이 바람직하다. 이번 사례에서는 애초의 깃발 패턴에서 하락 스파이크가 발생했거나 아니면

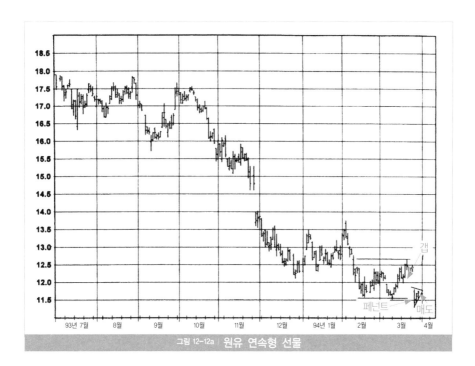

그림 12-12a | 원유 연속형 선물

패턴이 깃발에서 페넌트로 변화한 것일 수 있다.

투자 결정 이유

1. 박스권 하단선 부근에서 페넌트가 형성됐다는 것은 또 한 차례의 가격 하락을 예고하는 신호다.
2. 페넌트가 형성되기 직전에 광폭의 하향 갭이 발생했다.

이 분석에 동의하는가?
페이지를 넘기기 전 이 상황을 평가해보자.

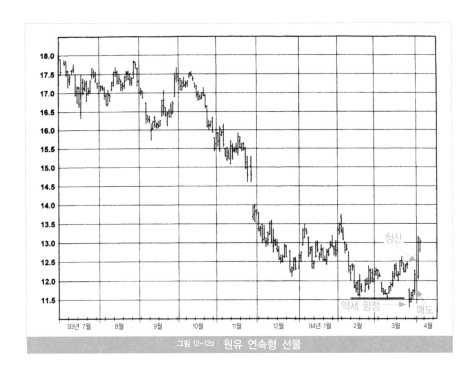

그림 12-12b | 원유 연속형 선물

매매 청산

박스권 상단선 부근까지 가격 반등이 일어났고 이는 페넌트의 저점이 약세 함정이라는 신호다.

평가

다음 투자 사례(〈그림 12-13a〉 〈그림 12-13b〉)를 참고하라.

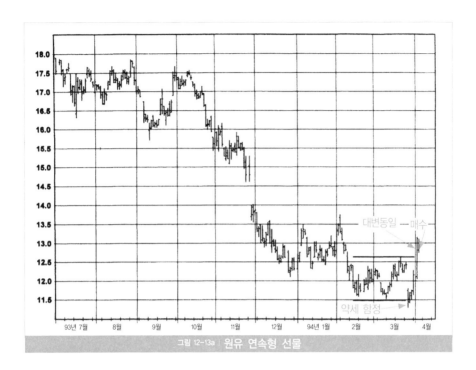

그림 12-13a | 원유 연속형 선물

투자 결정 이유

1. 약세 함정 저점

2. 장기 하락 추세의 저점 부근에서 형성된 상승 대변동일

이 차트가 익숙해 보인다면 앞 사례의 청산 조건이 충족된 지 하루 만에 투자가 재개됐기 때문이다.

이 분석에 동의하는가?

페이지를 넘기기 전 이 상황을 평가해보자.

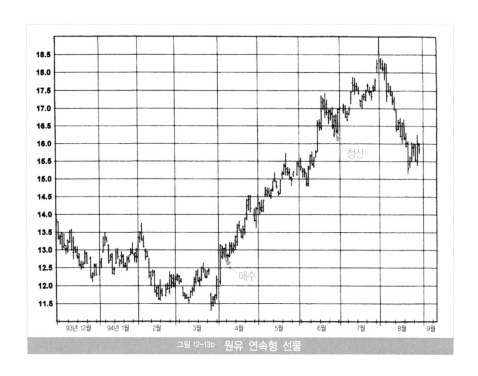

그림 12-13b | 원유 연속형 선물

매매 청산

추격역지정가 주문에 따라 포지션을 청산했다.

평가

이 투자는 직전 투자에서의 잘못된 신호에 바탕을 뒀다. 요컨대 투자 실패로 판단될 때 무조건 포지션을 청산하기보다는 포지션 전환이라는 역발상을 통해 투자를 이어가는 것이다. 이 경우 바닥에서 매도로 시작한 투자가 결국 대규모의 수익으로 이어졌다(〈그림 12-12a〉 참고). 결국 이 사례는 끊임없이 변화하는 시장에 적절히 대처하는 능력이야말로 매매 신호를 포착하는 기술보다 훨씬 중요하다는 사실을 보여준다(이번 투자는 다수 계약에 걸쳐 포지션이 이월됐기 때문에 연속형 선물 차트가 사용됐다).

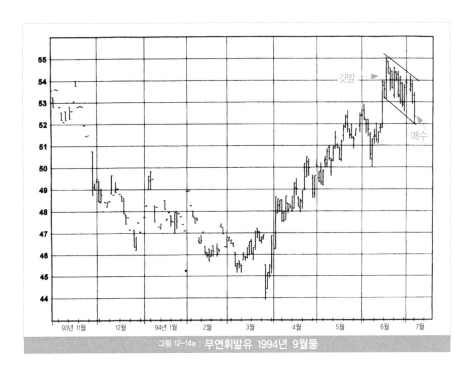

그림 12-14a | 무연휘발유 1994년 9월물

투자 결정 이유

상승 추세에서 깃발 패턴이 형성된 것은 또 한 번의 가격 상승을 예고하는 신호다.

이 분석에 동의하는가?

페이지를 넘기기 전 이 상황을 평가해보자.

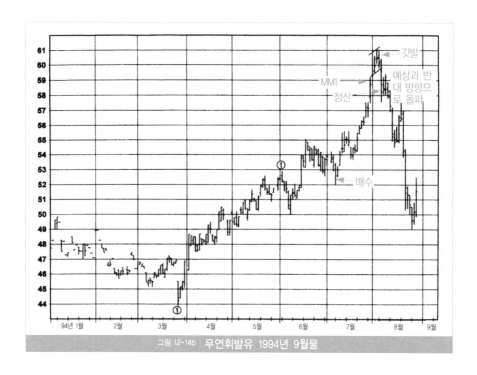

그림 12-14b | 무연휘발유 1994년 9월물

매매 청산

가격 목표치(MM1) 도달 후 형성된 깃발 패턴에서 예상과 반대 방향으로 돌
파가 이루어졌을 때 포지션을 청산했다.

평가

깃발 패턴에서 예상과 반대 방향의 돌파가 이뤄지면 주요 전환점 부근에서
포지션을 청산하라는(혹은 추세가 반전된다는) 신호일 수 있다. 주요 가격 목표치에
도달한 이후 그러한 잘못된 신호가 나올 때는 특히 그렇다.

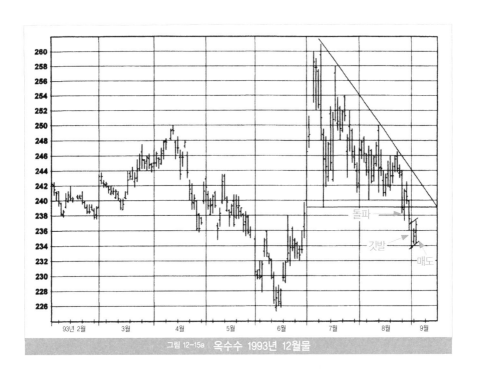

그림 12-15a | 옥수수 1993년 12월물

투자 결정 이유

1. 대형 하락 삼각형의 하향 돌파

2. 삼각형 하단에서 형성된 깃발은 하락 추세가 계속될 것임을 암시한다.

이 분석에 동의하는가?

페이지를 넘기기 전 이 상황을 평가해보자.

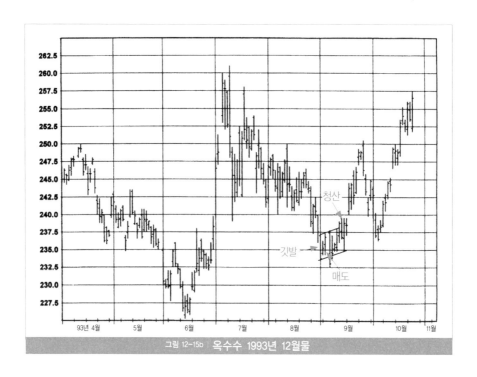

그림 12-15b | 옥수수 1993년 12월물

매매 청산

깃발 패턴에서 예상과 반대되는 방향으로 돌파가 이루어진 것은 상승 반전이 일어났다는 신호다.

평가

투자 결정 이유가 완전히 잘못됐더라도 투자의 전제를 깨뜨린 첫 번째 신호가 나타났을 때 포지션을 청산하면 손실을 최소화할 수 있다.

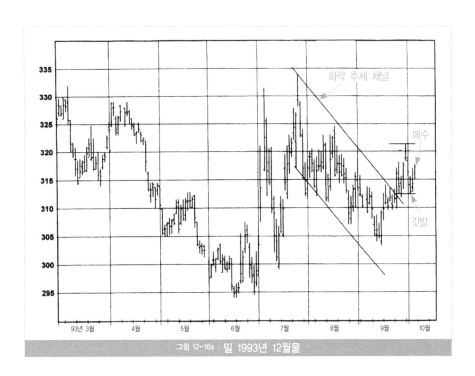

하락 추세 채널

매수

깃발

그림 12-16a | 밀 1993년 12월물

투자 결정 이유

하락 추세 채널 위에서 돌파가 이뤄진 후 깃발 패턴이 형성된 것은 지속적인 가격 상승의 가능성을 보여준다.

이 분석에 동의하는가?

페이지를 넘기기 전 이 상황을 평가해보자.

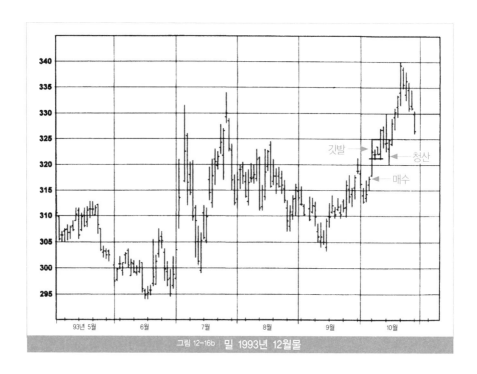

깃발 ──→

청산

매수 ──→

그림 12-16b | 밀 1993년 12월물

매매 청산

가장 최근에 형성된 깃발 패턴의 저점으로 가격 되돌림이 나타난 것은 단기적으로나마 잘못된 신호를 나타낸다.

평가

이 투자로 손실은 나지 않았다. 그러나 시장 실패의 첫 번째 신호가 나타난 지점에서 방어적 청산을 조기 실현하는 바람에, 큰 폭의 가격 변동에 따른 이익을 누리지 못했다. 시장의 실패를 알리는 첫 번째 신호에서 청산하는 것은 매우 시의 적절한 결정이 될 때도 있지만, 이 사례에서처럼 고수익을 내는 포지션을 너무 빨리 청산하는 결과를 초래하기도 한다. 어느 것이 좋은지에 대한 절대적인 답은 없다. 다만, 투자 후 첫 2주 동안 손익분기점 부근에서 청산하지 않는 것을 권한다.

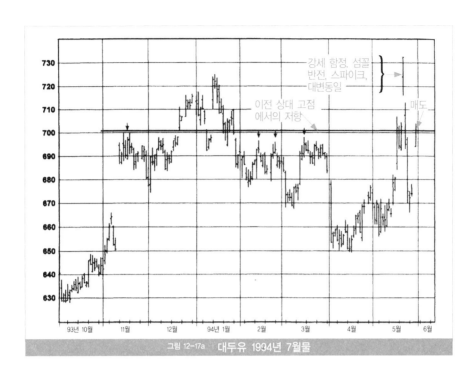

그림 12-17a | 대두유 1994년 7월물

투자 결정 이유

1. 이전 상대 고점이 밀집(하향 화살표로 표시)된 저항 구간까지 가격이 반등
했다.

2. 아래 요인을 기준으로 명백한 시장 천장을 확인했다.

    a. 강세 함정 b. 섬꼴 반전 c. 스파이크 d. 대변동일

위 네 가지 하락 패턴이 모두 단 하루 만에 발생했다(엄밀히 따지면 섬꼴 반전의
경우 전일과 후일이 포함된 것임).

이 분석에 동의하는가?

페이지를 넘기기 전 이 상황을 평가해보자.

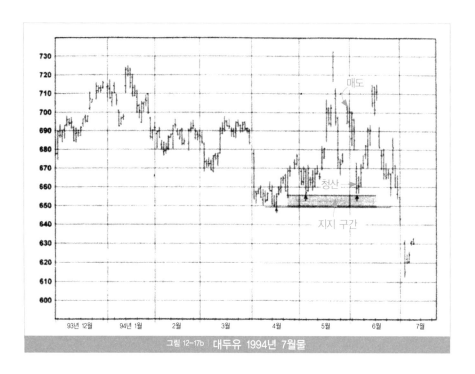

그림 12-17b | 대두유 1994년 7월물

매매 청산

이전 상대 저점이 밀집된(상향 화살표로 표시) 지지 구간까지 가격 되돌림이 일어났을 때 포지션을 청산했다.

평가

일반적으로 최소한의 반전 신호가 나타날 때까지는 포지션을 유지하는 것이 바람직하다. 그러나 아래 조건이 모두 충족되는 상황은 예외다.

1. 예상했던 방향으로 급격히 그리고 확고한 가격 움직임이 나타날 때
2. 주요 지지선(매수 포지션일 경우 주요 저항선)에 근접했을 때

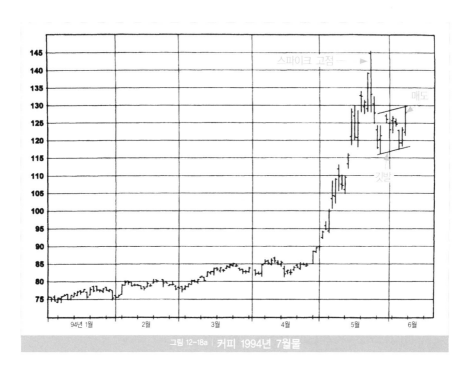

그림 12-18a | 커피 1994년 7월물

이러한 상황에서는 갑작스러운 가격 되돌림이 나타나기 쉽고, 애초의 추세가 계속되더라도 그러한 조정 흐름 때문에 전보다 훨씬 불리한 가격 조건(예: 방어적 청산)에 포지션을 청산해야 하는 상황이 벌어질 수 있다.

투자 결정 이유

1. 상승 추세가 이어진 후 형성된 스파이크 고점은 주요 천장을 예고한다.
2. 하락세 이후 형성된 깃발 패턴은 또 한 번의 가격 하락을 암시한다.

이 분석에 동의하는가?

페이지를 넘기기 전 이 상황을 평가해보자.

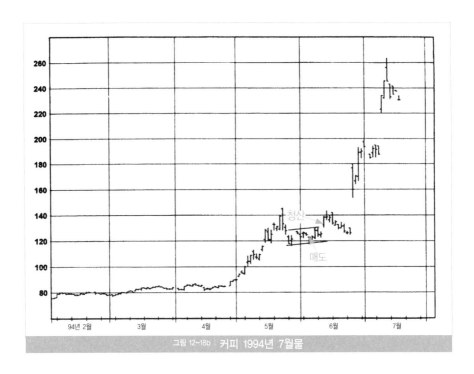

그림 12-18b | 커피 1994년 7월물

매매 청산

예상과 반대 방향으로 깃발 패턴이 상향 돌파된 것은 이 투자의 기본 전제에 어긋나는 움직임이었다.

평가

주요 천장으로 보였던 것이 그저 사소한 고점에 지나지 않을 때가 있다. 이 사례를 통해 청산 규칙을 기계적으로 적용하지 않는 투자자들이 매매 포지션을 오래 유지하는 경우가 드문 이유를 잘 알 수 있다.

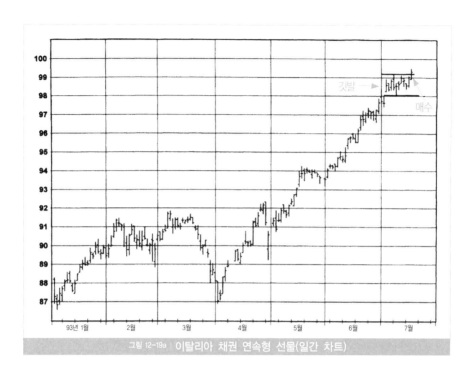

그림 12-19a | 이탈리아 채권 연속형 선물(일간 차트)

투자 결정 이유

상승장에서 형성된 깃발 패턴은 상승 추세가 계속될 것을 암시한다.

이 분석에 동의하는가?

페이지를 넘기기 전 이 상황을 평가해보자.

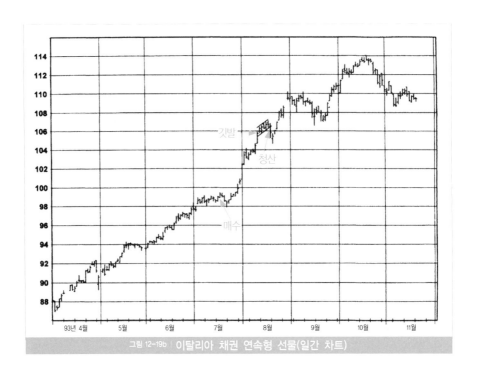

깃발

청산

매수

그림 12-19b | 이탈리아 채권 연속형 선물(일간 차트)

매매 청산

큰 폭의 가격 상승 후 깃발 패턴이 하향 돌파된 것은 최소한 일시적으로나마 가격 반전의 위험을 예고하는 신호일 수 있다(이탈리아 채권 선물 매매의 경우 전부 연속형 차트를 사용했다. 실질적으로 이 시장에서 이뤄지는 모든 매매는 만기가 가까운 최근월물 계약에 집중돼 있기 때문에 개별 계약 차트로는 분석에 요하는 시간이 충분치 않아 적절한 차트 분석 자체가 불가능하다).

평가

이번 투자는 아래의 두 가지 개념에 대한 좋은 예다.

1. 시장 가격이 이미 큰 폭으로 상승했다고 해서 매수하기에 너무 늦었다고

판단할 필요는 없다.

2. 시장 가격이 큰 폭으로 상승했더라도 적절한 패턴이 형성되기를 기다린다면 기술적 분석 차원에서 의미 있는 청산 지점을 선택하는 것이 가능하다 (이번 투자에서 최초의 청산 지점은 시장 진입 직전에 형성된 좁은 폭의 혼잡 국면 아래였다).

제3부

매매 시스템

제13장

차트 작성과 분석 소프트웨어

기술적 분석 발달의 일등 공신은 아마도 컴퓨터와 소프트웨어의 보급 및 확산이 아닐까 한다. 즉 컴퓨터와 관련 소프트웨어 덕분에 차트를 직접 작성하는 수고를 덜 수 있게 됐다. 가격 데이터를 올리고, 다양한 가격 차트(막대, P&F, 종가, 봉, 일간, 주간, 월간, 연간 차트 등)를 작성하고, 수많은 분석 도구 및 측정 지표를 적용하고, 투자 전략을 설계 및 검증하는 데 사용할 수 있는 소프트웨어 프로그램은 이제 얼마든지 있다. 이러한 프로그램은 꼼꼼한 스타일의 투자자와 기술적 분석가에게는 꼭 필요한 도구라 할 수 있다. 이번 장에서는 이러한 프로그램을 선택할 때 고려해야 할 사항들을 살펴볼 것이다.

특정한 기법 혹은 특정한 시장에 특화된 소프트웨어만도 수십 종은 되는데, 가령 엘리엇 파동 분석에 사용되는 소프트웨어가 있는가 하면 뮤추얼펀드 분석에만 사용되는 소프트웨어도 있다. 그러나 여기서는 특정 용도로 쓰이는 전문 소프트웨어보다는 좀 더 광범위하게 사용할 수 있는 일반적 소프트웨어, 즉 다양한 분석 도구들을 지원해주는, 각기 다른 유형의 데이터(주식, 선물, 뮤추얼펀드,

다양한 현물 데이터 그리고 경우에 따라서는 옵션 데이터까지)에 적용되는 이른바 범용 소프트웨어에 초점을 맞추고자 한다.

가격 데이터의 유형

기술적 분석 프로그램을 사용하려면 분석해야 할 가격 데이터가 당연히 있어야 한다. 투자자가 구사하려는 투자 전략 및 분석 방법에 따라 데이터의 유형이 결정된다. 또한 데이터의 유형은 투자자가 사용하는 프로그램에 영향을 줄 것이다(혹은 투자자가 분석 프로그램을 이미 선택한 경우라면 이 프로그램이 데이터 선택에 제한 요소로 작용할 수 있다).

다양한 형태의 가격 데이터를 제공하는 전문적인 공급자들도 아주 많다. 가장 중요한 데이터 유형 세 가지는 다음과 같다.

1. 과거(역사적) 데이터 | 과거 데이터historical price data는 3년, 10년, 20년 등 특정 기간에 해당하는 가격 데이터를 의미한다. 데이터 공급자들(주식 및 선물 거래소도 여기에 해당)은 주식, 선물, 지수, 뮤추얼펀드 등 다양한 시장을 대상으로, 각기 다른 기간대의 일일 데이터를 제공한다. 기간이 길수록 가격이 더 높아진다(다행히 요즘에는 가격이 꾸준히 하락하고 있다). 또한 소프트웨어 프로그램에는 과거 데이터베이스가 포함된 경우가 꽤 많다. 예를 들어 3년간의 일일 연속형 선물 가격 데이터나 20년간의 일일 주가 데이터를 디스크 혹은 시디롬CD-ROM에 담아서 제공하고 있다.

2. 마감 후 가격 데이터 | 마감 후 가격 데이터end-of-day price data는 매일의 고가와

저가, 종가 그리고 시가 등을 말하며, 대체로 시장이 마감된 후 두세 시간이면 입수할 수 있다. 이러한 데이터를 이용할 수 있으려면 해당 소프트웨어 프로그램에 가격 다운로드 기능(중급 이상의 패키지에서 가능)이 탑재돼 있어야 하고, 데이터 공급자와 전자 통신(다른 소통 수단을 이용할 수 있더라도 보통은 모뎀이나 인터넷을 통해서 한다)이 가능해야 한다. 투자자는 이를 통해 특정 시장이나 상품에 대한 가격 데이터베이스를 구축하거나, 기존의 데이터베이스에 이러한 가격 데이터를 추가할 수 있다. 마감 후 가격 데이터는 과거 데이터보다 비싸다. 자사의 마감 후 가격 데이터 서비스를 이용하는 사람에게 과거 데이터베이스를 함께 제공해주는 공급자도 있다. 이러한 서비스를 잘만 활용하면 일석이조의 효과를 누릴 수 있다.

3. 실시간(혹은 '틱') 가격 데이터 | 실시간 혹은 '틱' 가격 데이터real-time or tick price data는 매매가 이루어질 때마다 거의 실시간으로 전송되는(기술적 문제나 예외적인 시장 상황을 제외하면 몇 초 만에 전송) 가격 정보를 의미한다. 이는 가장 비싼 유형의 데이터이기도 하거니와, 매일 그것도 온종일 시장 상황을 지켜봐야 하는 상근직 전문 투자가를 제외하고는 그다지 필요가 없다. 게다가 이러한 데이터는 10분이나 15분 혹은 30분 정도 지난 후에는 훨씬 저렴한 가격으로 입수할 수 있다.

마감 후 가격 데이터는 인터넷을 통하거나 거래소에서 직접 구하면 훨씬 싼 가격에 혹은 무료로 입수할 수 있다. 그러나 전문 데이터 공급자를 이용하면 데이터상의 흠결(거래소에서 잘못 알린 혹은 잘못 전송한 데이터)이 있을 때 이를 수정해서 보내준다는 장점이 있다. 물론 투자자가 직접 가격 데이터를 입수할 수도 있지만, 그렇게 하면 잘못된 데이터를 걸러내는 일도 직접 해야 하고, 필요하다면 분석 프로그램에서 사용할 수 있는 형태로 데이터를 포맷하는 작업도 직접 해야한다. 이러한 작업은 시간도 많이 걸리고 매우 지루한데다가 컴퓨터가 익숙하지 않은 사람에게는 불가능한 일일 수 있다.

물론 데이터 공급자가 제공한 데이터라고 해서 다 완벽한 것은 아니다. 그러므로 투자자는 공급자가 제공한 데이터에서 누락된 게 있거나 납득하기 어려운 수치의 데이터 같은 오류가 없는지 항상 주의해서 살펴봐야 한다.

한편 특정한 분석 프로그램을 사용하면 이외의 다른 것을 선택하는 데 제약이 있다. 즉, 특정 프로그램은 특정 '브랜드'의 가격 데이터만을 받아들이기 때문에 다른 브랜드의 데이터는 사용하지 못할 수도 있다. 그러나 대다수 프로그램은 최소한 몇 개의 널리 보급된 데이터 브랜드를 사용할 수 있도록 설계돼 있다.[3]

소프트웨어 구입 시 고려 사항

소프트웨어를 구입하기 전 자신의 투자 목적과 컴퓨터 사용 능력을 반드시 고려해야 한다. 차트 작성 및 분석 소프트웨어의 가격은 수십 달러에서 수천 달러에 이른다. 특히 경험이 부족한 투자자는 별 필요도 없는데 고급 기능이 탑재된 고가의 소프트웨어를 구매할 위험이 있다. 더욱이 초급과 중·고급 소프트웨어를 모두 제공하는 공급자 대부분이 저렴한 가격에 고급 제품으로 업그레이드할 수 있는 기능을 제공한다.

---

3) 주의: 선물 투자자가 과거 데이터를 구입할 때는 개별 선물 계약 데이터, 근월물, 연속형 선물 등 자신에게 필요한 유형의 데이터인지를 확인해야 한다. 매매 시스템 검증 용도로는 연속형 선물 데이터를 사용하는 것이 가장 바람직하다(각 데이터 유형의 장단점에 관해서는 제2장에서 설명했다).

자신에게 가장 적합한 소프트웨어 제품을 선택하기 위해서는 다음의 사항을 고려할 필요가 있다.

기간/매매 스타일 | 초단기 매매 혹은 당일 매매(시간별, 30분, 10분 단위 차트를 사용)에 관심이 있는 투자자를 제외하고는 실시간 가격 데이터를 취급하는 소프트웨어는 별로 필요하지 않다. 사용하는 데이터의 유형이 소프트웨어의 가격에 가장 큰 영향을 미친다. 즉, 실시간 데이터를 처리하는 프로그램과 마감 후 데이터를 처리하는 프로그램 간의 가격 차이가 가장 크다. 그리고 앞서 언급했듯이 실시간 가격 데이터가 마감 후 가격 데이터나 과거 데이터보다 훨씬 비싸다.

분석의 목적 | 특정 소프트웨어를 사용하는 목적이 무엇인가? 단순히 '디지털 차트'를 이용하는 것이 목적인가? 다시 말해 과거의 추세를 살펴보고, 차트를 분석하고(추세선과 차트 패턴을 그림), 몇 가지 지표를 적용하는 등의 작업을 손쉽게 할 수 있다는 단순한 생각으로 디지털 차트를 활용하려는 것인가, 아니면 자신이 사용하는 지표와 투자 전략을 수립 및 검증하는 데 도움이 되는 프로그램이 필요한 것인가? 짐작하다시피 전자보다 후자를 목적으로 한 소프트웨어가 훨씬 비싸다. 다시 한 번 강조하지만, 사용하지 않는 기능에 돈을 들이는 것은 무의미하다.

컴퓨터 사용 능력 | 초급 및 중급 수준의 분석 프로그램은 대부분 매우 직관적이고 사용자 친화적이기 때문에 컴퓨터 전문가가 아니더라도 어렵지 않게 차트 작성과 분석 작업을 수행할 수 있다. 그러나 시스템 검증 기능이 있는 소프트웨어 프로그램은 좀 다르다. 대다수 프로그램은 컴퓨터에 익숙하

지 않은 사용자를 염두에 두고 만들어낸 간단한 프로그래밍 언어를 사용하지만(프로그램화된 기술적 분석 자료나 분석 시스템으로 보완), 검증해야 하는 투자 전략이 점점 더 복잡해지고, 또 고차원적 기능을 갖춘 프로그램으로 인한 전체 프로그램의 고급화가 진행되면서 사용자에게 이보다 훨씬 고난도의 사용 능력을 요하게 됐다. 그러다 보니 투자자가 기술적 분석 능력과 더불어 기본적 프로그래밍 능력까지 갖추지 못하는 한, 복잡한 고급 검증 시스템은 현실적인 사용 목적에 사용되는 도구라기보다는 그저 '그림의 떡'으로만 존재할 가능성이 없지 않다. 단순히 자신의 투자 전략을 검증하는 것이 목적이라면 이것저것 기능이 많은(그리고 분명히 가격도 훨씬 비싼) 프로그램은 실용적 가치가 별로 없다. 그러한 프로그램은 시장 분석을 더 어렵게 할 뿐이다. 분석 도구를 사용하는 목적은 분석 과정을 단순화하려는 것이지 복잡하게 하려는 것이 아니라는 점을 기억하기 바란다.

전문 용어의 차이점을 아는 것도 중요하다. '분석 프로그램'과 '매매 프로그램'은 엄연히 다른 것이다. 분석 프로그램은 투자자의 견해를 바탕으로 스스로 분석 작업을 수행하는 것이고, 매매 프로그램은 입력하는 가격 데이터에 맞춰 매수 및 매도 시점을 자동으로 알려주는 기계적 시스템이다.

매매 프로그램 중에는 분석 기능이 추가된 것도 있기 때문에 이 두 가지 프로그램을 혼동할 때가 종종 있다. 그러나 이러한 경우에도 자신은 어디까지나 매매 프로그램을 구매한 것이지 분석 프로그램을 구매한 것이 아니라는 점을 분명히 알아야 한다.

중급 수준의 기술적 분석 프로그램으로는 다음과 같은 작업을 수행할 수 있다.

1. 과거 가격 데이터 및 마감 후 가격 데이터(주식, 선물, 뮤추얼펀드, 옵션 등) 다운로드

2. 다양한 기간(일간, 주간, 월간) 단위별로 몇 가지 유형의 차트(막대, 종가, 봉, P&F) 작성

3. 차트 분석 실행 그리고 다양한 기술적 지표의 적용 및 조정. 예를 들어 단순평균, 가중평균, 지수평균 등을 선택적으로 적용할 수 있고 평균을 산출할 때 일수를 조정할 수 있다.

4. 검증 기능이 탑재된 프로그램이라면 실전 투자에서 나타난 다양한 신호의 유용성을 검증하거나 비교적 단순한 기술 지표 및 투자 전략을 설계하고 검증할 수 있다.

이러한 기능들로 이 책에서 소개한 기법 전부를 적용해보는 일이 가능하다. 초급 수준의 프로그램은 막대 차트 작성 기능 그리고 단순한 기술 지표와 몇몇 차트 분석 도구 등을 제공해주는 정도다.

좀 더 고급 프로그램을 사용하면 실시간 데이터를 사용할 수 있고 고급 통계 분석도 수행할 수 있으며, 기술적 분석 데이터와 기본적 분석 데이터를 모두 사용해 투자 포트폴리오에 대한 좀 더 정교한 투자 모형을 수립할 수 있다.

소프트웨어에 대한 정보원

분석 소프트웨어와 가격 데이터를 구매하려 할 때는 인터넷(투자 관련 웹사이트와 뉴스그룹 둘 다 가능), 그리고 〈미국개인투자자협회American Association of Individual Investors: AAII 저널〉, 〈주식 및 상품에 대한 기술적 분석Technical Analysis of Stocks & Commodities〉,

〈선물Futures〉, 〈상품 매매 소비자 보고서Commodity Traders Consumer Report: CTCR〉 등 업계 정기 간행물을 참고하면 된다. 이러한 간행물들은 소프트웨어 제품의 기본적인 사양뿐 아니라 분석 소프트웨어와 관련한 자료를 추가로 제공하기도 한다(예를 들어 AAII는 투자 소프트웨어 안내서를 매년 업데이트해 발행한다).

그러나 다양한 유형의 프로그램에 관해 배우거나 시험적으로 사용해보기 편한 곳은 역시 인터넷이다. 많은 소프트웨어 공급자들이 웹상에 다운로드가 가능한 시험용 프로그램을 제공하고 있다.

추세 추종 시스템에는 단 두 가지 유형밖에 없다.
빠른 시스템과 느린 시스템이 바로 그것이다.

－짐 오커트(Jim Orcutt)

제14장

기술적 매매 시스템: 구조와 설계

매매 시스템에 관해

미리 알아두기 바란다. 실전 투자에서 최소한의 위험으로 매년 100% 이상의 승률을 꾸준히 올려주는 매매 시스템을 찾는다면 일찌감치 다른 곳을 알아보는 편이 나을 것이다. 나는 아직까지 그렇게 확실한 '머니 머신money machine: 돈 벌어주는 기계'을 찾아내지 못했다. 그리고 이는 이 책의 논점에서도 벗어난다.

솔직히 말해 100%, 200% 혹은 그 이상의 수익률을 장담하는 매매 시스템에 관한 서적이나 소프트웨어 광고를 접할 때마다 황당하다는 생각밖에 들지 않는다. 그렇게 가치 있는 대단한 정보를 왜 단돈 99달러에 팔까? 아니 99달러가 아니라 2,999달러에 판다 해도 이해가 가지 않기는 마찬가지다.

이번 장의 목적은 독자 개개인이 자신만의 독자적 매매 시스템을 설계하는 데 필수적인 기초 지식을 제공하는 데 있다. 이러한 목적에 따라 다음 사항에 초점을 맞출 것이다.

1. 기본적인 추세 추종 시스템의 개관

2. 이러한 시스템의 주요 약점

3. 기본적인 시스템을 좀 더 강력한 시스템으로 바꾸는 방법

4. 역추세 시스템

5. 다각화(다양화)를 통한 투자 성과 향상

이 항목들 가운데는 해당 투자와의 적합성이라는 맥락에서만 의미가 있는 것도 있다. 예를 들어 현재 주식을 보유하고 있는 투자자는 '매수 후 보유' 전략의 위험 대비 수익 체제를 향상시킬 목적과 함께 시장 진입 시점 및 매수 포지션 청산 시점과 관련한 시스템 설계에 초점을 맞춰야 할 것이다.

기계적 매매 시스템의 장점

가상 투자가 실전 투자보다 더 쉬운가? 이 두 가지 모두 동일한 의사 결정 과정을 거치는데도 대다수 투자자는 가상 투자가 더 쉽다고 대답한다. 이는 '감정'이라는 한 가지 요소로 설명할 수 있다. 즉, 감정적 요소 때문에 가상 투자와 실전 투자를 다르게 느끼는 것이다.

과도한 매매, 헛소문에 휘둘려 수익 포지션을 조기에 청산하기, 더 좋은 가격에 매매하려는 욕심 때문에 경솔하게 시장에 진입하기, 미련 때문에 손실 포지션을 계속 보유하기 등등 감정이 실전 투자에 부정적 영향을 미친 사례는 이루 다 열거하기 어려울 정도다.

기계적 매매 시스템의 가장 큰 장점은 매매 상황에서 이러한 감정적 요소를 배제시킴으로써 전술한 것과 같은 수많은 오류를 피할 수 있게 해준다는 점이

다. 더 나아가 계속해서 투자 결정을 해야 하는 부담감에서 벗어나게 함으로써 투자와 관련한 스트레스와 불안감도 크게 줄여준다.

기계적 매매 시스템의 또 다른 장점은 매매 접근법의 일관성이 보장된다는 점이다. 즉, 투자자는 시장 조건에 따라 시스템이 표시해주는 모든 신호를 따르기만 하면 된다. 수익을 낼 수 있는 투자 전략이라도 선택적으로 사용하게 되면 손실을 낼 수 있다는 점에서 매매 접근법의 일관성을 유지하는 것은 매우 중요하다 하겠다.

이 점에 관해 시황 안내서 작성자의 예를 들어 보겠다. 이 사람이 추천한 내용이 장기적으로는 수익(시황 안내서 작성자에게 지급한 수수료와 실패한 투자에서 발생한 손실분을 공제한 후의 순수익)을 낸다고 하자. 이 사람이 쓴 시황 안내서를 읽고 권고한 그대로 따라 하기만 하면 돈을 벌 수 있을까?

반드시 그렇지는 않다. 그대로 '따라 하는' 것만으로는 충분치 않으며 여기에 '꾸준히'라는 말이 하나 더 추가돼야 한다. 구체적으로 설명하자면 이렇다.

일부 구독자(시황 안내서 구독자)는 이 사람의 조언을 선별적으로 적용해 투자 결정을 내리는데, 유감스럽게도 번번이 큰 수익 투자 기회를 놓치곤 한다. 또 어떤 사람은 다른 사람이 이 조언대로 했다가 연달아 손실을 냈다는 말을 듣고는 더는 그 조언에 따르지 않기로 했는데, 이렇게 중도에 접근법을 바꾸는 바람에 수익 투자 기회를 놓치고 말았다.

여기서 말하고자 하는 바는 좋은 투자 전략 하나만으로는 부족하다는 사실이다. 즉, 좋은 전략을 구사한다고 다 되는 것이 아니라 상황과 감정에 휘둘리지 말고 그 전략을 꾸준히 일관성 있게 밀고 나가는 것이 중요하다.

기계적 매매 시스템의 세 번째 장점은 위험 관리 방법까지 제공한다는 점이다. 위험 관리는 성공 투자의 필수적 요소다. 손실 제한 장치를 마련해두지 않고 투자에 나선다면 단 한 번의 매매 실수로도 큰 곤경에 처할 수 있다. 제대로

된 기계적 시스템이라면 구체적인 손절매 규칙을 포함하고 있거나 아니면 투자자 쪽에 불리한 방향으로 가격 흐름이 전개될 시 포지션을 전환하는 조건을 명시하고 있을 것이다. 따라서 기계적 매매 시스템이 제시하는 신호에 따르면 개별 투자에서 큰 손실이 발생할 가능성이 줄어든다(선물 시장의 경우 매매가 제한되는 조건에 걸려 포지션을 청산할 수 없는 극히 예외적인 상황을 제외하고).

물론 위험 관리를 할 때 반드시 매매 시스템을 사용해야 하는 것은 아니다. 새로운 포지션을 설정할 때마다 GTC 주문을 내거나, 시장에 진입하는 시점에 청산 시점을 정해 놓고 그 규칙을 준수함으로써 손실을 줄이기도 한다. 다만 대부분의 투자자들은 훈련과 경험이 부족해서 진중하게 기다리지 못하고 경솔한 행동을 하거나 반대로 너무 망설이다 때를 놓치는 경우가 많다.

세 가지 기본 시스템

매매 시스템을 몇 개의 범주로 분류하는가에 관한 기준은 딱히 정해져 있지 않다. 다음에 제시한 세 가지 범주는 매매 접근법에 있어서 개념상의 주요 차이점을 바탕으로 한 것이다.

추세 추종 시스템 | 추세 추종 시스템은 특정한 가격 흐름이 나타나기를 기다렸다가 그러한 추세가 계속된다는 전제 하에 그 방향에 맞춰 포지션을 개시하는 것이다.

역추세 시스템 | 역추세 시스템은 중요한 가격 흐름이 나타나기를 기다렸다가 가격 조정이 있으리라는 전제를 바탕으로 현 추세에 반대되는 방향으로

포지션을 개시하는 것이다.

패턴 인식 시스템 | 어떤 의미에서는 모든 시스템이 패턴 인식 시스템의 범주에 들어간다고 할 수 있다. 추세 혹은 역추세 매매를 권고하는 신호 자체가 일종의 패턴(예: 종가가 20일 고점 혹은 저점을 돌파함)이기 때문이다. 그러나 추세 추종 시스템이나 역추세 시스템과 달리 패턴 인식 시스템에서는 패턴 선택의 기준이 가격 추세의 '방향'이 아니다. 예를 들어 패턴 인식 시스템은 스파이크 일수를 기초로 매매 신호를 발동한다. 이 경우 이전의 가격 변동 폭보다 패턴(스파이크) 자체가 더 중요하다. 물론 이는 너무 단순화된 사례이고, 실제 투자에서는 매매 신호를 결정하는 데 사용하는 패턴이 훨씬 복잡하며, 하나의 시스템에서 여러 패턴을 사용하기도 한다.

이상의 시스템 범주를 구분하는 경계선이 항상 분명한 것은 아니라는 점도 기억하기 바란다. 각 시스템의 수정 및 개선 작업이 계속되면서 다른 시스템들과 비슷해지기 시작했고 그러면서 범주의 경계가 흐려지고 있다.

추세 추종 시스템

정의상 추세 추종 시스템은 유의미한 역방향의 가격 흐름이 나타나야 매매 신호를 보내므로 고점 부근에서 매도하거나 저점 부근에서 매수하는 일이 절대로 없다. 따라서 추세 추종 시스템을 사용하면 항상 처음에 나타난 가격 움직임을 놓치게 되고 반대 신호가 나타나기 전까지 잠재 수익의 상당 부분을 손해 볼 수 있다(시장에서 항상 이 시스템을 사용한다는 가정 하에).

추세 추종 시스템의 민감도와 속도 가운데 어느 쪽에 비중을 두느냐와 관련해서는 양자 간에 적절한 타협점을 찾아야 한다. 민감한 시스템, 즉 추세 반전 신호에 신속하게 반응하는 시스템은 그것이 타당한 신호일 경우 수익이 극대화되고, 덜 민감한 시스템, 즉 느리게 반응하는 시스템은 이와는 반대되는 특성을 나타낸다.

일부 시장에서는 빠르게 반응하는 시스템이 느리게 반응하는 시스템보다 좋은 성과를 낸다. 그러나 대다수 시장에서는 느린 시스템이 더 좋은 성과를 낸다. 느린 시스템은 손실 투자 빈도와 수수료 비용을 최소화하므로, 느리게 반응한 탓에 줄어든 잠재 수익분을 상쇄하고도 남기 때문이다. 그러므로 빠를수록 좋다는 생각에 무조건 더 민감한 시스템만 찾는 것은 결코 바람직하지 않다. 그러나 빠른(민감한) 시스템과 느린(덜 민감한) 시스템 중 어느 쪽을 선택하느냐는 개개인의 경험과 주관적 선호도에 따라 결정할 일이다.

추세 추종 시스템과 관련해서는 매우 다양한 접근법이 존재한다. 여기서는 가장 기본적인 접근법인 이동평균 시스템과 돌파 시스템을 집중적으로 살펴볼 것이다.

①이동평균 시스템

특정일의 이동평균은 당일(금일) 종가와 전일(N-1) 종가들의 평균을 의미한다. 여기서 N은 이동평균값 산출에 사용된 일수를 말한다. 예를 들어 10일 이동평균은 금일 종가를 포함해 총 10일 간의 종가를 평균한 값이다. 이동평균이라는 용어 자체가 평균값 산출에 사용되는 일수의 조합이 시간이 지남에 따라 계속해서 이동한다는 사실을 반영한 것이다.

이동평균은 과거 가격에 바탕을 두기 때문에 상승장에서는 대체로 최근의 가격보다 낮고 하락장에서는 최근의 가격보다 높다. 또한 가격 추세가 상승에서 하락으로 반전될 때는 가격이 이동평균을 하향 교차하고, 하락 추세에서 상승 추세로 반전될 때는 가격이 이동평균을 상향 교차한다.

가장 기본적인 이동평균 시스템에서는 이러한 교차점을 매매 신호로 간주한다. 즉, 가격이 이동평균을 상향 교차하는 것은 매수 신호, 이동평균을 하향 교차하는 것은 매도 신호로 본다. 이러한 교차는 종가를 기준으로 결정해야 한다. 〈표 14-1〉은 이동평균 산출과 함께 이 단순한 방법으로 도출한 매매 신호를 보여준다.

〈그림 14-1〉은 미 재무부 채권 1993년 12월물의 가격 차트와 35일 이동평균을 나타낸 것이다. 차트에서 다이아몬드형 테두리가 없는 매수 및 매도 신호는 앞서 언급한 단순이동평균을 바탕으로 한 것이다(다이아몬드 테두리가 있는 신호에 관해서는 추후 설명할 것이다). 이 시스템이 주요 상승 추세는 제대로 포착하고 있으나 오신호도 많이 내고 있다는 점에 주목하라. 물론 이 문제는 이동평균 일수를 늘리는 방법으로 어느 정도 제어할 수 있으나 오신호가 과도하게 나오는 경향은 단순이동평균 시스템의 본질적인 특성이라 할 수 있다. 매매 신호를 발동시키기에 충분한 정도의 일시적이며 급격한 가격 변동이 시장에서 아주 흔하게 일어나기 때문이다.

어떤 사람들은 단순이동평균 시스템의 문제가 이동평균 산출에 포함된 모든 날의 비중이 동일한 데서 비롯된다고 주장한다. 즉 최근의 날들에 더 많은 비중을 둬야 한다는 것이다. 그 결과 이동평균에 포함된 날에 대해 각기 다른 가중치를 부여하는 다양한 방법이 제시됐다. 이 가운데 가장 일반적인 접근법이 선형가중이동평균linearly weighted moving average: LWMA과 지수가중이동평균exponentially weighted moving average: EWMA이다. 이 두 가지 이동평균을 구하는 공식은 부록에 제시돼 있다.

개인적으로는 선형 혹은 지수 가중이동평균이 단순이동평균보다 항상 더 나은 성과를 낸다는 점을 입증할 만한 경험적 증거는 없다고 본다. 가중이동평균이 더 나은 성과를 낼 때도 있고 단순이동평균이 더 나을 때도 있다. 그러므로 선형이든 지수든 간에 가중이동평균 시스템으로 단순이동평균 시스템의 성과를 크게 개선하는 효과는 없을 것이다.

그나마 의미 있는 접근법이 교차이동평균crossover moving average이 아닐까 한다.

일수	종가	10일 이동평균	교차 신호
1	80.50		
2	81.00		
3	81.90		
4	81.40		
5	83.10		
6	82.60		
7	82.20		
8	83.10		
9	84.40		
10	85.20	82.54	
11	84.60	82.95	
12	83.90	83.24	
13	84.40	83.49	
14	85.20	83.87	
15	86.10	84.17	
16	85.40	84.45	
17	84.10	84.64	매도
18	89.50	84.68	
19	83.90	84.60	
20	83.10	84.42	
21	82.50	84.21	
22	81.90	84.01	
23	81.80	83.69	
24	81.60	83.33	
25	82.20	82.94	
26	82.80	82.68	매수
27	89.40	82.61	
28	83.80	82.64	
29	83.90	82.64	
30	83.50	82.68	

표 14-1 | 이동평균 산출

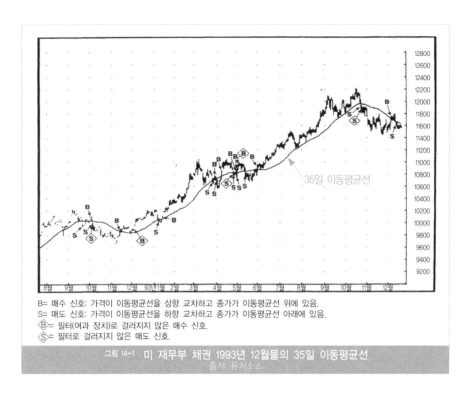

B= 매수 신호: 가격이 이동평균선을 상향 교차하고 종가가 이동평균선 위에 있음.
S= 매도 신호: 가격이 이동평균선을 하향 교차하고 종가가 이동평균선 아래에 있음.
Ⓑ= 필터(여과 장치)로 걸러지지 않은 매수 신호.
Ⓢ= 필터로 걸러지지 않은 매도 신호.

그림 14-1 | 미 재무부 채권 1993년 12월물의 35일 이동평균선
출처: 퓨처소스

교차이동평균(혹은 이동평균 교차) 시스템은 단일 이동평균과 가격 간의 상호작용이 아니라 이동평균 2개의 상호작용을 바탕으로 매매 신호를 나타낸다. 매매 규칙은 단순이동평균 시스템의 규칙과 매우 비슷하다. 즉, 단기(예: 10일) 이동평균이 장기(예: 30일) 이동평균을 상향 교차할 때를 매수 신호로 보고, 단기 이동평균이 장기 이동평균을 하향 교차할 때를 매도 신호로 본다(어떤 의미에서 단순이동평균은 단기 이동평균이 '1'인 교차이동평균의 특수한 형태라 할 수 있다).

교차 시 발생하는 매매 신호는 2개의 평활화된 가격을 바탕으로 하기 때문에 오신호 발생 빈도가 현저하게 줄어든다. 〈그림 14-2〉, 〈그림 14-3〉, 〈그림 14-4〉는 각각 12일 단순이동평균 시스템, 48일 단순이동평균 시스템, 그리고 이 2개의 이동평균을 바탕으로 한 교차이동평균 시스템이 나타내는 매매 신호를 보여준다. 대체로 교차이동평균 시스템이 앞의 두 단순이동평균 시스템보다 훨씬 좋은 성과를 나타낸다(그러나 단순이동평균 시스템도 추세 추종 시스템을 보완하여 적용하면 훨씬 나은 접근법이 될 수 있다). 교차이동평균 시스템의 단점과 이를 개선하는 방법에 관해서는 추후에 다룰 것이다.

②돌파 시스템

돌파 시스템의 기본 개념은 매우 단순하다. 즉, 시장이 신고점이나 신저점으로 움직인다는 것은 돌파가 이루어진 방향으로 추세가 계속 이어질 잠재력이 있음을 의미한다. 아래 제시한 매매 규칙은 단순 돌파 시스템의 한 예다.

1. 금일 종가가 이전 N일의 고점을 상회하면 매도 포지션을 접고 매수 포지션을 취하라.

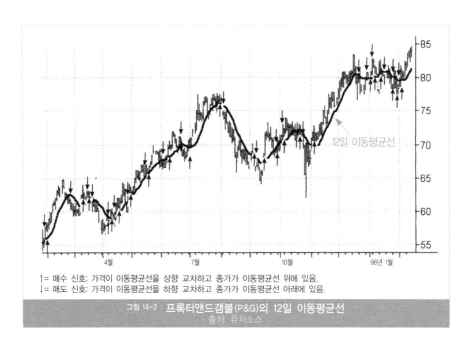

↑ = 매수 신호: 가격이 이동평균선을 상향 교차하고 종가가 이동평균선 위에 있음.
↓ = 매도 신호: 가격이 이동평균선을 하향 교차하고 종가가 이동평균선 아래에 있음.

그림 14-2 | 프록터앤드갬블(P&G)의 12일 이동평균선
출처: 퓨처소스

↑ = 매수 신호: 가격이 이동평균선을 상향 교차하고 종가가 이동평균선 위에 있음.
↓ = 매도 신호: 가격이 이동평균선을 하향 교차하고 종가가 이동평균선 아래에 있음.

그림 14-3 │ **프록터앤드갬블(P&G)의 48일 이동평균선**
오메가리서치가 트레이드스테이션으로 작성

↑ = 매수 신호: 단기(12일) 이동평균선이 장기(48일) 이동평균선을 상향 교차함.
↓ = 매도 신호: 단기(12일) 이동평균선이 장기(48일) 이동평균선을 하향 교차함

그림 14-4 │ **프록터앤드갬블(P&G)의 교차이동평균선**
오메가리서치가 트레이드스테이션으로 작성

2. 금일 종가가 이전 N일의 저점을 하회하면 매수 포지션을 접고 매도 포지션을 취하라.

선택한 N값에 따라 돌파 시스템의 민감도가 결정된다. 현재 가격과 비교할 때 단기간(예: N=7)을 적용하면 추세 반전은 매우 빠르게 포착할 수 있으나 그만큼 오신호도 많이 발생한다. 반면 좀 더 긴 기간(예: N=40)을 선택하면 오신호는 줄어들어도 시장 진입 시점이 늦어질 수 있다. 이는 단순이동평균 시스템이나 이동평균교차 시스템에서 단기 혹은 장기 이동평균을 선택해 사용할 때와 비슷하다.

〈그림 14-5〉와 〈그림 14-6〉은 각각 N=7과 N=40인 단순 돌파 시스템의 매매 신호를 비교한 것이다. 그림에서 확인할 수 있듯이 아래의 내용은 빠른 돌파 시스템과 느린 돌파 시스템의 상충성을 꽤 적절히 기술하고 있다.

1. 빠른 시스템은 주 추세 전환 신호를 신속하게 내보낸다. 예를 들어 〈그림 14-5〉에서 1996년 3월 초에 나타난 매도 신호(1996년 2월 말부터 7월까지 이어진 하락 추세에서 나타난 첫 번째 매도 신호)와 〈그림 14-6〉에서 4월에 나타난 매도 신호를 비교해보라.

2. 빠른 시스템은 오신호를 훨씬 더 많이 낸다. 〈그림 14-5〉에서 1997년 7월부터 1998년 2월까지의 박스권에서 나타난 매매 신호가 그 좋은 예다(앞에서 언급했던 1996년 3월의 매도 신호 직후에 나타난 매매 신호도 마찬가지).

3. 느린 돌파 시스템에서는 매매 건당 손실 규모가 빠른 시스템의 매매 건당 손실 규모보다 크다. 느린 시스템은 약한 추세 때도 큰 손실을 낼 수 있는데, 경우에 따라 빠른 시스템은 이러한 추세에서 오히려 약간의 수익을 내기도 한다. 예를 들어 〈그림 14-6〉의 40일 돌파 시스템에서는 1996년 12월부터 1997년 4월까지 매도 신호와 매수 신호가 각각 한 번씩 나왔고 이때

4포인트에 가까운 손실이 발생했다. 반면 7일 돌파 시스템은 같은 기간에 두 차례 매수 및 매도 신호를 냈으며, 첫 번째 매수 및 매도 신호에서는 약간의 손실을 냈고 두 번째 신호에서는 7포인트의 수익을 냈다.

빠른 시스템과 느린 시스템이 더 좋은 성과를 내는 조건과 환경이 각기 다르기는 하지만, 경험적으로 보면 대다수 시장에서 대체로 느린 시스템이 더 좋은 성과를 낸다. 다만 빠른 시스템과 느린 시스템 가운데 선택을 해야 할 때는 가장 최근의 경험적 검증 결과에 바탕을 둬야 한다.

이상 예로 든 돌파 시스템은 금일 종가와 이전 고가 및 저가를 기준으로 했다. 이는 지극히 자의적인 선택이라는 점에 유의해야 한다. 또 다른 조합으로는 '금일 고가나 저가 대 이전 고가나 저가', '금일 종가 대 이전의 가장 높은 종가 혹은 가장 낮은 종가', '금일 고가나 저가 대 이전의 가장 높은 종가나 가장 낮은 저가' 등이 있다. 돌파를 규정하는 조건을 어떻게 선택하느냐가 투자 결과에 영향을 미치기는 하지만, 위와 같은 선택(N값은 동일)에 따른 차이는 미미하며 그다지 큰 의미는 없다.

돌파 시스템의 문제는 기본적으로 이동평균 시스템의 문제와 동일하며, 이에 관해서는 아래에서 상세히 다룰 것이다.

기본적인 추세 추종 시스템에 공통적인 10가지 문제

1. 비슷한 시스템이 너무 많다 | 수많은 추세 추종 시스템이 비슷한 신호를 나타낸다. 따라서 추세 추종 시스템들이 같은 시기에 매매 신호를 나타내는 일이 아주 흔하다. 특히 선물 시장에서는 수많은 투자자와 펀드가 기본적인

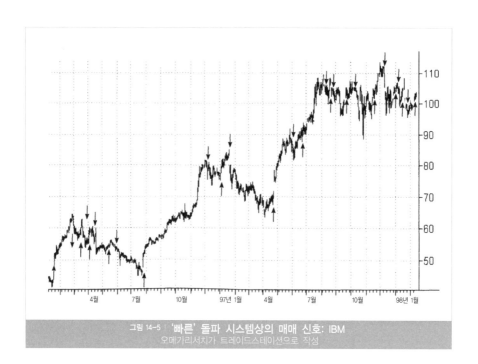

그림 14-5 | **'빠른' 돌파 시스템상의 매매 신호: IBM**
오메가리서치가 트레이드스테이션으로 작성

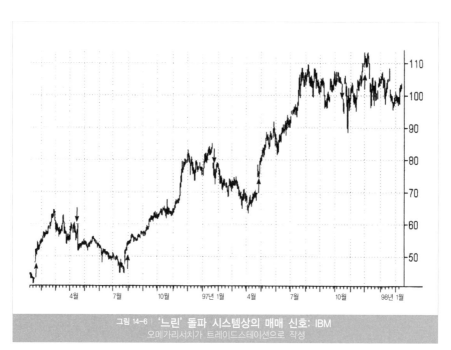

그림 14-6 | **'느린' 돌파 시스템상의 매매 신호: IBM**
오메가리서치가 트레이드스테이션으로 작성

추세 추종 시스템을 바탕으로 투자 결정을 내리기 때문에 그 많은 사람이 일제히 똑같은 행동을 한다. 따라서 비슷한 주문이 밀려들고 그 결과 체결가에 악영향을 미친다.

2. 손실 투자 빈도가 너무 높다 | 추세 추종 시스템은 주 추세를 거의 전부 포착한다. 그러나 문제는 오신호 역시 너무 많이 생성한다는 데 있다. 추세 추종 시스템을 사용하는 사람이 겪는 가장 큰 문제는, 시장 가격의 변동성이 커서 매매 신호가 자주 나오는데 이내 추세가 반전되는 일이 흔하다는 점이다. 이와 같은 달갑지 않은 상황이 연달아 수차례 발생하는 것을 휩소 _{whipsaw: 가늘고 긴 톱을 의미하며, 매매 신호가 톱니 모양처럼 촘촘하게 연이어 발생하는 현상으로서 수익 매매 신호가 아닌 비용만 조래하는 쓸데없는 구간을 일컫는 말-역주}라고 한다. 〈그림 14-7〉은 N=10인 돌파 시스템의 매매 신호(종가가 이전 N일의 고점 혹은 저점 돌파)를 나타내는데, 추세 추종 시스템의 단점을 적나라하게 보여준다.

3. 주요 가격 추세를 제대로 활용하지 못한다 | 기본적인 추세 추종 시스템은 같은 단위의 포지션 크기를 전제로 한다. 예를 들어 매수 혹은 매도의 크기가 고정 금액 혹은 고정 주식 수, 선물 1계약 등으로 정해져 있다. 따라서 추세가 계속 이어지더라도 그 방향의 매매 크기는 한 단위 포지션에 묶이게 된다. 예를 들어 〈그림 14-8〉에서 N=40인 돌파 시스템이 1994년 12월에 매수 신호를 냈고 상승 추세가 이어지는 내내 이 매수 포지션을 유지했다. 이것만으로는 나쁠 것이 없다. 그러나 이 추세 추종 시스템이 기본 포지션 크기를 늘리라는 신호를 보냈다면 추세가 계속되는 동안에 더 큰 수익을 실현할 수 있었을 것이다.

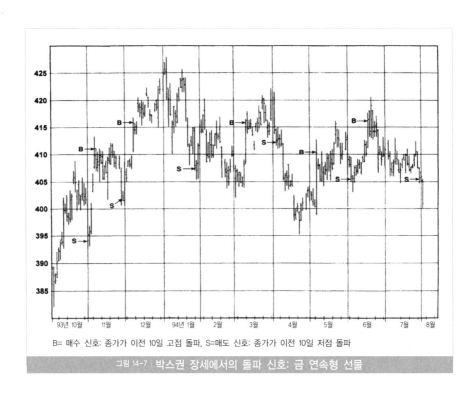

B= 매수 신호: 종가가 이전 10일 고점 돌파, S=매도 신호: 종가가 이전 10일 저점 돌파

그림 14-7 | 박스권 장세에서의 돌파 신호: 금 연속형 선물

4. 민감도가 낮은(느린) 시스템은 큰 수익 기회를 놓치는 경향이 있다 | 느린 추세 추종 시스템은 좋은 성과를 내는 경우가 많지만, 이 시스템의 가장 큰 단점은 더 큰 수익을 올릴 기회를 날려버릴 때가 종종 있다는 것이다. 예를 들어 〈그림 14-8〉에 나타난 돌파 신호는 주요 상승 추세를 예상한 시장 진입 시점을 제대로 표시하고 있지만, 결과적으로는 반대 신호가 나타나기 전까지 최대한 획득할 수 있었던 잠재 수익의 절반가량을 놓치고 말았다.

5. 박스권에서 수익을 내지 못한다 | 추세 추종 시스템이 횡보장에서 낼 수 있는 최선의 성과는 고작해야 손익 균형을 유지하는 정도다. 다시 말해 횡보장에서는 새로운 매매 신호를 보내지 않는다. 그러나 대부분의 박스권 장세는

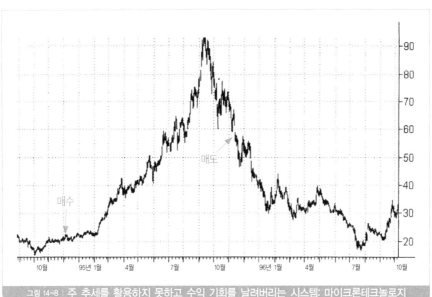

그림 14-8 | 주 추세를 활용하지 못하고 수익 기회를 날려버리는 시스템: 마이크론테크놀로지
오메가리서치가 트레이드스테이션으로 작성

휩소의 발생을 주된 특징으로 하므로 연속적인 매매 손실이 발생한다. 대다수 시장에서 가장 흔히 나타나는 것이 바로 횡보 추세이기 때문에 이 부분은 특히나 중요한 의미가 있다.

6. 일시적으로 큰 손실이 발생한다 | 매우 훌륭한 추세 추종 시스템이라도 급격한 가격 되돌림이 발생하는 시기를 맞이할 수 있다. 이 경우 보다 큰 수익을 내보려던 투자자라면 약간의 곤경에 처하는 정도로 끝나겠지만, 이제 막 추세 추종 시스템을 이용하는 투자자라면 완전히 낭패를 겪을 수 있다.

7. 극심한 변동성이 내재한다 | 경우에 따라서는 수익성이 가장 좋은 추세 추종 시스템도 급격한 가격 되돌림에 노출될 수 있다. 이럴 때 투자자는 감당할 수 없는 수준의 위험을 초래할 수 있다.

8. 모의 투자 때는 좋은 성과를 내던 시스템이 실전 투자에서는 손실을 낸다 | 이는 아마도 기계적 매매 시스템을 사용하는 투자자가 가장 흔하게 경험하는 현상이자 가장 큰 고민거리일 것이다.

9. 매개변수의 변화 | 투자자는 과거 데이터를 바탕으로 최상의 시스템 매개변수(예: 돌파 시스템에서 최적의 N값)를 찾아내려고 애쓴다. 그러나 그렇게 애써 찾아낸 매개변수 값이라도 전에는 잘 통하던 것이 이후에는 저조한 성과를 낼 뿐이다.

10. 슬리피지: 이론과 현실의 격차 | 이론상으로는 수익을 내던 시스템이 실제 투자에서는 손실을 낸다. 슬리피지slippage 개념에 관해서는 제15장에서 설명한다.

기본 추세 추종 시스템에 대한 개선책

지난 20년 동안의 경험에 따르면, 충분한 기간을 두고(예: 3년에서 5년 이상) 다양한 시장에서 꾸준히 투자를 할 경우 이동평균 시스템이나 돌파 시스템 같은 매우 단순한 시스템을 이용해 충분히 수익을 낼 수 있다. 그러나 이러한 단순성은 장점인 동시에 단점이기도 하다. 매매 규칙이 너무 단순해서 다양한 시장 상황에 적절히 대처하지 못하기 때문이다.

이처럼 단순한 시스템은 장기적으로는 수익을 낼 수도 있으나 주기적으로 큰 손실을 발생시킬 위험을 내재하고 있다. 실제로 이러한 시스템을 사용하는 투자자 중에는 멀리 내다보고 장기적으로 매매를 했다면 분명히 수익을 낼 수 있음에도 단기적 손실을 버티지 못하고 해당 시스템의 사용을 포기하는 경우가 많다. 그 바람에 결국 순손실을 기록하며 투자를 끝내는 일이 매우 흔하다.

이 절에서는 기본적인 추세 추종 시스템을 개선하여 투자 성과를 향상시킬수 있는 방법들을 소개한다. 논의가 너무 복잡해지지 않도록 단순 돌파 시스템을 바탕으로 설명할 것이다. 그러나 이렇게 개선된 시스템은 돌파 시스템뿐 아니라 다른 기본적인 추세 추종 시스템(예: 이동평균교차 시스템)에도 적용할 수 있다.

①확정 조건

가장 중요한 개선 방법은 오신호 발동을 줄이기 위해 매매 신호를 수용하기전 먼저 충족해야 할 조건을 기본 시스템에 추가로 설정하는 것이다. 즉 추가로 설정한 조건이 충족되지 않으면 매매가 실행되지 않게 하는 것이다. 이는 전적으로 시스템 설계자의 자유재량에 달렸을 뿐 원칙적으로 확정 조건 선택에는 제한이 없다. 아래는 확정 조건의 세 가지 예다.

1. 돌파 | 최소 변동량을 정해 놓고 시장 가격이 이 최소 변동량 이상으로 움직일 때만 매매 신호를 수용한다. 돌파의 수준은 일정한 수치 혹은 비율로 측정할 수 있다. 〈그림 14-9〉는 N=12인 표준 돌파 시스템이 낸 매매 신호와, 종가가 이전 N일의 고점(혹은 저점)을 최소 2% 돌파하는 것을 확정 조건으로 한 개선된 시스템의 매매 신호를 비교하고 있다. 이 사례에서는 매매 신호가 타당함에도 확정 조건 때문에 시장 진입이 늦어지기는 했으나 그 대신 오신호 7개를 전부 잡아냈다(해당 시점에 이미 매수 포지션을 취하고 있다면 아직 확정되지 않은(미확정) 매도 신호 이후에 나온 매수 신호도 제거된다. 마찬가지로 이미 매도

포지션을 취하고 있다면 미확정 매수 신호 이후의 매도 신호 역시 제거된다).

2. 시간 경과 | 특정한 시간이 경과하면 매매 신호를 재평가하는 것이다. 예를 들어 처음 매매 신호가 나오고 나서 6일 이상 경과한 시점에서 매매 신호 가격보다 그날의 종가가 더 지나쳐 있다면(매수일 때는 매매 신호 가격보다 높고, 매도일 경우 더 낮아야 한다) 그때 매매 신호를 받아들인다. 〈그림 14-10〉은 N=12인 기본 돌파 시스템에서 나온 매매 신호와, 6일 경과를 확정 조건으로 하는 수정 시스템의 매매 신호를 비교하고 있다. 이 경우 확정 조건을 통해 7개 오신호 가운데 6개가 제거되었다.

3. 패턴 | 이는 다양한 확정 조건을 포함하는 포괄적 규칙이다. 이 접근법에서는 특정한 패턴이 형성돼야 기본 시스템이 생성한 매매 신호를 인정한다.

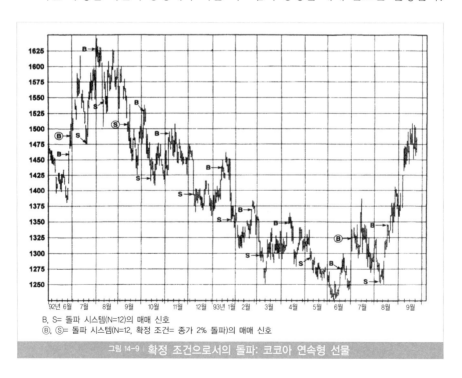

B, S= 돌파 시스템(N=12)의 매매 신호
Ⓑ, Ⓢ= 돌파 시스템(N=12, 확정 조건= 종가 2% 돌파)의 매매 신호

그림 14-9 | 확정 조건으로서의 돌파: 코코아 연속형 선물

예를 들어 매매 신호 가격 발생 후 추력일이 3일인 것을 확정 조건으로 한다고 치자. 〈그림 14-11〉은 N=12인 기본 돌파 시스템에서 나온 매매 신호와, 추력일 3일을 확정 조건으로 한 시스템상의 매매 신호를 비교하고 있다. 차트에 표시된 숫자는 확정 신호상의 추력 일수다. 이 경우에도 확정 조건이 7개 오신호를 모두 제거했다.

확정 조건의 장점은 이것이 휩소로 인한 손실을 줄여준다는 것이다. 그러나 이러한 장점을 지닌 확정 조건임에도 여기에 결코 달갑지 않은 부작용이 존재한다. 즉, 유효한 매매 신호였음에도 시장 진입 시점이 늦어지는 바람에 수익을 낼 기회를 놓쳐 투자 수익이 감소하는 것이다.

예를 들어 〈그림 14-9〉부터 〈그림 14-11〉까지 기본 돌파 시스템을 보면 각각 1992년 6월의 매수 신호, 1992년 8월의 매도 신호, 1993년 6월의 매수 신호에

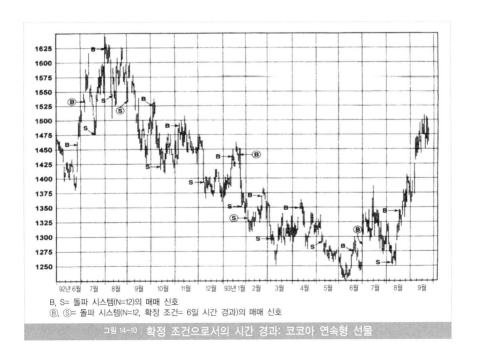

B, S= 돌파 시스템(N=12)의 매매 신호
Ⓑ, Ⓢ= 돌파 시스템(N=12, 확정 조건= 6일 시간 경과)의 매매 신호

그림 14-10 │ 확정 조건으로서의 시간 경과: 코코아 연속형 선물

따른 매매에서 아쉽게도 불리한 가격일 때 시장에 진입하는 결과를 낳았다. 그러나 진입 시간 지연으로 수익이 줄어들었다 해도 덕분에 손실을 회피할 수 있었고 나아가 회피한 손실분이 이렇게 줄어든 수익을 상쇄하고도 남는다면 확정 조건이 득이 될 것이다.

확정 조건이 포함된 시스템이라고 기본 시스템보다 항상 더 나은 성과를 내는 것은 아니다. 그러나 시스템을 제대로만 개선해 설계한다면 장기적으로는 기본 시스템보다 훨씬 더 나은 성과를 낼 수 있다.

②필터

필터(여과 장치)의 목적은 성공 확률이 낮아 보이는 투자를 걸러내는 것이다. 예를 들어 기술적 시스템은 시장을 상승장, 하락장, 횡보장 등으로 분류하는 '기본적' 모형과 결합해 사용할 수 있다. 즉 '기술적' 분석으로부터 나온 매매 신호가 '기본적' 모형의 시장 동향과 일치할 때만 그 신호를 받아들이는 것이다. 두 신호가 불일치할 때는 중립 포지션을 유지한다.

그러나 대부분의 경우 필터 조건은 본질적으로 기술적 분석의 범주에 속한다. 예를 들어 박스권의 존재 여부를 정확하게 규정하는 규칙을 도출할 수만 있다면, 박스권을 나타내주었던 신호들은 더 이상 채택할 필요가 없는 것이다. 기본적으로 시스템 설계자는 필터를 개발할 때 손실 투자의 대부분에 적용할 수 있는 공통적 특성을 찾아내려고 한다.

그럼 종종 불만스러운 결과를 냈던 단순이동평균 시스템을 사용해 필터 조건에 관한 사례를 살펴보자. 〈그림 14-1〉에 제시된 신호(테두리 없는 부호)는 추세 시장에서조차 오신호를 많이 내는 단순이동평균 시스템의 전형적 특성을 잘 보여준다. 이 경우 이동평균의 추세와 일치하는 신호만 받아들인다는 필터 조건

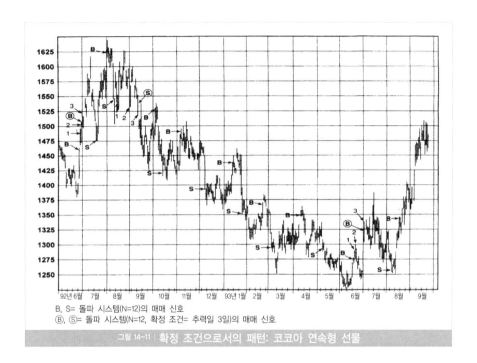

B, S= 돌파 시스템(N=12)의 매매 신호
Ⓑ, Ⓢ= 돌파 시스템(N=12, 확정 조건= 추력일 3일)의 매매 신호

그림 14-11 | 확정 조건으로서의 패턴: 코코아 연속형 선물

을 적용하면 휩소 매매를 상당 부분 줄일 수 있다. 예를 들어 가격이 이동평균선을 상향 교차하고 종가가 이동평균선 위에 형성된 경우 이동평균값이 전일보다 높을 때만 이를 매수 신호로 받아들인다.

이러한 필터 조건은 사실 주 추세에서 투자한다는 기술적 분석의 기본 개념이기 때문에 군이 필터 조건이 아니더라도 직관적으로 판단할 수 있다.

필터 조건을 적용함에 있어 다음의 두 가지 사항을 명확히 할 필요가 있다.

1. 받아들이지 않은 신호는 나중에라도 조건이 충족되면 다시 수용할 수 있다. 예를 들어 가격과 이동평균이 반대 방향으로 교차하기 이전에 이동평균이 매매 신호와 같은 방향으로 돌아서는 경우다.

2. 받아들이지 않은 신호 이후에 발생한 신호는 무시한다. 그 신호가 지시

하는 매매 방향은 순포지션^{net position: 매수 포지션과 매도 포지션의 차이-역주}에 이미 반영돼 있기 때문이다. 이는 단순이동평균이 시장에 항상 존재하기에 가능한 일이기도 하다.

〈그림 14-1〉에서 다이아몬드 테두리로 표시된 신호는 앞서 설명한 필터 규칙을 적용했다면 받아들였을 매매 신호다. 그림에서 보는 바와 같이 결과적으로 이익이 손실을 훨씬 넘어선다. 경험적 검증 결과 〈그림 14-1〉에 제시된 것과 같은 유형의 필터 규칙을 포함하면 대부분 투자 성과가 향상되는 것으로 나타났다.

사실상 이동평균 추세와 반대 방향으로 시장 가격과 이동평균의 교차가 일어나는 것은 원래 포지션을 전환하라는 신호라기보다는 포지션 크기를 늘리라는 신호일 수 있다(제8장에서 설명한 '장기 이동평균에서의 가격 반발'의 주요 사례 참고).

일련의 조건을 충족시키는 신호는 받아들이고 그렇지 않은 신호는 제거한다는 측면에서 보면 앞서 상세히 설명했던 확정 조건 또한 일종의 필터라고 볼수 있다. 그러나 필터는 주 시스템의 매매 신호를 받아들이는 바로 그 시점에 적용된 규칙을 검사하는 도구라는 점에서 확정 조건과 본질적인 차이가 있다. 따라서 한 시스템에 필터와 확정 조건 둘 다 포함될 수 있다. 이 두 가지가 들어 있는 시스템에서는, 필터를 통과한 다음 확정 조건까지 충족시킨 신호만 실제 매매 신호로 받아들인다.

③시장 특성에 따른 조정

단순 추세 추종 시스템에 대한 비판 한 가지는 이 시스템이 모든 시장을 다 똑같이 취급한다는 사실이다. 예를 들어 N=20인 돌파 시스템에서는 변동성이 큰 시장이나 작은 시장 모두 매수 신호의 조건은 '20일 고점'으로 동일하다.

시장 특성을 고려해 시스템을 조정한다는 것은 시장 특성에 따라 최적의 매개변수 값을 달리한다는 뜻이다. 가령 돌파 시스템의 경우 시장의 변동성 수준에 따라 N에 대한 절댓값이 아닌 상댓값을 사용한다. 구체적으로 예를 들자면, 지난 50일 동안 2일간의 평균 가격대를 기준으로 시장의 변동성 수준을 5개 범주로 구분할 수 있다. 신호를 생성하는 데 사용하는 N값은 우선적으로 변동성 분류를 참고로 한다.

다른 기준(예: 기본적 분석 조건, 평균 거래량 등)도 시험해볼 수는 있으나 변동성이야말로 시장 상태를 분류하는 가장 타당한 기준으로 보인다. 이러한 조정 작업의 본질은 기본적인 추세 추종 시스템을 정적인 시스템에서 동적인 매매 시스템으로 전환하는 데 있다.

④매수 신호와 매도 신호의 차이점

통상적으로 기본적인 추세 추종 시스템은 매수 및 매도 신호의 조건이 비슷하다(예: 종가가 20일 고점을 돌파할 때 매수, 종가가 20일 저점을 돌파할 때 매도). 그러나 이 가정을 기계적으로 따를 이유는 없다. 강세장과 약세장은 다르게 움직이기 때문이다.

예를 들어 과거 가격 차트에 대한 광범위한 조사 결과 주요 고점에서 가격이 하락하는 속도는 주요 저점에서 가격이 반등하는 속도보다 더 빠른 경향이 있다. 따라서 매도 신호에는 매수 신호를 낼 때보다 더 민감한 조건을 사용하는 것이 바람직하다. 그러나 이러한 접근법에 지나치게 집착하는 것도 주의해야 한다(이에 관해서는 제15장 '매매 시스템의 검증 및 최적화'에서 상세히 다룸).

⑤피라미딩

기본적인 추세 추종 시스템에 내재한 단점 가운데 하나가 시장 상황을 불문하고 항상 동일한 포지션 크기를 전제한다는 부분이다. 추세 추종 시스템의 성공은 주 추세를 제대로 활용하는 데 달렸다 해도 과언이 아니다. 따라서 주 추세 때는 포지션의 크기를 늘릴 수 있는 가능성을 고려하는 것이 바람직하다.

주 추세 때 기본 포지션의 크기를 늘리는 합리적인 방법 가운데 하나는 특정한 가격 되돌림을 기다리고 나서 추세의 재개에 대한 확증에 따라 포지션 단위를 추가하는 것이다. 이러한 접근법은 피라미딩을 할 때 최적의 시점을 찾는 것은 물론, 손절 규칙에 따라 추가된 포지션으로부터 발생할 수 있는 잠재적 손실을 제한하려는 것이다. 제8장 '추세 진행 중 시장 진입과 피라미딩'에서 이러한 유형의 접근법에 관한 사례를 상세히 설명했다. 피라미드 전략의 또 다른 사례는 아래 제시한 규칙을 바탕으로 한다.

1. 순포지션이 매수이고 종가가 이전 10일간의 저점을 하향 돌파할 때를 가격 되돌림로 간주한다.
2. 일단 가격 되돌림이 나타난 상태에서 아래 조건이 충족되면 이후 10일간의 가격 고점에서 매수 포지션을 추가한다.
   a. 피라미드 매매 신호 가격이 가장 최근의 매수 포지션을 개시한 당시의 가격보다 높다.
   b. 순포지션 크기가 3단위보다 작다(이 조건은 피라미드 단위가 2단위로 제한된다는 의미다).

매도 포지션은 위와 정반대 조건이 적용된다.

〈그림 14-12〉는 커피 1992년 9월물에 적용한 N=40인 돌파 시스템에 피라미드 전략을 적용한 것이다.

기본적인 시스템에 피라미딩 요소를 추가할 때는 위험 관리가 특히 더 중요해진다. 대체로 피라미드 포지션을 개시할 때보다 청산할 때 더 민감한 조건을 사용하는 것이 바람직하다. 다음은 피라미딩 전략을 사용하는 시스템에서 적용할 수 있는 손절매 규칙 몇 가지를 제시한 것이다. 이 가운데 어떤 것이든 그 조건이 충족될 때마다 피라미드 포지션을 전부 청산하라.

1. 역추세 추종 신호가 나타난다.
2. 피라미드 매도(매수)를 만든 가격 되돌림이 일어난 이후 종가가 그 되돌림의 고가(저가) 위(아래)로 형성됐다. 〈그림 14-12〉는 커피 1992년 9월물에 이 규칙을 적용했을 때의 청산 시점을 나타낸 것이다.

⑥ 매매 청산

시스템에 매매 청산 규칙이 있으면 역추세 추종 신호를 받아들이기 전에 포지션을 청산할 수 있다. 이러한 규칙은 수익 투자에서 잠재 수익의 규모를 줄이기도 하지만, 손실 투자에서 손실의 규모를 줄여준다.

그러나 매매 청산 규칙을 사용하면서 감수해야 하는 부작용도 만만치 않다. 가령 매매 청산 규칙을 사용한다면 포지션 재진입 요건을 상세히 규정해야 한다. 그렇지 않으면 주 추세를 놓칠 위험성이 크다.

매매 청산 규칙을 사용하면 수익이 나는 포지션도 조기에 청산할 위험이 있다. 재진입 규칙이 이러한 상황에 대한 방어벽 역할을 해주기는 하지만, 매매 청산 실행 규칙과 포지션 재진입 규칙이 혼합돼 있으면 자칫 휩소 매매에 따른 손

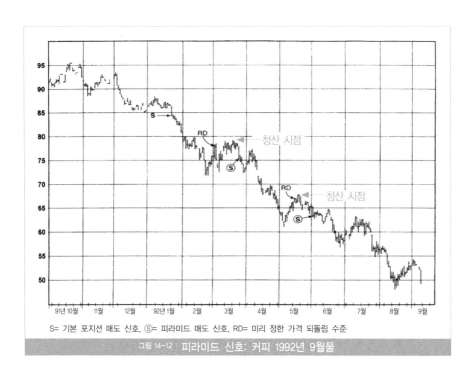

S= 기본 포지션 매도 신호, Ⓢ= 피라미드 매도 신호, RD= 미리 정한 가격 되돌림 수준

그림 14-12 | 피라미드 신호: 커피 1992년 9월물

실로 이어질 수 있다. 실제로 매매 시스템에 청산 규칙(그리고 재진입 규칙)을 추가했을 때 이것이 투자 성과에 부정적 영향을 미치는 일이 흔하다.

쉽지는 않으나 그래도 일부 시스템의 경우 투자 성과를 향상시키는 청산 규칙을 설계할 수도 있다(수익 측면에서 그리고 통상적인 수익-위험 지표의 측면에서 청산 규칙이 투자 성과에 도움이 된다면, 청산 규칙을 단순한 '청산' 신호보다는 '반전' 신호로 사용하는 것이 더 나은 성과를 가져다줄 것이다). 좀 더 역동적인 청산 규칙을 만드는 것도 가능하다. 예를 들어 가격 움직임이 커지거나 지속된다면 이 상황에 맞춰 민감도가 증가하는 청산 조건을 만들 수 있다.

역추세 시스템

①역추세와 관련한 일반적 고려 사항

역추세 시스템은 궁극적 목적이 저점에 사서 고점에 파는 것이기 때문에 수많은 투자자의 호응을 얻고 있다. 그러나 안타깝게도 매력적인 목적에 비해 이 시스템의 실제 유용성은 떨어진다.

추세 추종 시스템은 기본적으로 자기조정적 특성이 있는 반면, 역추세 시스템은 무제한적 손실을 특징으로 한다는 점이 두 시스템을 구분하는 중요한 차이점이다. 따라서 역추세 시스템에는 손절매 조건을 추가하는 것이 거의 필수적이다(추세 추종 시스템과 동시에 사용하지 않는 한). 그렇지 않으면 주요 하락 추세가 진행되는 동안 매수 포지션을, 주요 상승 추세 때는 매도 포지션을 유지하는 불상사가 생길 수 있다(추세 추종 시스템에서는 손절매 규칙이 선택 사항이다. 포지션에서 최악의 손실이 발생하기 전 미리 반대 신호가 나오기 때문이다).

역추세 시스템의 중요한 장점 가운데 하나는 추세 추종 시스템의 다각화를 구현하고 이를 통해 전체적인 변동성을 줄여준다는 것이다('다각화' 부분 참고).

②역추세 시스템의 유형

아래는 역추세 시스템을 만드는 데 사용되는 접근법이다.

최소 변동 | 이는 역추세 접근법 가운데 가장 간단한 유형이다. 직전 매수 신호 이후의 저점에서 미리 정한 최소량만큼 가격이 상승할 때마다 매도 신호가 나온다. 마찬가지로 직전 매도 신호 이후의 고점에서 미리 정한 최소

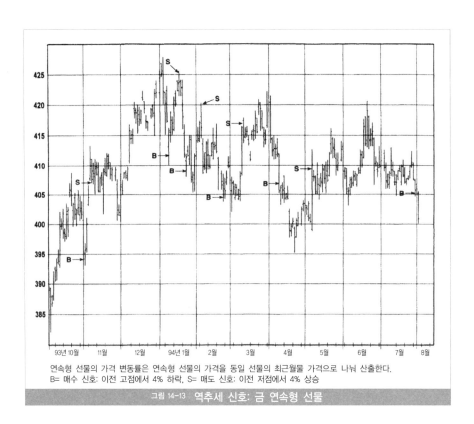

연속형 선물의 가격 변동률은 연속형 선물의 가격을 동일 선물의 최근월물 가격으로 나눠 산출한다.
B= 매수 신호: 이전 고점에서 4% 하락, S= 매도 신호: 이전 저점에서 4% 상승

그림 14-13 | 역추세 신호: 금 연속형 선물

량만큼 가격이 하락할 때마다 매수 신호가 나온다. 매매 신호를 내는 데 필요한 가격 움직임(변동) 수준은 명목 수치나 백분율로 표시할 수 있다. 〈그림 14-13〉은 1993년 10월부터 1994년 7월까지의 금 선물 가격 차트에서 4%를 최소 변동량으로 한 역추세 시스템의 매매 신호를 나타낸다. 앞서 민감한 추세 추종 시스템의 휩소 매매 손실을 설명할 때 사용한 것과 동일한 가격 차트(〈그림 14-7〉)를 이용한 점에 주목하라. 그럴 만한 이유가 있다. 역추세 시스템은 추세 추종 시스템이 잘 먹히지 않는 시장 상황에서 가장 좋은 성과를 내는 경향이 있다. 더불어 '역추세 방향에서 나타난 추력일' 같은 확정 조건을 사용하면 오신호를 피하는 데 도움이 된다.

오실레이터 | 역추세 시스템은 오실레이터(제6장 참고)를 매매 신호 발생 지표로 사용할 수 있다. 그러나 이렇게 하면 박스권 장세에서는 좋은 성과를 낼 수 있을지 몰라도 추세 시장에서는 자칫 끔찍한 결과를 초래할 수 있다는 점을 명심해야 한다.

반대 의견 | 역추세 시스템에서 반대 의견을 사용해 투자 시점을 포착할 수 있다. 예를 들어 반대 의견 지수가 지정된 수준을 넘어서면, 고도로 민감한 기술적 지표를 바탕으로 한 확정 조건에 따라 매도 신호가 나온 것으로 간주한다(반대 의견에 관해서는 제10장에서 설명했음).

다각화

다각화란 매매가 광범위한 시장에서 이루어지는 것을 말한다. 그 정의상 다각화의 '유형'은 하나지만, (투자금이 충분하다는 전제 하에) 다각화의 '수준'은 두 가지로 구분할 수 있다.

첫째, 각 시장에서 여러 가지 시스템으로 투자할 수 있다. 둘째, 시스템별로 다양한 버전을 사용할 수 있다. 예를 들어 주식 2로트(1로트=100주)를 돌파 시스템으로 매매한다면 각 로트의 N값(즉, 신호 발동 요건이 되는 고점 혹은 저점 돌파 일수)을 달리해 매매하는 것이 가능하다.

여기서 우리는 단일 시장에서 사용하는 특정 시스템의 변형 개념을 설명하고자 단일 시장 시스템 변형single market system variation: SMSV이라는 용어를 사용할 것이다. 코코아 시장에서 사용된 N=20인 단순 돌파 시스템이 SMSV의 한 예가 될 수 있다. 다각화의 주요 장점으로 세 가지를 들 수 있다.

1. 자산의 변동 폭을 줄일 수 있다 | 여러 SMSV를 사용할 때 이 시스템들이 정확히 같은 기간에 그것도 거의 동시에 손실을 내는 일은 별로 없다. 따라서 다양한 SMSV로 투자를 하면 좀 더 평활화된(고른) 자산 곡선을 유지할 수 있다. 수익-위험(수익 대비 위험) 수준이 동일한 SMSV 10개를 사용해 매매하면 단일 SMSV로 10단위를 매매할 때보다 자금이 덜 필요하고 수익률은 더 높아진다. 마찬가지로 동일한 투자 자금을 가지고서도 다각화된 투자 포트폴리오는 더 낮은 위험 수준에서 동일한 수익률을 보장한다. 설령 포트폴리오에 성과가 저조한 SMSV가 포함돼 있더라도 다각화는 투자에 도움이 된다. 여기서 중요한 것은 포트폴리오상에 이미 주어진 SMSV와 다른 SMSV와의 상관관계다.

2. 주 추세 참여를 보장한다 | 추세 추종 시스템에서 매매의 상당수가 손실을 보고 있다는 점에서 투자자가 주요 이익원large-profit인 주 추세를 이용하는 것은 매우 중요하다. 이는 다양한 시장을 아우르는 다각화가 중요한 이유이기도 하다.

3. 불운에 대비할 수 있다 | 야구와 마찬가지로 시스템 매매는 간발의 차이로 승패가 갈리는 예민하고 치열한 게임이다. 하루 동안의 아주 근소한 가격 변동이라도 특정한 SMSV의 수익성에 지대한 영향을 미친다. 예를 들어 본래 같은 돌파 시스템인데 확정 조건만 약간 달리한 두 가지 버전의 시스템이 하루 시차를 두고 각기 특정한 매매 신호를 낸다고 하자. 이때 시장이 급상승(혹은 급하락)하거나 선물 시장의 경우 계속해서 가격 변동 폭 제한locked-limit에 묶여 있다면 이 하루 차이가 엄청난 결과를 초래할 수 있다. 복수 시스템을 사용하면 시스템을 하나만 사용할 때 발생할 수 있는, 비정

상적으로 저조한 성과에서 오는 피해를 어느 정도 줄일 수 있다. 물론 이렇게 하면 해당 시스템의 평균 성과를 넘어서는 수익 또한 기대할 수 없게 된다. 그러나 투자의 기본 목적은 어쩌다 한 번씩 횡재하듯 큰 수익을 내는 것이 아니라 꾸준히 성과를 내는 것이기 때문에 다각화는 나름대로 바람직한 접근법이라 할 수 있다.

기본적인 추세 추종 시스템의 10가지 문제점과 그 해결책

앞서 열거했던 기본적인 추세 추종 시스템의 문제점과 가능한 해법을 〈표 14-2〉에 정리했다.

문제	가능한 해결책
1. 비슷한 시스템이 너무 많다.	1a. '대다수가 같은 신호에 따라 매매하는 상황'을 피할 수 있는 시스템을 구성한다. 1b. 1계약 이상을 매매할 때는 진입 시점을 다양하게 한다.
2. 휩소	2a. 확정 조건을 사용한다. 2b. 필터 규칙을 적용한다. 2c. 다각화 전략을 구사한다.
3. 주요 가격 추세를 최대한 활용하지 못한다.	3. 피라미딩 요소를 추가한다.
4. 덜 민감한(느린) 시스템은 잠재 수익의 상당 부분을 놓치는 경향이 있다.	4. 매매 청산 규칙을 활용한다.
5. 박스권 장세에서 수익을 내지 못한다.	5. 추세 추종 시스템과 함께 역추세 시스템도 사용한다.
6. 일시적인 큰 손실이 발생한다.	6a. 자금에 여유가 있다면 각 시장에서 한 개 이상의 시스템을 사용해 매매한다. 6b. 시스템 매매를 시작하면서 신호가 나온 지점에서 시장에 진입할 때는 포지션의 크기를 너무 과하게 잡지 않는다.
7. 최고 성과를 내는 시스템의 변동성이 너무 크다.	7. 고수익 가능성이 있지만 위험 수준이 너무 높은 단일 시스템이 있다면 다각화 전략을 통해 이 시스템에도 자금을 배분한다.
8. 모의 투자에서는 성과가 좋은데 실전 투자에서는 성적이 저조하다.	8. 적절한 시스템 검증을 통해 그러한 위험성을 줄인다.
9. 매개변수의 변화	9a. 자금에 여유가 있다면 기본 시스템의 몇 가지 변형을 사용함으로써 시스템의 다각화를 시도한다. 9b. 시장 특성에 따른 조정 기법을 포함하는 시스템을 활용한다.
10. 슬리피지: 이론과 현실의 격차	10. 현실적인 가정을 사용한다(제15장에서 설명).

표 14-2 | 기본적인 추세 추종 시스템의 문제점과 그 해결책

사람들은 과거에 일어났던 일이 미래에도 계속 일어나리라고 믿는다.
상황이 바뀌고 있는데도 참 미련할 정도로 그 믿음을 놓지 않는다.

－조지 처치(George J. Church)

제15장

매매 시스템의 검증 및 최적화

이번 장에서 다룰 내용은 초보자가 이해하기에는 다소 버거울 수 있다. 시스템 설계와 검증 과정 자체가 매우 복잡하기 때문에 어쩔 수 없다. 몇 가지 개념은 당장은 사용하지 않을지 모르나 바람직한 시스템 검증 습관을 형성하는 데 매우 중요할뿐더러 시스템 매매에 대한 경험이 늘어날수록 그러한 개념은 점점 더 중요해질 것이다. 아래는 1984년 9월호 〈선물Futures〉에 처음 발표된 글을 각색해 정리한 것이다.

최상의 것으로만 선별한 사례

여러분이 제10회 '백만장자가 되는 비결'이라는 투자 세미나에 참석하려고 895달러라는 거금을 턱 내놓았다고 하자. 그 정도 금액을 참가비로 냈으니 연사가 아주 귀중한 정보를 제공하리라 기대할 것이다.

연사가 나와 '아주 대단한Super-Razzle-Dazzle: SRD' 시스템을 소개하는 참이다. 커다란 스크린 위에 뜬 슬라이드에 가격 차트가 등장하고 매수 신호와 매도 신호가 각각 B와 S로 표시돼 있다. 슬라이드는 아주 인상적이다. 매수 신호 가격 전부가 매도 신호 가격보다 낮아 보인다.

다음 슬라이드는 더 대단하다. 이 시스템으로 매매했을 때 예상되는 결과가 자산 곡선으로 분명하게 나타나 있다. 물론 그 자산 곡선은 거의 완벽한 우상향 곡선을 그리고 있다. 계속 수익을 내면서 자산이 불어났음을 보여주는 아주 '만족스러운' 결과물이다. 그뿐만 아니라 이 시스템은 따라 하기도 매우 쉽다. 연사가 장담하듯이 '하루에 10분만 할애하는 것으로 충분하고, 산수 정도의 간단한 계산 능력만 있으면 누구나 이해할 수 있는' 단순한 시스템이다.

돈을 버는 것이 그렇게 간단한 줄은 예전엔 미처 몰랐다. 좀 더 빨리, 하다 못해 지난해 열렸던 제9회 세미나라도 참석했으면 좋았을 텐데. 그렇게 하지 못한 것을 못내 아쉬워하며 자신을 책망한다.

그리고 집으로 돌아와서는 다각화 전략의 일환으로 10개 시장을 선택해 연사가 말한 SRD 시스템으로 매매를 시작한다. 그리고 매일 자신의 투자 자산 상태를 점검한다. 그런데 몇 개월이 지나자 예상 밖의 결과가 나타난다. 세미나에서 예로 들었던 것처럼 자산은 꾸준한 추세를 보이고 있으나 한 가지 차이점이 눈에 띈다. 자신의 자산 가치가 하락 추세를 보이는 것이다. 대체 무엇이 잘못된 것일까?

사실 어떤 시스템이든 최상의 결과를 내는 사례가 존재한다. 여기서는 이 같은 최상의 결과를 낸 과거 사례를 근거로 미래 성과를 추정한 것이 실수였다.

실제 사례를 살펴보는 것이 이러한 상황을 이해하는 데 도움이 될 것이다. 1983년 당시 나는 매매 시스템 경험이 2~3년 정도였는데, 어느 투자정보지에서 다음과 같은 매우 단순한 매매 시스템에 관한 기사를 읽었다.

1. 오늘의 6일 이동평균값이 전일의 6일 이동평균값보다 높으면 매도 포지션을 청산하고 매수 포지션을 취하라.
2. 오늘의 6일 이동평균값이 전일의 6일 이동평균값보다 낮으면 매수 포지션을 청산하고 매도 포지션을 취하라.

이 기사는 1980년 스위스프랑의 가격 차트를 사용했다. 이 시스템을 1980년 스위스프랑 가격 차트에 적용하면 계약당 1만 7,235달러의 수익(평균 매매 청산 비용이 80달러라는 가정 하에)이 발생한다는 것이다. 보수적인 접근법에 따라 계약당 6,000달러를 배분하더라도 연간 수익률이 무려 287%나 된다는 의미다! 단 두 문장으로 요약할 수 있는 이 단순한 시스템으로 이 정도의 수익률을 올린다면 나쁠 일이 전혀 없다.

이러한 사례를 접한 투자자는 확실한 수익이 보장되는 것 같은 이 접근법에 매료될 것이다. 따라서 그동안 사용하던 매매 시스템을 포기하고 이 매력적인 새 시스템으로 갈아타리라 예상할 수 있다.

그러나 나는 그렇게 단순한 시스템이 그렇게 대단한 성과를 낸다는 사실이 아무래도 믿기지 않았다. 그래서 1976년부터 1983년 중반까지로 대상 기간을 넓히고, 또 좀 더 광범위한 시장을 대상으로 하여 이 시스템을 검증해보기로 했다.

이 시스템을 사용해 스위스프랑으로 매매를 시작하자 이 기간의 총 수익이 2만 473달러임을 알 수 있었다. 다시 말해 1980년 한 해를 제외하면 나머지 6년 반 동안 이 시스템으로 올린 수익은 겨우 3,238달러였다. 그러므로 이 시스템을 사용한 매매에 6,000달러를 배분했다고 가정하면 이 기간의 연평균 수익률은 8%에 불과한 셈이었다. 1980년의 수익률 287%와 비교하면 그야말로 새 발의 피도 안 되는 어이없는 수준이다.

그러나 잠깐 기다려라. 이것이 끝이 아니다. 진짜 어이없는 일이 아직 남아 있다.

1976년부터 1983년 중반까지 25개 시장에 이 시스템을 적용해본 결과 25개 가운데 19개 시장에서 손실이 발생했다. 그리고 조사 대상이었던 총 25개 시장의 절반이 넘는 13개 시장에서는 손실 규모가 계약당 2만 2,500달러(연간 3,000달러)를 넘었다. 5개 시장에서는 계약당 4만 5,000달러(연간 6,000달러)가 넘는 손실이 발생했다. 수익을 낸 시장에서도 같은 기간 동안 대부분의 추세 추종 시스템이 올린 수익을 밑돌았다.

왜 이러한 결과가 나왔는지에 대해서는 의문의 여지가 별로 없다. 한마디로 정말 '질 낮은' 시스템이었기 때문이다. 그런데도 최상의 결과를 낸 사례만 접했다면 제시 리버모어가 전성기 때 사용했을 법한 천상의 매매 시스템을 발견했다고 생각했을 것이다. 이론과 실제 간의 이 엄청난 괴리를 생각해보라.

이 시스템이 광범위한 시장에 걸쳐 큰 손실을 냈다고 하면, 대다수가 이 시스템이 낸 매매 신호가 왜 성공적인 투자 결과로 이어지지 못했는지 의아해할 것이다. 그 이유는 시스템의 민감도에서 찾아야 한다. 시스템이 너무 민감해서 매매 비용이 너무 많이 발생하는 것이 손실의 상당 부분을 차지했기 때문이다 (매매 비용에는 수수료 외에 슬리피지까지 포함된다. 슬리피지 개념에 대해서는 339쪽을 참고한다). 1980년 스위스프랑의 매매 사례에서처럼 시스템의 민감도가 간혹 도움이 될 때도 있다. 그러나 여러 가지를 고려해 볼 때 민감도가 너무 높았던 것이 이 시스템의 가장 큰 단점이었다.

해당 시스템의 사용 여부와 상관없이 매매 비용에서 비롯된 손실이 소멸하지는 않는다. 게다가 발생하는 모든 신호에 대해 반대 방향으로 매매해도 매매 비용은 발생한다. 따라서 일단 매매 비용이 발생하는 한 이 시스템에 대한 역투자 접근법의 실익도 사라진다.

여기서 얻을 수 있는 교훈은 아주 간단하다. 즉, 독립적인 사례를 근거로 해서는 특정 시스템(혹은 지표)에 대해 그 어떤 결론도 도출할 수 없다. 특정 시스템이 가치가 있는지를 판단하는 유일한 방법은 광범위한 시장을 대상으로 장기간에 걸쳐 해당 시스템을 검증(사후 검증이 아님)하는 것이다.

기본 개념과 정의

매매 시스템trading system은 매매 신호를 발생시키는 데 사용할 수 있는 일련의 규칙 조합이라고 할 수 있다. 매개변수parameter는 매매 신호 발동 시점의 다양화를 위해 매매 시스템에 자유롭게 할당할 수 있는 임의 값이다. 예를 들어 기본 돌파 시스템에서 N(고점 혹은 저점이 돌파되기 이전 일수)이 바로 매개변수다. N=7이든 N=40이든 돌파 시스템의 규칙은 동일하게 작용하나 매매 신호의 시점은 크게 달라진다(제14장의 〈그림 14-5〉와 〈그림 14-6〉을 참고하라).

매매 시스템은 대부분 한 개 이상의 매개변수를 지닌다. 예를 들어 교차이동평균 시스템에는 매개변수가 2개다. 하나는 단기 이동평균 일수이고 또 하나는 장기 이동평균 일수다. 여러 매개변수 값을 결합한 것을 매개변수 조합parameter set이라고 한다. 예를 들어 교차이동평균 시스템에서 이동평균값 10과 40이 매개변수 조합이 된다. 또 다른 이동평균값의 결합은 또 다른 매개변수 조합을 생성한다. 매개변수가 하나뿐인 시스템(예: 돌파 시스템)에서 매개변수 조합은 단 한 가지 요소로 구성된다.[4]

---

4) 매개변수 조합과 시스템 변형(제14장에서 설명함)은 본질적으로 같은 개념이다. 매개변수 조합 개념을 지금에서야 소개하는 이유는 이렇게 하는 것이 논리적으로 순서가 맞다고 보기 때문이다.

대부분의 일반적인 시스템들은 매개변수가 한두 개로 제한돼 있다. 그러나 좀 더 창의적이고 융통성 있는 시스템을 설계한다거나 기본적인 시스템에 필요한 조건을 추가할 때는 매개변수가 3개 이상은 필요하다. 예를 들어 교차이동평균 시스템에 시간 경과 확정 조건을 추가한다면 시간 경과 '일수'라는 매개변수가 하나 더 필요하다.

일반적으로는 복잡한 시스템과 비교해 성과가 크게 저조하지 않은 한, 단순한 시스템(즉, 매개변수의 수를 최소화한 시스템)을 사용하는 것이 현명하다. 이는 단순한 시스템이 복잡한 시스템에 비해 상대적으로 엄청난 투자 손실을 완화해주기 때문이다. 그렇다고 해서 단지 매개변수 조합의 수를 줄이려는 목적으로 중요한 매개변수를 빠뜨리는 일은 없어야 한다. 이 경우 좀 더 합리적인 접근법은 실제로 검증을 거친 매개변수 조합으로 그 수를 제한하는 것이다.

매개변수가 한두 개 정도인 단순한 시스템에서 모든 가능한 조합을 검증할 필요는 없다. 예를 들어 N값이 1부터 100까지인 단순 돌파 시스템의 매매 성과를 검증한다고 하자. 이때 1부터 100까지의 정수 하나하나를 다 검증할 필요는 없다. 일정한 간격의 N값(예: 10, 20, 30…, 100)을 상정한 시스템을 검증하는 것이 훨씬 더 효율적이다.

그런 다음 특별히 중요하다 생각되는 구간에 초점을 맞출 수도 있다. 예를 들어 해당 시스템이 N=40과 N=50일 때 특히 좋은 성과를 냈다면 투자자는 그다음 이처럼 좁혀진 구간 내에서 다른 N값을 검증을 해보면 될 것이다. 그러나 나중에 설명하겠지만, 매개변수 조합 값에 따른 성과 차이, 특히 두 값의 간격이 그다지 크지 않을 때의 성과 차이는 우연의 결과일 가능성이 높아서 비슷한 작업을 굳이 또 해야 할 이유는 없다.

가격 데이터의 선택

과거의 주가 데이터는 연속적이고 단절이 없어서 검증에 적합하다. 선물 투자의 경우 특정 시장에서 시스템을 검증하는 첫 단계가 바로 적절한 가격 데이터를 선택하는 일이다. 이 주제와 관련해서는 이미 제2장에서 상세히 설명했다. 단기 매매 시스템에서는 단기 월물 기준의 실제 계약 데이터를 사용하기도 하지만 대체로 연속형 선물 가격 데이터가 선호된다.

검증 기간 선택

대체로 검증 기간이 길수록 결과에 대한 신뢰도가 높아진다. 검증 기간이 너무 짧으면 다양한 시장 상황을 충분히 반영하는 시스템의 성과라고 보기 어렵다. 예를 들어 〈그림 15-1〉에서 박스권 장세가 오래 유지됐던 2년간(1996년 1월부터 1998년 2월까지)의 가격 데이터를 사용해 역추세 시스템을 검증한다면 잘못된 결과를 도출할 공산이 매우 크다. 이러한 단기 기준의 검증은 이 시스템의 장기적 성과를 제대로 반영하지 못하기 때문이다.

반면 시스템 검증에 사용하는 기간이 너무 길면 해당 기간 중 앞부분에 해당하는 가격 데이터는 현재의 시장 상황을 잘 반영하지 못한다. 예를 들어 상품 시장을 검증할 때, 수많은 상품 시장에서 유례없는 가격 급등락이 나타났던 1973~1976년은 제외하는 것이 더 낫다. 이처럼 검증 기간에 대한 대표성이 현저히 떨어지는 기간을 포함하면 추세 추종 시스템 대부분의 잠재적 투자 성과가 과장되는 경향이 있다. 다시 말해 이 기간에 대다수 추세 추종 시스템이 올린 막대한 수익이 앞으로도 재현될 가능성은 희박하다.

검증 기간을 몇 년으로 해야 하느냐는 질문에 정확히 대답할 수는 없으나 10년에서 20년 정도가 적당하지 않을까 싶다. 단기 매매 시스템(예: 평균 매매 기간이 2~3주 이내)일 때는 검증 기간이 더 짧아도(예: 5~10년) 된다. 이보다 더 짧은 기간을 대상으로 한 검증이라면 그 결과를 신뢰하기 어렵다. 사실 매매 시스템에 대한 검증 결과라면서 발표된 자료 중에는 그 기간이 2년 미만인 것도 꽤 있다. 그러한 자료는 신빙성이 떨어진다.

따라서 이보다는 긴 기간(예: 15년)을 대상으로 검증에 나서야 하고, 그런 다음에는 전체 기간 및 다양한 단기 구간(예: 연도별)을 대상으로 시스템 성과를 평가하는 것이 바람직하다. 이러한 접근법은 시스템의 시간적 안정성time stability 부분, 즉 시간 경과에 따른 기간별 성과의 상대적 일관성 수준을 검증할 때 특히 중요하다. 시간적 안정성은 시스템의 과거 성과가 미래에도 유지 및 재현되는지에 관한 신뢰도를 높여주기 때문에 시스템 평가에서 매우 중요한 의미가 있다.

15년 동안의 투자 성과를 따져 봤을 때 3년 동안 큰 수익이 난 덕분에 결과

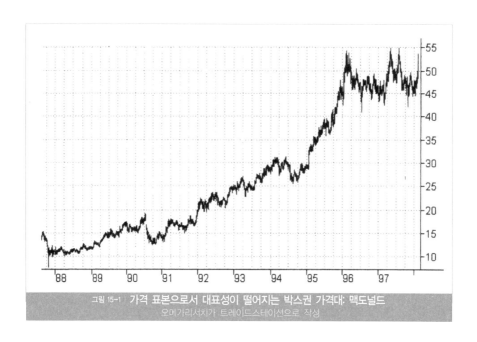

그림 15-1 | **가격 표본으로서 대표성이 떨어지는 박스권 가격대: 맥도널드**
오메가리서치가 트레이드스테이션으로 작성

338

적으로는 순수익을 기록하기는 했으나 그 3년을 제외한 나머지 12년은 손실을 내거나 손익분기점을 겨우 맞추는 정도였다고 하자. 아마 대다수는 이러한 성과를 낸 시스템을 사용하기 꺼려할 것이다. 이와는 달리 특별히 큰 수익이 난 시기는 없으나 전체 15년 중에서 14년 동안 꾸준히 수익을 내면서 결과적으로 순수익을 기록한 시스템에 더 점수를 주기 마련이다.

현실적인 가정

매매 시스템을 사용하다 보면 실제 투자 결과가 모의 투자 결과에 훨씬 못 미칠 때가 있다. 사실 이는 너무 흔한 현상이라서 이와 관련해 '슬리피지slippage'라는 용어까지 나왔을 정도다. 슬리피지란 원하는 체결가와 실제 체결가의 차이(차액)를 말하는 것으로, 대체로 불리한 가격에 체결이 되므로 손해를 본다. 실제 투자와 모의 투자의 결과 차이가 시스템의 본질적 오류에서 비롯된 것이 아니라면, 슬리피지는 기본적으로 시스템 검증에 비현실적인 가정을 사용한 데서 비롯된 결과라 할 수 있다. 이러한 잘못된 가정에는 크게 두 가지 유형이 있다.

1. 매매 비용 | 대부분의 투자자는 시스템을 검증할 때 실제 매매 수수료를 조정하는 것만으로는 가정을 현실화하는 데 충분치 않다는 사실을 깨닫지 못한다. 수수료는 매매 비용의 일부분에 지나지 않기 때문이다. 눈에 잘 띄지 않지만 분명히 존재하는 또 다른 비용이 존재한다. 손절매 주문, 시장가 주문, GTC 주문오픈 주문open order이라고 함-역주, 종가 주문 등 각 상황에 따른 실제 체결가와 이론적 체결가 간의 차이가 그것이다. 이 문제를 해결하는 방법은 간단하다. 매매 비용이 과거의 실제 수수료(예: 매매당 100달러)보다 훨씬 크다

고 가정하는 것이다.

2. 매매 제한 | 달리 프로그래밍하지 않는 한 전산화된 매매 시스템은 매매
신호가 나올 때마다 매매 실행을 지시한다. 그러나 현실 세계에서는 상한가
와 하한가 같은 일일 허용 가격 한계 때문에 매매를 할 수 없을 때가 있다.
이러한 상황에서 주문을 이행할 수 있다고 가정한다면 당연히 모의 투자 결
과는 실제 투자보다 좋게 나올 수 밖에 없다. 〈그림 15-2〉는 가상의 매매
신호와 이에 따른 주문 체결가를 보여준다. 신호 가격으로 따지면 42.4센트
(계약당 1만 5,900달러)의 수익이 발생했지만, 실제 투자에서는 16.2센트의 손실
(계약당 6,075달러)을 본 것이다.

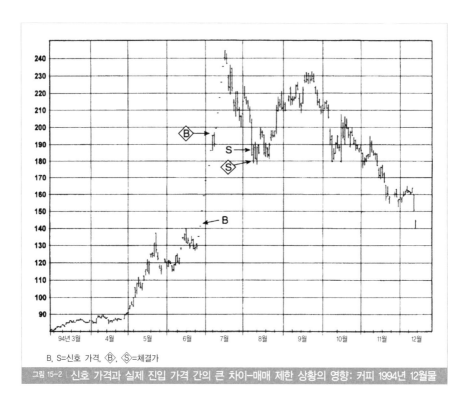

B, S=신호 가격 Ⓑ, Ⓢ=체결가

그림 15-2 | 신호 가격과 실제 진입 가격 간의 큰 차이–매매 제한 상황의 영향: 커피 1994년 12월물

340

괜찮아 보이던 시스템도 현실적인 가정을 적용하면 유용성이 떨어진다는 사실을 경험한다. 막대한 매매 비용을 발생시키는 매우 역동적인 시스템은 더욱 그렇다. 이러한 문제를 실제 투자가 아닌 검증 단계에서 미리 발견하는 것이 훨씬 바람직하다.

시스템 최적화

최적화optimizing는 특정 시장에 적용된 시스템에서 최상의 성과를 낼 매개변수 조합을 찾아내는 과정이다. 최적화의 기본 전제는 과거에 좋은 성과를 냈던 매개변수 조합이 미래에도 최고의 성과를 낼 가능성이 크다는 것이다. 예를 들어 투자자가 10년간의 가격 데이터로 교차이동평균 시스템을 검증한 결과 단기 및 장기 이동평균 일수를 각각 10과 40으로 했을 때 가장 좋은 성과를 냈다는 사실을 발견했다고 하자. 아마도 그는 이후 매매에서도 역시 좋은 성과를 내리라는 기대를 가지고 이 수치 조합으로 시스템 매매를 하려 할 것이다(이 가정이 타당한지 아닌지는 다음에 설명한다.)

최적화와 관련해 기본적으로 고려해야 할 문제는 어떤 기준으로 '최고 성과'를 정의할 것이냐 하는 점이다. 최고 성과라고 하면 단순히 최대 수익을 냈을 때라고 해석하는 경향이 있다. 그러나 이는 불완전한 정의다. 기본적으로 시스템 성과를 비교할 때는 다음의 네 가지 요소를 고려해야 한다.

1. 수익률 | 투자에 대한 수익의 비율을 말한다. 두 시스템이 똑같이 연간 1만 달러의 수익을 낸다고 하자. 그런데 하나는 매매 자금으로 4만 달러가 필요하고 또 하나가 20만 달러가 필요하다면 이 둘을 똑같이 매력적인 시스템으

로 보기 어렵다. 이 두 시스템의 수익률은 달라질 것이고, 따라서 시스템에 대한 평가도 달라질 수밖에 없다.

2. 위험도 | 수익률과 더불어 자산 가치의 변동성(예: 수익률의 변동성, 자산 가치의 하락)도 고려해야 한다. 연 수익이 각기 1만 달러이고 필요 지금은 4만 달러인 두 시스템이 있다고 하자. 그런데 두 시스템에 대한 과거 데이터 검증 결과 한 시스템은 자산 가치의 최대 하락폭이 2만 달러(50%)이고 또 하나는 5,000달러(12.5%)다. 이러한 상황에서는 전자로 매매해야 할 이유가 없다.

위험도를 고려하는 것은 변동성이 큰 시스템과 매개변수 조합을 피하려는 데는 심리적 요인 외에도 시장 진입 시점을 잘못 선택할 수 있기 때문이다 (예: 언제 가격이 하락할지 그 시점을 정확히 알아낼 방법이 없음). 예를 들어 앞선 사례에서 전자의 시스템을 사용한 투자자가 불행하게도 투자 개시 후 몇 개월 만에 자산 가치가 20만 달러나 하락하는 불운을 겪었다면 그는 크게 실망한 나머지 이 시스템을 통해 장기적인 투자는 하지 않을 것이다.

3. 매개변수의 안정성 | 효율적인 매개변수 조합을 찾아내는 것만으로는 충분치 않다. 즉 그 매개변수 조합이 우연히 좋은 성과를 낸 것이 아닌지 확인해야 한다. 사실상 시스템 최적화의 목적은 최고 성과를 낸 매개변수 조합 하나를 알아내는 것이 아니라 좋은 성과를 내는 보다 광범위한 매개변수 조합을 찾아내는 것이다.

예를 들어 단순 돌파 시스템 검증에서 매개변수 N=7이 위험 대비 최상의 수익을 나타냈으나 N<5와 N>9에서 성과가 급격히 낮아졌고 N=25와 N=54 사이의 N값들이 비교적 좋은 성과를 냈다는 사실을 알게 됐다면 후자의 범위에 속하는 매개변수를 선택하는 것이 훨씬 합리적이다. 왜 그럴까?

N=7일 때 최고의 성과를 냈던 것은 그야말로 예외적인 상황으로서 과거의 그 데이터만이 갖고 있는 특성이므로 이러한 상황이 되풀이될 가능성은 적기 때문이다. N=7일 때를 제외하고 N값이 7 부근에 있을 때는 저조한 성과를 낸 이상 N=7로 매매를 계속해야 할 근거가 부족하다. 즉, N=7이 바람직한 매개변수 값이라고 신뢰할 만한 근거가 없다. 이와는 대조적으로 N=25부터 N=54까지, N값의 범위를 비교적 넓게 잡았을 때 안정적 성과를 나타낸 것으로 보아 이 범위의 중간 지점에 해당하는 매개변수를 택하면 성공 투자의 확률이 더 높아질 것이다.

4. 시간적 안정성 | 앞에서 설명했듯이 지극히 짧은 기간에 극단적으로 월등한 성과를 내는 것보다는 특정 기간 내내 꾸준한 성과를 내는 것이 중요하다. 이렇게 오래도록 꾸준한 성과를 낸 그 기간이 전체 매매 기간에 대해서도 대표성을 갖는다.

많은 투자자들은 결국 잘 포장된 투자 결과가 비현실적이라는 사실을 알게 된다. 이런 관점에서 투자자들에게 위안이 되는 것은 같은 시스템에 서로 다른 매개변수 조합을 적용해 비교해보면 잘 포장된 투자 결과를 초래한 시스템의 조건들은 매우 상관관계가 높았다는 사실이다.

일반적으로 수익성이 높은 매개변수 조합은 자산 가치의 하락 폭도 작은 편이다. 결과적으로 '단일' 시스템을 최적화할 때 기본적인 수익-위험(수익 대비 위험) 지표 혹은 이보다 더 단순한 수익률 지표를 사용하면, 수많은 성과 지표를 포함하는 복잡한 성과 평가와 크게 다르지 않은 결과를 얻을 수 있다. 그러나 완전히 다른 시스템 간의 매개변수 조합들을 비교할 때는 위험도, 매개변수의 안정성, 시간적 안정성 등의 요소를 고려하는 것이 중요하다.

최적화에 관한 실험적 검증 결과, 아래와 같은 결론에 도달했다.

1. 어떤 시스템이든 최적화를 통해 과거 데이터를 기반으로 검증을 하면 수익성이 매우 높은 시스템으로 보일 수 있다. 최적화를 통해서도 높은 수익을 올린 것처럼 보이게 하는 것이 불가능한 시스템을 발견한다면 그것이야말로 정말로 축하할 일이다. 진정한 '머니 머신'을 발견한 셈이니 말이다(매매 비용이 너무 과하지만 않다면 그 정반대로만 하면 떼돈을 벌 수 있다는 의미이기 때문이다). 그러므로 최적화를 통해 최상의 성과를 올렸던 시스템은 보기에는 대단한 것 같아도 실상은 그렇지가 않다.

2. 최적화는 항상 시스템의 미래 성과를 크게 부풀리는 경향이 있다. 그러므로 최적화된 결과를 시스템의 장점을 평가하는 데 사용해서는 안 된다.

3. 전부는 아니지만, 수많은 시스템에서 최적화는 미래의 성과를 아주 조금 향상시키는 데 그친다.

4. 최적화가 그나마 가치가 있으려면 매개변수 조합 값에 대한 선택의 폭이 넓어야 하다. 최적화를 위한 노력은 아무리 좋게 봐줘도 '시간 낭비'라는 표현 이상은 안 나오고, 최악의 경우 '자기 기만'이라고밖에 볼 수가 없다.

5. 이상의 사실을 고려할 때 정교하고 복잡한 최적화 과정은 그냥 시간 낭비일 뿐이다. 가장 단순한 최적화가 그나마 가장 유용한 정보를 제공한다(얻어낼 유용한 정보가 있다는 전제 하에).

요컨대 일반적인 생각과 달리 최적화가 매개변수 조합을 임의로 선택할 때보다 장기적으로 더 나은 결과를 낳는지에 대해서는 의문의 여지가 있다. 그렇다고 해서 최적화가 전혀 가치가 없다는 의미는 아니다.

앞서도 언급했듯이 최적화는 매개변수 값을 선택하는 과정에서 성과가 저조한 매개변수 범위를 제외할 때는 매우 유용하다. 또 일부 시스템에서 최적화는 극단적 범위뿐만 아니라 차선의 범위마저도 제외시킬 정도로 매개변수 조합 선택 시 까다로운 기준을 제공한다. 그러나 최적화로 개선되는 정도는 일반적으로 생각하는 수준보다 훨씬 작다. 따라서 최적화에 관한 가정을 맹목적으로 따르기보다는 먼저 검증을 해보는 것이 시간 낭비를 줄이는 지름길임을 강조하고 싶다.

검증 대 적합화

아마 매매 시스템 사용자가 범하는 가장 치명적 오류는, 검증 기간에 확인된 최적화된 매개변수 조합의 성과가 미래에도 비슷하게 나타나리라 가정하는 일일 것이다. 그러나 안타깝게도 그러한 가정은 특정 시스템의 역량을 과대평가하는 결과를 낳는다. 가격 변동의 기본 속성은 '임의성'이라는 사실을 알아야 한다. 즉, 가격은 임의적으로 움직일 뿐이며 가격 변동은 전혀 체계적이지 않다.

이와 관련해 우리가 알아야 할 '불편한 진실'이 있다. 즉, 특정한 매개변수 조합이 주어진 기간에 최고의 성과를 낼지 아닐지는 우연에 달렸을 가능성이 다분하다는 사실이다. 확률 법칙상 아무리 무의미한 매매 시스템이라도 수많은 매개변수 조합을 대상으로 검증해보면 과거와 같은 좋은 성과를 내줄 매개변수 조합을 만들어낼 수 있다. 최적화된 매개변수 조합(즉, 검증 기간에 최고의 성과를 내는 매개변수 조합)을 바탕으로 한 시스템 평가는 시스템 검증이라기보다는 시스템을 과거의 성과에 맞추는, 이른바 '시스템 적합화'에 더 가까울 것이다.

만일 성과 측정에 최적화를 사용할 수 없다면 시스템을 어떻게 평가해야 할까? 이를 위해 두 가지 접근법을 소개하겠다.

①블라인드 시뮬레이션

블라인드 시뮬레이션은 의도적으로 가장 최근의 몇 년을 제외한 데이터를 사용해 시스템을 최적화하는 것이다. 그리고 그 이후의 기간에 적용할 매개변수 조합을 이용해 이 시스템의 성과를 검증한다. 이 과정을 수차례 반복해야 유효한 결과를 도출할 수 있다.

예를 들어보자. 우선 특정 매매 시스템에서 1985~1992년의 투자 결과를 바탕으로 최상의 매개변수 조합을 결정한다. 그런 다음 이 매개변수 조합으로 1993~1994년의 투자 성과를 검증한다. 이어서 1987~1994년의 투자 결과로 최상의 매개변수 조합을 결정하고 이 매개변수 조합으로 1995~1996년의 투자 성과를 검증한다. 마지막으로 1989~1996년의 투자 결과로 최상의 매개변수 조합을 결정한 뒤 이 매개변수 조합으로 1997~1998년의 투자 성과를 검증한다.

이렇듯 매개변수 조합이 동시적인 데이터concurrent data가 아니라 그 이전의 데이터를 바탕으로 선택되기 때문에 적합화의 오류를 피할 수 있다. 어떤 면에서 보면 이러한 검증 방식은 실생활을 모방한 것이다(즉, 매매를 하기 위해 사람들은 과거 데이터를 기초로 매개변수 조합을 선택해야 함).

여기서 중요한 것은 시뮬레이션 기간과 최적화 기간이 겹치지 않아야 한다는 사실이다. 최적화 기간과 같은 기간에 이루어진 시뮬레이션은 의미가 없다.

②매개변수 조합의 평균 성과

매개변수 조합의 평균 성과를 알려면 시뮬레이션을 실행하기 전 먼저 검증하고 싶은 모든 매개변수 조합의 목록부터 작성해야 한다. 그리고 나서 선택한 모든 매개변수 조합에 대해 시뮬레이션을 실행하고, 검증한 모든 매개변수의 성과 평균을 해당 시스템의 성과 지표로 사용한다. 여기서 핵심은 수익이 나는 매개변수 조합만이 아니라 모든 매개 변수 조합을 대상으로 평균을 산출해야 한다는 점이다.

블라인드 시뮬레이션 접근법은 실제 투자 환경에 가장 근접한 것으로 볼 수 있다. 매개변수 조합의 평균 성과는 좀 더 보수적인 접근법으로서 계산 방법이 단순하다는 장점이 있다. 두 접근법 모두 시스템 검증에 타당한 절차라 할 수 있다.

중요한 주의사항이 한 가지 있다. 특정 시스템을 광고할 때 보면 '최적화된 결과'를 '시뮬레이션 결과'라고 대충 완곡하게 표현한다(그 결과가 블라인드 시뮬레이션 과정을 바탕으로 도출됐다는 의미가 아님). 시뮬레이션 결과와 관련해 흔하게 발생하는 왜곡과 오용에 관해서는 다음 절에서 상세히 다룬다.

시뮬레이션 결과에 관한 진실

최적화가 시스템의 미래 성과를 '향상'시키는 가치가 있는지에 관해서는 여전히 논란의 여지가 있다. 그러나 최적화 결과가 시스템의 미래 성과를 크게 '왜곡'할 수 있다는 사실에는 이견이 없다. 일정 기간에 최고 성과를 낸 매개변수 조합과 이후 기간에 최고 성과를 내는 매개변수 조합 간에는 상관관계가 거의 존재하지 않기 때문이다. 따라서 과거에 좋은 성과를 올렸던 매개변수 조합이 차후에도 계속 좋은 성과를 올리리라 기대하는 것은 현실적이지 못하다.

수년간의 경험을 통해 얻은 시뮬레이션 결과에 대한 내 생각을 그레셤의 법칙에 빗대 '시뮬레이션에 대한 슈웨거의 결론Schwager's corollary of simulation'이라고 표현하고 싶다. 경제학의 기본 원칙에 익숙한 독자라면 '악화貨幣가 양화良貨를 구축驅逐한다.'는 내용의 그 유명한 그레셤의 법칙을 기억할 것이다.

그레셤은 두 종류의 화폐(예: 금과 은)가 일정한 교환 비율(예: 16:1)로 시중에 유통되면 악화, 즉 '나쁜' 화폐(고정 환율 기준으로 실질 가치가 과대평가된 화폐)가 결국 양화, 즉 '좋은' 화폐를 몰아낸다고 주장했다. 가령 금이 실제로는 은보다 16온스 이상의 가치가 있다면 16:1의 교환 비율은 금을 사용하는 사람에게 불리하다. 그 결과 은이 금을 유통 시장에서 몰아내게 된다(금을 사용하지 않고 비축해 놓기 때문).

내 결론은 이렇다. "나쁜 시뮬레이션이 좋은 시뮬레이션을 구축한다." 여기서 '나쁜'이라는 말은 성과가 나쁘다는 의미가 아니라 지극히 빈약한 가정을 바탕으로 한 시뮬레이션이라는 의미다. 정말로 '나쁜' 것은 오히려 눈이 튀어나올 정도로 엄청난 결과를 내는 시뮬레이션이다.

연간 200%, 400%, 심지어 600%의 수익률을 낸다고 홍보하는 시스템 광고 전단지를 종종 접한다. 그러나 보수적인 관점에서(개인적으로는 '대충 따져보자는' 의미에서) 일단 연간 수익률이 100%라고 가정해보자. 이 정도 수익률이면 10만 달러를 투자했을 때 13년이면 10억 달러가 된다는 계산이 나온다! 이 광고 전단의 주장이 과연 사실일까?

'그럴 수 없다.'는 것이 이 질문에 대한 나의 답이다. 여기서 핵심은 어차피 사후에 과거 데이터를 만지작거리는 이상, 실질적으로 어떠한 유형의 성과 자료도 만들어낼 수 있다는 점이다. 정말로 '현실적인' 시뮬레이션에 바탕을 둔 매매 프로그램이나 시스템은 통상적인 광고 내용과 비교해 그 결과가 코웃음이 나올 정도로 보잘 것 없어 좀 당황스러워야 한다. 이러한 관점에서 나는 나쁜(비현실적인) 시뮬레이션이 좋은(현실적인) 시뮬레이션을 몰아낸다고 생각한다.

그렇다면 시뮬레이션 결과는 어떤 식으로 왜곡되는가? 아래 예로 든 몇 가지를 포함해 결과를 왜곡하는 방법은 손에 꼽을 수 없을 정도로 많다.

1. 성과가 좋았던 사례만 선별 | 시스템 판매자는 가장 좋은 시장, 가장 좋은 시기, 가장 좋은 매개변수 조합을 선택해 최상의 사례를 만들어낸다. 15년을 대상 기간으로 해서 100가지 매개변수 조합을 사용해 25개 시장을 대상으로 매매 시스템을 검증한다고 하자. 그러면 가능한 결과의 개수가 무려 3만 7,500개(25×15×100)에 달한다. 3만 7,500개나 되는 엄청나게 많은 결과 가운데 최상의 결과 하나를 찾아내는 것이 뭐가 어렵겠는가! 예를 들어 동전 10개를 3만 7,500번 던지면 10개 전부 앞면이 나올 때가 한 번은 있지 않을까? 분명히 그러할 것이다. 실제로 1,024번 가운데 평균 한 번은 10개 동전 전부 앞면이 나온다. 확률적으로는 그렇다.

2. 키친 싱크 접근법(kitchen sink approach: 모든 수단을 동원해 원하는 결과를 만들어낸다는 의미-역주) | 사후 검토의 이점을 십분 살려 과거 손실 투자 기간에 대해 매개변수들을 추가해서 시스템 규칙을 새로 만들어내면 실제로 원하는 거의 모든 수준의 성과를 도출할 수 있다.

3. 위험 무시 | 시스템 판매 광고에서 제시하는 수익률은 대체로 비현실적이고 모호한 기준으로 산출하는 경우가 많다. 이렇게 하면 수익률을 몇 배나 부풀릴 수 있다. 물론 위험 수준도 같이 증가하나 광고에서는 이 부분을 자세히 설명하지 않는다.

4. 손실 투자 간과 | 매매 시스템 안내 책자나 광고지에 소개된 차트를 보면 미리 정해 놓은 규칙이 충족된 지점에서 매매 신호가 나왔다는 사실을 적극

적으로 알린다. 그러나 같은 차트에서 같은 조건이 충족됐을 때 매매 신호를 따랐는데도 손실 투자로 이어진 부분에 대해서는 설명하지 않는다.

5. 최적화의 지나친 강조 | 최적화는 특정 시스템의 과거 성과를 극단적으로 과장할 수 있다. 최고의 매개변수 조합을 바탕으로 하면 어떤 시스템이든 투자 결과가 다 좋아 보일 것이다. 검증하는 매개변수 조합의 수가 많을수록 과거의 성과에 대한 선택의 폭이 넓어지고, 시뮬레이션 매매에서 올리는 수익도 커질 수밖에 없다.

6. 비현실적인 매매 비용 | 시뮬레이션 결과에는 수수료만 포함되고 슬리피지는 포함되지 않는다. 특히 빠른(민감도가 높은) 시스템에서 슬리피지를 간과하면 실전 매매에서는 엄청난 비용이 발생하는데도 겉으로는 수익이 엄청나게 나는, 이른바 '머니 머신'처럼 보일 수 있다.

7. 기만적 시스템 | 과기 데이디를 바당으로 최고의 성과를 내는 시스넴 규직을 구성하는 것은 식은 죽 먹기처럼 쉽다. 그런데 일부 시스템 판매자는 이 쉬운 '수고'조차 하지 않으려 한다. 예를 들어 아주 대놓고 엉터리인 299달러짜리 시스템을 끊임없이 내놓는 사람이 있었다. 〈상품 투자자 소비자 보고서Commodity Traders Consumers Report〉의 브루스 밥콕Bruce Babcock은 이 사람을 두고 '299달러 사나이'라 불렀다. 아주 적절한 별명이었다.

그렇다고 시스템 판매자 혹은 시뮬레이션 결과를 사용하는 사람 전부를 탓할 의도는 전혀 없다. 매우 엄격한 기준에 따라 시뮬레이션 결과를 만들어내는 사람도 아주 많다. 그러나 유감스럽게도 아주 오랫동안 시뮬레이션을 오·남용한 결과 시뮬레이션 결과가 무용지물이 돼버린 측면이 있는 것 또한 사실이다.

광고에서 떠드는 시뮬레이션 결과는 식당 사장이 스스로 써서 올린 후기와 다를 바 없다. 자신의 식당에 대해 나쁜 후기를 올리는 사장이 어디 있겠는가! 장담하건대 1987년 10월 16일의 종가를 기준으로 S&P 지수에 대해 매수를 추천하는 시뮬레이션 결과는 없을 것이다(1987년 10월 19일은 미국 주식 시장이 폭락한 블랙먼데이였다-역주).

이렇게 부정적 진실이 수두룩한데도 시뮬레이션 결과를 사용할 수 있을까? 그렇다. 다만, 여러분 자신이 시스템 개발자이고 자신이 무엇을 하고 있는지(앞서 시뮬레이션 방법에 대해 상세히 설명했다) 잘 알고 있다면, 혹은 시스템 개발자의 능력과 진실성을 절대적으로 신뢰한다면 말이다.

다중 시장 시스템의 검증

다중 시장 시스템 검증은 사실 초보자에는 버거운 작업이다. 그럼에도 제14장에서 다뤘던 '다각화'가 중요한 만큼 아무리 어려워도 이 부분을 이해하고 넘어갈 필요가 있다.

한 가지 시스템을 모든 시장에 적용하는 것은 비현실적이기는 하나, 훌륭한 시스템이라면 매매가 활발히 이뤄지는 대다수 선물 시장에서 좋은 성과를 내야 한다(예: 85% 이상의 시장에서). 주식 시장의 경우 한 가지 시스템이 매수 시점이나 청산 시점을 알기 위해 사용된다면, 훌륭한 시스템일 경우 '매수 후 보유' 전략보다 위험 대비 수익 측면에서 더 나은 결과를 보여줘야 한다. 물론 여기에는 몇 가지 중요한 예외가 있다.

일단 그 정의상 기본적 분석 요건을 고려하는 시스템은 단일 시장에만 적용할 수 있다. 게다가 일부 시장은 그 움직임이 비정형적이라(예: 주가지수) 그러한 시장에서의 매매를 전제로 설계된 시스템은 광범위한 시장에서는 저조한 성과를 낼 수 있다.

한편 다중 시장 시스템을 검증할 때는 각 시장에서 매매되는 주식이나 선물 계약의 수를 미리 정해야 한다. 보통 시스템의 매매 단위는 1로트(100주) 혹은 1계약으로 가정한다. 그러나 이는 너무 순진한 접근법이다. 그 이유로는 두 가지가 있다.

첫째, 다른 시장보다 변동성이 훨씬 큰 시장이 존재한다. 예를 들어 커피 선물 1계약과 옥수수 선물 1계약을 포함하는 포트폴리오는 커피 매매 결과의 영향을 크게 받는다. 둘째, 포트폴리오 내에 상호 연관성이 큰 시장(예: 쉐브론Chevron 과 아모코Amoco 같은 석유주, 독일 마르크와 스위스프랑 같은 외환 상품)이 있을 때는 이러한 주식이나 선물 계약의 수를 줄이는 것이 바람직하다.[5]

어쨌든 시스템을 검증하기 전 각 시장에 배분하는 자금의 비율을 결정해야 한다. 그런 다음 각 시장에서 매매할 계약의 수를 정할 때 이 상대적 가중치를 사용할 수 있다. 명목 수치가 아니라 백분율로 수익을 측정하는 한, 각 시장에서 매매되는 총 계약의 수는 무의미하며 오로지 시장 간 계약 비율이 중요할 뿐이다.

---

5) 실전 투자(과거 데이터 검증과는 달리)에서는 계약의 비중을 결정할 때 과거 성과는 그 중요성에서 세 번째 순위 정도에 해당하는 요소다. 그러나 이 요소는 편향된 결과를 초래할 소지가 있기 때문에 검증 절차에 투입할 수 없다.

부정적 결과

어떤 시스템의 성과가 저조한 이유나 환경 조건을 분석해보면 그동안 간과했던 시스템의 중요한 단점이 드러날 때가 있다. 따라서 시스템의 성능을 향상시키는 데 유용한 단서를 얻을 수 있다.

시스템 매매 규칙의 변경은 선별한 극소수 매개변수 조합이나 시장이 아니라, 좀 더 광범위한 매개변수 조합이나 시장에서의 투자 결과를 향상시키는 데 도움이 된다고 판단될 때만 하는 것이 좋다. 부정적 결과가 시스템 향상에 도움이 될 수 있다는 것은 절대로 과장의 말이 아니다. 소설가 고故 존 가드너John Gardner가 표현했던 '무질서야말로 사고의 촉진제'라는 개념은 이제는 상식이 된 만고의 진리다. 일찍이 가드너는 이렇게 말했다. "완벽한 세상에서는 생각을 할 필요가 없다. 우리가 생각을 하는 이유는 뭔가 잘못되었기 때문이다."

부정적 결과로부터 배울 수 있는 교훈들은 대부분의 매개변수 조합이나 대다수 시장에서 사용되는 시스템에는 적용할 수 있지만 특수한 경우에는 유용성이 없다. 반면 광범위한 시장과 매개변수 조합에서 저조한 결과를 나타내는 시스템은 철저하게 '망가진' 결과가 아니라면, 반면교사로서의 효용 가치마저도 사라지고 만다. 완전히 실패해야 그나마 교훈이라도 얻을 수 있다. 이 경우 원래 시스템의 매매 신호와 정반대 방향의 신호를 내는 시스템을 찾으면 될 것이다.

예를 들어 새로운 추세 추종 시스템을 검증한 결과 대다수 시장에서 계속 손실을 내는 것으로 나타난다면 우연히 괜찮은 역추세 시스템을 발견한 셈 치면 된다. 자신의 능력에 자신감이 넘치는 투자자로서는 그러한 발견이 달갑지 않을 수 있으나 이러한 교훈(타산지석)은 결코 무시해서는 안 된다(물론 매매 비용을 고려해야 하므로 꾸준히 저조한 성과를 내는 시스템을 역으로 활용한다고 해서 항상 유리한 결과를 얻을 수 있는 것은 아니라는 점을 확실히 인식해야 한다).

매매 시스템의 설계 및 검증 단계

1. 검증에 필요한 모든 데이터를 확보한다.

2. 시스템 개념을 규정한다.

3. 이 개념에 부합하는 매매 규칙을 프로그래밍 한다.

4. 주식 혹은 선물 시장의 범주와 매매 기간 범주를 선택한다.

5. 선택 범주별로 특정 매개변수 조합에 해당하는 매매 신호를 규정한다.

6. 선택 범주별로 가격 차트를 만들고 차트의 사본을 몇 부 만든다(선물 투자자는 연속형 선물 사용).

7. 작성한 차트에 매매 신호를 표시한다(시스템 검증에 관한 차트를 만들 때도 같은 가격 데이터를 사용했는지 확인하라). 이는 매우 중요한 단계다. 데이터 출력물을 사용하는 것보다 이처럼 차트에 표시된 매매 신호가 시각적으로 섬토하기 편리하므로 시스템의 오류를 찾아내 제거하기가 훨씬 수월하다.

8. 해당 시스템이 원래 의도했던 대로 작동하는지 확인한다. 세심하게 살펴보면 아래의 이유(두 가지 전부 혹은 둘 중 한 가지) 때문에 몇 가지 모순을 발견하게 될 것이다.

    a. 프로그램에 오류가 존재한다.

    b. 프로그램 규칙이 일부 상황을 예측하지 못하거나 예상치 못한 문제를 초래한다.

후자(b)에 속하는 사례 몇 가지를 들면 다음과 같다. 신호를 내야 정상인 상황에서 매매 신호를 내지 못하는 경우, 신호가 나오지 않을 시점에 신호를 내는 경우, 시스템 규칙이 새로운 신호가 나올 수 없는 상황을 만들거나 기존 포지션을 무한정 보유하도록 만드는 경우 등이 바로 그것이다. 이러한 점들은 잘 포착되지 않는 미묘한 문제에서 비롯되는 경우가 대부분이다.

프로그램 오류와 예상치 못한 문제를 교정하기 위해서는 시스템 규칙을 수정할 필요가 있다. 후자(예상치 못한 문제 교정)의 경우 시스템이 애초 의도했던 개념에 잘 부합해 작동하는지에 초점을 맞춰야 한다. 더불어 이러한 교정 작업은 시스템 개발 단계에서 사용한 표본(선택된 범주)의 투자 성과를 증진하는지 아니면 약화시키는지 하는 부분과는 아무런 상관이 없어야 한다.

9. 필요한 교정 작업을 마치고 나서 7단계와 8단계를 다시 반복한다. 다음의 두 가지 사항을 염두에 두고, 주어진 신호와 이전 신호의 변화 부분에 특히 주목해야 한다.

  a. 프로그램의 변화로 바람직한 수정이 이뤄졌는가

  b. 그러한 변화가 의도치 않은 결과를 낳지 않았는가

10. 일단 시스템이 처음 의도했던 대로 작동하고 모든 규칙과 만일의 사태까지 완전히 결정되면, 가격 데이터 전체에 걸쳐 완벽하게 정의된 매개변수 조합 목록을 기반으로 시스템을 검증한다(검증을 시도하기 전에 우선 처음에 목적했던 매매 포트폴리오를 제대로 규정했는지 확인하라).

11. 이 장의 앞부분에서 상세히 설명했듯이 모든 매개변수 조합의 평균 성과 혹은 블라인드 시뮬레이션 절차를 기준으로 성과를 평가한다.

12. 이렇게 나온 결과를, 포트폴리오 구성 내용과 검증 기간이 같은 일반적 시스템(예: 돌파, 교차이동평균)과 비교한다. 해당 시스템이 진정한 가치를 지니려면 위험 대비 수익 수준이 일반적 시스템보다 조금이라도 낫거나 적어도 동등한 수준은 돼야 하고 다각화 수준도 더 높아야 한다.

이상은 사후 검토의 이점 덕분에 편향된 결과를 생성하는 일이 없도록 엄격한 절차를 거쳐 시스템을 설계하는 과정이라 할 수 있다. 그렇기 때문에 대다수 시스템이 12단계에 이르러 실패하는 경우가 많으리라 예상한다. 정말로 월등한 성과를 내는 좋은 시스템을 설계하는 일은 일반 사람들이 생각하는 것보다 훨씬 어렵다.

시스템 검증 소프트웨어에 관해

앞서 설명한 시스템 설계 및 검증 단계를 실행하는 데 도움이 되는 소프트웨어 몇 가지가 시중에 나와 있다. 이런 소프트웨어 제품들은 매매 규칙의 정의 및 프로그래밍, 각기 다른 검증을 위한 가격 데이터 구성, 매매 신호가 표시되는 차트 작성, 분석을 위한 시스템 성과 통계치 생성 등을 수행한다. 소프트웨어 선택에 관한 내용은 제13장에서 설명했다.

매매 시스템에 대한 고찰

1. 추세 추종 시스템에서 추세를 확인하는 기본적인 방법(예: 돌파, 교차이동평균)은 이 시스템에서 비중이 가장 작은 요소일지도 모른다. 어떤 의미에서 이는 '추세 추종 시스템은 빠른 시스템과 느린 시스템, 딱 두 가지 유형뿐'이라고 했던 짐 오커트의 주장과 맥을 같이 한다. 그러므로 추세 추종 시스템을 설계할 때는 추세를 포착하는 더 좋은 방법을 찾아내려 애쓰기보다는 시스템 개선책(예: 손실 투자를 줄이는 필터 및 신호 확정 조건, 시장 특성에 따른 조정,

피라미딩 규칙, 손절매 규칙)에 초점을 맞추는 것이 바람직하다.

2. 복잡성 그 자체를 위한 복잡성은 의미가 없다. 가장 단순한 형태의 시스템을 사용하라. 복잡해질수록 성과가 더 나빠지는 시스템이 무슨 의미가 있겠는가!

3. 광범위한 시장을 대상으로 한 투자를 권하는 이유는 바로 다각화를 통한 위험 관리에 있다. 이는 매우 타당한 이유이자 수많은 사람이 이미 이해하고 있는 부분이기도 하다. 그러나 선물 투자의 경우 가능한 한 많은 시장에서 매매해야 하는 또 다른 이유가 있다. 돌발적으로 일어나는 큰 폭의 가격 변동 추세를 놓치지 않기 위해서다. 모든 주요 추세를 포착하는 것이 얼마나 중요한지는 아무리 강조해도 지나치지 않다. 주요 추세를 포착할 수 있느냐에 따라 그저 그런 성과를 내느냐 아니면 최고의 성과를 내느냐가 결정되기 때문이다. 1994년 커피 시장(제1장 〈그림 1-2〉 참고)과 1979년부터 1980년까지의 은 시장(제1장 〈그림 1-1〉 참고)이 그 좋은 예다.

4. 투자금이 충분하다면 시장뿐 아니라 시스템의 다각화도 필요하다. 단일 시스템보다는 복수 시스템으로 매매하면 꾸준하고 고른 성과 추이를 기대할 수 있다. 추세 추종 시스템뿐 아니라 역추세 시스템과 패턴 인식 시스템까지 포함한 혼합 시스템일 때 시스템의 다각화가 극대화된다(그러나 대체로 역추세 시스템과 패턴 인식 시스템은 추세 추종 시스템을 설계하는 것보다 훨씬 어렵기 때문에 혼합 시스템을 구성하기는 말처럼 쉽지 않다).

5. 투자금에 여유가 있다면 하나의 최적화된 매개변수 조합보다는 다각화

된 수많은 매개변수 조합으로 매매하는 것이 훨씬 낫다.

6. 일반적으로 매개변수 최적화의 가치가 너무 과장돼 있다.

7. 매개변수 최적화의 가치가 과장됐다는 것은 시스템의 상대적 성과를 평가할 때 최적화된 결과를 사용해서는 안 된다는 의미다. 이와 관련해 두 가지 시스템 검증 방법을 제시했다. 하나는 블라인드 시뮬레이션이고, 또 하나는 매개변수 조합의 평균 성과다.

8. 이른바 '시뮬레이션 결과'는 대개 최적화된 결과(즉, 사후 분석의 이점 반영)이며, 따라서 실질적으로 무가치하다. 이는 항상 성과가 좋았던 사례만을 골라 사용하는 매매 시스템 광고나 판촉물을 볼 때 특히 유의해야 하는 사항이다.

9. 성공적인 시스템의 결과를 분석하다 보면 대다수 시장에서 한두 해 동안 혹은 수년간 큰 수익을 낸 경우는 있어도 단 한 해 동안 큰 손실을 낸 경우는 극히 드물다는 사실을 알 수 있다. 이러한 시스템이 성공할 수 있었던 것은 뻔하게 들리겠지만 매매 규칙을 준수했기 때문이다. 즉 수익이 날 때는 포지션을 최대한 유지하고 손실이 날 때는 주저 없이 손절매를 했다.

10. 변동성이 크다는 이유로 시장 진입을 피해서는 안 된다. 변동성이 큰 시장이 수익성도 크다.

11. 대체로 좋은 성과를 내는 시스템이 부정적 결과를 냈다면, 이를 시스템

의 성과를 향상시키는 단서로 활용할 수 있다.

12. 자주 간과하는 사실인데, 투자 결과는 시스템 자체보다는 시장에 대한 정보를 더 많이 반영한다. 예를 들어 〈그림 15-3〉에서 추세 추종 시스템이 1997년 7월 말 혹은 8월 초에 매수 신호를 냈다면 큰 폭의 상승 스파이크 덕에 큰 수익을 올릴 수도 있었는데, 스파이크 바로 전에 매도 신호가 나오면서 수익 기회가 증발해버렸다. 그러나 이러한 현상이 부적절한 위험 관리 때문에 벌어졌다고 보기는 어렵다. 즉, 어떤 추세 추종 시스템이라도 이와 똑같은 운명을 맞았을 것이다.

이 사례는 시스템의 가치를 고립된 상태로 판단해서는 안 된다는 것을 보여준다. 즉, 시스템은 주변 환경이라는 맥락에서 종합적으로 평가해야 한다. 저조한 성과를 낸 이유가 시스템이 아니라 시장 상황에 있을 수도 있다. 요컨대 특정한 시장 상황 때문에 대다수 시스템이 저조한 투자 성과를 낸 것인지도 모른다.

마찬가지로 우수한 성과도 그 시스템의 우월성보다는 시장의 상황을 반영한 것일 수 있다. 즉, 시스템이 좋아서가 아니라 단순히 시장 상황이 매매에 유리하게 작용한 결과일 수 있다. 그러므로 새로운 시스템의 성과를 평가할 때는 기준이 되는 시스템(예: 교차이동평균이나 돌파 시스템처럼 같은 기간에 같은 시장에서 사용하는 표준 시스템)의 성과와 비교를 하는 것이 좋다.

13. 선물 매매 시스템을 검증할 때는 연속형 선물 가격을 사용하라.

14. 시스템을 개발하고 수정할 때는 소규모의 데이터베이스(즉, 전체 기간 중 특정 소구간 및 일부 시장만을 대상으로 함)를 사용하라.

15. 시스템의 오류 제거를 위해 매매 신호에 주석까지 표기된 차트를 사용하라.

16. 시스템이 생성하는 신호의 정확성과 완전성을 점검할 때 처음에 의도했던 것과 다르게 작동하는 부분(채택한 매매 규칙과 관련한 실수 혹은 예상치 못한 문제)이 있다면 이를 근거로 시스템의 변화를 꾀하라. 이때 표본 검증에 있어서 그러한 변화가 수익을 증가시키는지 아니면 감소시키는지는 신경 쓰지 않는다.

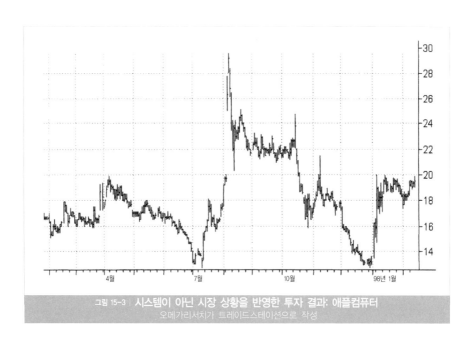

그림 15-3 | 시스템이 아닌 시장 상황을 반영한 투자 결과: 애플컴퓨터
오메가리서치가 트레이드스테이션으로 작성

제4부

실전 투자 지침

돈을 버는 데는 시간이 아주 오래 걸리는 데 반해
돈을 잃는 것은 순식간이다.

– 이하라 사이카쿠(Ihara Saikaku)

제16장

체계적인 매매 접근법

투자할 때 위험에 노출되는 자금이 순자산의 극히 일부에 불과하고 그저 재미 삼아 투자를 하는 경우라면 즉흥적인 접근법이 나쁠 것도 없다. 그러나 투자의 주목적이 돈을 버는 것일 때는 체계적인 투자 계획이 필수다. 진부한 말이라며 흘려듣지 않기 바란다. 성공한 투자자들을 살펴보라. 이들 전부가 잘 다져진 매매 접근법을 사용한다는 사실을 알게 될 것이다.

　다음은 체계적인 투자 계획을 수립하는 7단계 과정을 설명한 것이다.

1단계: 투자 원칙 수립

어떤 방식으로 투자 결정을 하는가? 이 질문에 "친구가 중개인한테서 믿을 만한 고급 정보를 들었다.", "신문을 읽고 영감을 얻었다.", "시세를 계속 주시하다가 어떤 감이 왔다." 등등 주먹구구식으로 애매하게 대답한다면 투자를 시작할 준비가 돼 있지 않다고 봐야 한다. 투자를 결정할 때는 제대로 된 투자 전략이 있어야 한다. 그리고 제대로 된 투자 전략이라면 기본적 분석, 차트 분석, 기술적 매매 시스템을 기초로 하거나 이러한 접근법을 몇 가지 조합한 형태를 기준으로 해야 한다. 동일한 접근법을 모든 시장에 적용해야 하는 것은 아니다. 예를 들어 어떤 시장에서는 기본적 분석과 차트 분석을 결합한 방법으로 투자 결정을 하고, 또 어떤 시장에서는 차트 분석 하나만을 기초로 투자 결정을 내리기도 한다.

투자 전략은 구체적으로 명시할수록 좋다. 예를 들어 차트 분석을 기반으로 하는 투자자는 매매 신호를 생성시키는 패턴의 형태뿐만 아니라 신호 확정 조건 같은 세부 사항까지도 구체화할 수 있어야 한다. 물론 가장 구체적인 투자 전략은 기계적 매매 시스템을 기반으로 한 전략일 것이다. 그러나 이처럼 완전히 자동화된 접근법은 대다수 투자자가 그다지 반기는 방식이 아니라서 보편적으로 사용되지는 않는다.

2단계: 투자할 시장 선택

투자 계획을 수립한 후에는 투자할 주식 시장이나 선물 시장을 선택해야 한다. 대다수 투자자들은 시간 및 자금과 관련한 제약이 있어서 시장을 설명해주는 요소들을 충분히 고려하지 못한다. 시장을 선택할 때는 적합성, 다각화, 변동성 등 세 가지 요소를 고려해야 한다.

①매매 접근법의 적합성

투자자는 자신이 염두에 둔 접근법으로 만족할 만한 성과를 낼 가능성이 가장 커 보이는 시장을 선택할 것이다. 물론 이러한 결정은 과거의 투자 경험이나 구체적인 투자 전략에 대한 검증 결과를 바탕으로 해야 한다.

②다각화

다각화의 수많은 이점에 관해서는 제14장에서 설명한 바 있다. 여기서 강조하고자 하는 것은 다각화가 위험 수준을 낮춰주는 가장 효과적인 수단이라는 점이다. 다각화의 효과를 극대화하려면 상호 연관성이 낮은 시장들을 선택하는 것이 좋다. 예를 들어 금에 투자하고자 하는 경우 금 시장에 은과 백금 시장을 추가하는 것은 아주 적절치 못한 선택이다. 귀금속 시장 외에 전혀 다른 범주의 시장에도 투자가 가능할 정도로 여유 지금이 충분하다면 모를까, 굳이 같은 귀금속 시장을 포트폴리오에 여러 개 끼워 넣는 것은 매우 바람직하지 않다.

③변동성

자금에 여유가 없는 경우라면 변동성이 심한 시장(예: 커피)은 피해야 한다. 변동성이 큰 시장을 포트폴리오에 포함하면 투자할 수 있는 시장의 총 수가 극히 제한되기 때문이다. 자신이 정한 매매 접근법이 변동성이 큰 시장에 더 적합한 것이 아니라면 변동성이 좀 덜한 시장 여러 곳에(다각화 요소도 충족됨) 투자하는 편이 훨씬 낫다(여기서 변동성은 계약당 화폐 가치의 변동성을 말한다. 따라서 변동성이 크다는 것은 상대적으로 가격 변동 폭이나 계약 규모 혹은 이 두 가지가 다 크다는 의미다).

3단계: 위험 관리 계획의 구체화

위험 관리를 흔히 '자산(자금) 관리'라고도 하는데, 개인적으로는 전자가 좀 더 명확한 표현이라고 생각한다. 철저한 위험 관리는 성공적인 투자의 가장 중요한 전제 조건이다. 위험 관리 계획에는 다음과 같은 요소가 포함돼야 한다.

1. 매매당 최대 위험 한도
2. 손절매 전략
3. 다각화
4. 상관성이 높은 시장에서의 레버리지 축소
5. 시장 변동성에 따른 조정
6. 자산 변동에 따른 레버리지 조정
7. 손실 기간 조정

①매매당 최대 위험 한도

각 매매에 배분하는 총투자금의 비율을 제한하면 장기적으로 성공 확률을 높일 수 있다. 매매당 최대 위험 한도는 총자산의 3% 이하로 제한해야 한다. 자금 규모가 작을 때는 변동성이 덜한 주식과 선물(혹은 소단위 선물 계약과 스프레드)로 투자 범위를 제한해야만 이 규칙을 지킬 수 있다. 개별 매매의 위험 수준이 총자산의 7% 이상이라면 재정적 측면에서 해당 매매의 적합성을 진지하게 따져봐야 한다.

매매당 최대 위험 한도는 특정 시장에서 투자를 개시할 수 있는 주식 혹은 선물 계약의 수를 결정할 때도 사용할 수 있다. 예를 들어 주식 투자를 할 때 매매당 위험 한도가 총자산의 3%이고 투자금이 10만 달러이며 시장가에서 5달러 하락을 손절매 지점으로 한다면, 이때의 최대 포지션 크기는 600주(5달러×600=3,000달러 혹은 10만 달러의 3%)가 된다.

이와 마찬가지로 옥수수 선물 투자를 한다고 할 때 시장가에서 부셸당 20센트 하락을 손절매 지점으로 한다면, 최대 포지션 크기는 이 투자자가 3개의 선물 계약을 갖고 있는 경우 계약당 5,000부셸(20센트×5,000=1,000달러 혹은 10만 달러의 1%)이 된다.

매매당 최대 위험 한도는 위험 관리 지침을 위반하지 않는 범위 내에서 피라미드 단위를 추가할 수 있는지를 결정하는 데에도 사용할 수 있다.

②손절매 전략

투자를 하기 전 청산 시점을 미리 파악해두라. 손절매 규칙의 중요성은 아무리 강조해도 지나치지 않다. 청산 시점을 미리 정해 놓지 않으면 손실 포지션을 제때에 청산하지 못하고 우물쭈물 끌려다닐 공산이 매우 크다. 시기가 좋지 않을 때는 이러한 실수 하나가 치명적일 수 있다.

투자를 개시할 때 GTC 주문을 걸어두는 것이 좋다. 그러나 스스로를 믿는 투자자라면 시장 진입 시점에 손절매 지점을 머릿속에 정해놓고, 손절매 지점이 허용 범위 내에 있을 때까지 손절매 주문의 실행을 미룰 수 있다. 손절매 전략에 관해 좀 더 상세한 내용을 알고 싶다면 제9장 '손절매 지점 선택'을 참고하라.

시스템 매매를 하는 사람은 위험 관리 차원에서 손절매 규칙을 굳이 활용할 필요가 없다. 예를 들어 추세 반전 요건이 충족됐을 때 매매 시스템이 자동으로 포지션을 전환한다면 이 시스템 자체가 손절매 기능을 수행하는 셈이다. 요컨대 굳이 손절매 규칙을 명시해놓지 않아도 개별 매매에서 감당할 수 없을 정도의 손실이 일어나는 것은 방지할 수 있다. 물론 매매 건수가 많다 보면 누적 손실 규모가 커질 수도 있으나 손절매 규칙을 적용하더라도 이 같은 위험이 있기는 마찬가지다.

③다각화

특정 시장에서 불리한 가격 추세가 나타날 수 있으므로 가능한 한 다양한 시장에서 매매하는 것이 손실 위험을 줄이는 데 도움이 된다. 예를 들어 2만 달러의 자산을 보유한 투자자가 금과 대두유 시장에서 각각 3,000달러의 손실을 허용하는 시스템을 사용한다고 하자.

두 시장 중 한 시장에서 2계약을 매매했다면 평균 손실률은 30%(6,000÷20,000)가 된다. 각 시장에서 1계약씩 매매했다면 평균 손실은 항상 이보다는 적을 것이다(두 시장이 완전히 역상관 관계에 있다면 한 시장에서 1계약을 매매할 때보다 손실이 훨씬 줄어든다). 실제로 일어날 가능성은 매우 희박하지만 만약 두 시장이 완전히 똑같이 움직였다고 해도 평균 손실률은 최대 30%라는 이야기가 된다(각 시장의 평균 손실 규모가 3,000달러선을 유지한다고 가정하면).

물론 상관성이 낮은 시장을 포트폴리오에 포함하면 다각화를 통한 위험 감소 효과가 더욱 증폭될 것이다. 또 제14장의 '다각화'에서 언급했듯이 재정적 여건이 허락한다면 다각화 개념은 다중 시장 매매뿐 아니라 각 시장에서 사용하는 다중 시스템(혹은 접근법)과 다중 시스템의 변형(즉, 매개변수 조합)에도 적용된다.

지금 여기서는 위험 관리에 초점을 맞추고 있지만, 다각화는 수익 증가에도 도움이 된다는 점을 밝혀두고 싶다. 다각화를 통해 전체 포트폴리오에 대한 위험 수준을 높이지 않으면서 각각의 시장에서 평균 수익률을 증가시킬 수 있기 때문이다. 실제로 현재의 포트폴리오에 다른 시장보다 평균적으로 낮은 수익률을 갖고 있는 시장을 추가할 경우, 위험 감소가 수익률의 하락보다 크다면, 그리고 투자자가 그러한 비율leverage을 조정할 수만 있다면 다각화를 통해 포트폴리오의 수익률을 증가시킬 수 있다.

이외 다각화의 또 다른 이점 두 가지, 즉 주 추세에 참여를 보장한다는 점과 불운에 대한 대비책을 제공한다는 점에 대해서는 제14장에서 설명했다.

④상관성이 높은 시장에서의 레버리지 축소

포트폴리오에 시장을 추가하면 레버리지가 증가하나 상관성이 높은 시장이라면 레버리지 조정이 매우 중요하다. 예를 들어 매매가 가장 활발한 여섯 가지 선물 계약으로 구성된 통화 포트폴리오나 가장 인기 있는 제약 종목으로 구성된 제약 포트폴리오 둘 다, 다각화된 6개 시장으로 구성된 포트폴리오보다 위험 수준이 훨씬 높다. 포트폴리오를 구성하는 시장 간의 상관성이 너무 높기 때문이다. 따라서 비슷한 시장으로 구성된 포트폴리오는, 개별 시장의 변동성 수준이 같은 다각화된 6개 시장 포트폴리오만큼 레버리지 수준을 조정해야 한다.

⑤시장 변동성에 따른 조정

주어진 투자금의 한도 내에서 각 시장에서 매매하는 주식이나 선물 계약의 수를 시장 변동성 수준에 따라 조정해야 한다. 이 규칙에는 두 가지 측면이 있다. 첫째, 변동성이 큰 시장에서는 매매하는 주식이나 선물 계약의 수를 줄여야 한다. 둘째, 단일 시장이더라도 변동성의 변화 추이에 따라 주식이나 선물 계약의 수를 다양하게 조정한다.

물론 선물 계약은 분할해서 매매할 수 없기 때문에 자산이 적은 투자자는 변동성 조정이 불가능하다. 소규모 매매가 더 큰 위험에 노출되는 이유도 바로 여기에 있다(또 다른 이유로는 매매당 최대 위험 한도가 바람직한 위험 수준을 훨씬 넘어설 수밖에 없는 불가피한 상황, 그리고 다각화를 충분히 실현하기 어려운 내재적 한계 등을 들 수 있다).

⑥자산 변동에 따른 레버리지 조정

자산의 변동에 따라 레버리지 수준도 조정해야 한다. 예를 들어 10만 달러의 자산으로 투자를 시작해 2만 달러의 손실이 났다면 다른 모든 조건이 동일한 경우 레버리지도 20% 줄여야 한다(물론 자산이 증가했다면 레버리지도 증가시킨다).

⑦손실 기간 조정(독자적 투자자에게만 해당함)

계속 손실이 나는 것 때문에 자신감이 흔들린다면 일시적으로나마 포지션 크기를 줄이거나 자신감이 회복될 때까지 매매를 아예 중단하는 것이 현명하다. 이렇게 하면 회복 불가능한 수준의 손실에 발목이 잡히는 사태는 면할 수 있다.

그러나 이 방법은 시스템 매매를 하는 사람에게는 통하지 않는다. 성공 가능성이 높은 시스템일수록 손실 기간이 지난 이후 더 큰 수익을 낼 가능성이 크기 때문이다. 달리 말하자면 시스템에 의존하지 않고 재량에 따라 독자적으로 행동하는 투자자에게는 자신감과 심리적 안정이야말로 좋은 투자 성과를 내는데 정말 중요하다.

4단계: 투자 계획의 일상화

매일 저녁 일정 시간을 할애해 시장 상황을 검토하고 투자 전략을 업데이트하는 것이 중요하다. 특별한 경우를 제외하고 하루에 30분에서 60분 정도는 할애해야 한다(투자한 시장이 한두 개밖에 안 된다면 이 시간도 좀 짧아짐). 이 시간에 해야 할 일은 다음과 같다.

1. 매매 시스템과 차트 업데이트 | 투자 결정을 내릴 때는 매매 시스템과 차트 중 적어도 하나는 활용해야 한다. 기본적 분석 기법을 적용하는 경우에도 중요한 새 정보(예: 정부의 농산물 작황 보고서)가 나온 후에는 자료를 검토하고 기본적 환경을 재평가해야 한다.

2. 신규 투자 계획 | 다음 날 새로 투자를 개시해야 하는 상황인지 판단한다. 새로 포지션을 취해야 할 상황이라고 판단되면 구체적인 시장 진입 계획(예: 시작가에 매수)을 수립하라. 경우에 따라서는 다음 날의 시장 상황에 따라 투자 결정이 이뤄지기도 한다. 예를 들어 특정 주식의 가격 상승을 예상했는데 장 마감 후 해당 회사에 대한 부정적인 소견이 나왔다고 하자. 이 경우 다음 날 장 마감을 한 시간 앞둔 시점에서 해당 주식이 전날보다 고가에 매매된다면 매수에 나서겠다고 결정할 수 있다.

3. 기존 포지션의 청산 시점 업데이트 | 기존 포지션의 설정 목적과 청산 규칙을 점검한 뒤 금일 가격 추이를 반영해 청산 시점을 재조정할 필요가 있는지 확인해야 한다. 청산 시점 변경은 투자 위험 경감을 목적으로 할 때만 그 타당성이 인정된다.

5단계: 투자 노트 작성

4단계에서 시장 상황의 검토와 투자 전략 업데이트 작업을 일상화하라고 했다. 이는 일종의 체계적 기록 관리의 범주에 속하는 일이다. 〈그림 16-1〉은 투자 노트의 한 예다. 여기서 처음 4개의 항목(1~4열)에는 매매에 관한 기본 정보를 기재한다.

제5열에는 시장에 진입할 때 정한 청산 시점을 기재한다. 이 청산 시점에 변화가 있을 때는 그 변경 사항을 제6열에 기재한다(제6열을 포함해 일부 항목의 내용은 수시로 고쳐 쓸 수 있으므로 연필로 기재하는 것이 좋다). 시장 진입 시의 청산 시점을 별도 항목으로 구분하는 것은 나중에 매매 분석을 할 때, 예컨대 초기 청산 가격 폭을 너무 넓게 잡았는지 아니면 너무 좁게 잡았는지를 평가할 때 도움이 되기 때문이다.

제7열에서 제10열까지는 오픈 포지션open position: 매도 초과 또는 매수 초과 부분이 커버되지 않아 환위험이 노출된 포지션-역주에 내재한 위험 수준을 정리한 항목이다. 오픈 포지션 전부에 이 항목들을 첨부해 표시하면 현 포지션의 총위험 수준을 평가할 수 있다. 위험 수준은 위험 관리와 새로운 포지션 개시 여부를 결정하는 데 매우 중요한 정보다. 그간의 경험으로 미루어보면 모든 오픈 포지션의 누적 위험 수준은 총자산의 25~35%를 넘지 않아야 한다(특정 포지션의 최대 위험 한도가 총자산의 2%라고 하자. 최소한 13개 시장에서 오픈 포지션을 취하고 있지 않은 한, 이 정도 수준의 제한은 큰 의미가 없다).

'목표치' 항목(제11열과 제12열)을 사용할지 말지는 개인적 선호에 따라 결정할 문제다. 목표치에 초점을 맞추면 좀 더 유리한 가격 조건에서 청산이 이뤄지는 경우도 있으나 여기에 너무 치중하면 대부분은 조기 청산의 위험성이 커진다. 그래서 일부 투자자는 목표치 항목을 사용하지 않는 대신 추격 역지정가 혹은 반대 의견 규칙에 따라 포지션 청산 시점을 결정한다.

청산 정보는 제13열에서 제15열까지 표시한다. 청산일을 기록하는 것은 이 정보를 투자 기간을 계산할 때 사용할 수 있기 때문이며, 이는 자신의 투자 활동을 분석할 때 매우 유용하다. 제15열은 수수료 공제 후 투자의 순손익을 표시하는 항목이다.

제16열과 제17열은 사후 평가 차원에서 투자 개시 이유와 투자 후기를 적는 항목이다. 이러한 관찰 및 평가 내용은 성공 투자와 손실 투자의 패턴을 확인하는 데 매우 중요하다. 물론 실제 투자 노트에는 〈그림 16-1〉처럼 작은 공간에 간략히 몇 자 적는 정도가 아니라 더 넓은 공간을 잡아 자세히 그리고 꼼꼼하게 기록해야 한다. 더 나아가 다음 절에서 설명하겠지만 투자 일지에는 이보다 더 광범위한 내용을 더욱 상세히 기록해야 한다.

초보자는 실전 투자를 시작하기 전 일정 기간을 두고 모의 투자를 하면 도움이 될 것이다. 투자 노트는 이러한 목적에 적합하다. 성공 투자의 가능성을 제시해줄 뿐 아니라 좀 더 체계적인 방식으로 투자 습관을 형성하는 데 도움이 되기 때문이다. 그 결과 모의 투자에서 실전 투자로 전환할 때도 투자 결정 과정이 일상적인 일처럼 수월하게 진행된다. 물론 실제 돈이 오가는 상황이 되면 투자 결정이 훨씬 어려워지겠지만, 같은 초보자라도 모의 투자를 통해 연습을 많이 한 사람은 아무래도 연습이 덜 된 사람보다 훨씬 나을 수밖에 없다.

(1)	(2)	(3)	(4)	(5)	(6)	(7)	(8)	(9)	(10)	(11)	(12)	(13)	(14)	(15)	(16)	(17)
투자 개시일	매수 혹은 매도 단위	시장 (종목)	진입가	청산		누적위험		자산 대비 위험 비율		목표치		청산일	청산가	순손실 혹은 순수익	투자 개시 이유	평가
				최초	현재	최초	현재	최초	현재	최초	현재					

그림 16-1 | 투자 노트 예시

6단계: 투자 일지 기록

아래 제시한 바와 같이 투자 일지에는 각 매매에 관한 기본 정보가 담겨 있다.

1. 투자 이유 ㅣ 시간이 흐르면 이 정보는 특정 투자 전략의 성공 혹은 실패 가능성을 가늠하는 데 도움이 된다.

2. 투자 결과 ㅣ 이는 투자를 평가하는 데 있어서 필수적이다(이 정보의 핵심 내용은 투자 노트의 순손익 항목을 기초로 결정되지만, 각 투자 결과를 일지에도 기록하는 것이 큰 도움이 된다).

3. 교훈 ㅣ 매매 과정에서 저지른 실수라든가 올바른 결정 등을 항목별로 기재해야 한다. 이러한 기록을 남겨두는 것만으로도 똑같은 실수를 반복하지 않는 데 도움이 된다. 반복된 실수를 크게 기재하고 느낌표를 여러 개 붙여 눈에 확 들어오게 하면 효과가 더 좋을 것이다. 과거 실수를 피하는 효과를 증대시키려면 투자 일지를 주기적으로 살펴봐야 한다. 그러면 거기서 얻은 교훈이 머릿속에 깊이 새겨진다. 개인적 경험으로 미루어 보건대 자꾸 반복되는 실수를 뿌리 뽑는 데는 이만한 방법이 없다.

투자 일지에 시장 진입 및 청산 시점을 표시한 차트를 첨부하는 것도 도움이 될 것이다(제12장에서 예시한 '실전 차트 분석' 참고).

7단계: 자신의 투자 분석

투자자는 자신이 취한 매매 접근법의 장단점을 확인하기 위해 시장뿐 아니라 자신의 과거 투자까지 분석해야 한다. 투자 일지 외에 이러한 유형의 분석에 유용한 도구가 두 가지 더 있다. 하나는 '범주별 투자 분석'이고 또 하나는 '자산 차트'다.

①범주별로 세분화한 투자 분석

각기 다른 범주로 투자를 세분화해 분석하자는 주장의 기본 논리는, 투자 범주를 세분화해 분석하면 평균을 훨씬 능가하는 혹은 평균을 훨씬 밑도는 성과를 내는 매매 패턴을 알아내는 데 도움이 된다는 것이다. 예를 들어 매매를 매수와 매도로 나눠 분석해보면 자신은 매수 쪽에 더 치우치는 경향이 있는데 실제로 평균 이상의 수익을 낸 쪽은 매도를 했을 때라는 사실이 드러날 수도 있다. 이를 통해 매수 쪽에 치우친 매매 편향성을 수정하는 것이 바람직하다는 사실을 깨닫게 된다.

또 다른 예로서 시장별로 투자 성과를 분석한 결과 특정한 주식이나 선물 시장에서 계속 손실을 낸다는 사실이 드러날 수도 있다. 이 경우 꾸준히 손실을 낸 시장에 투자를 하지 않으면 전체적인 투자 성과가 향상될 수 있다. 투자자 대다수가 다양한 시장에서의 상대적 성공 정도를 감지하는 직관력이 그리 탁월하지 않기 때문에 시장별로 투자 성과를 구분해 분석하는 것은 매우 중요하다. 다만 성과가 저조한 시장에서의 투자를 영원히 중단할 필요는 없다. 해당 시장에서 성과가 저조했던 이유를 알아본 다음, 대안적 접근법을 찾아내 그 효과를 검증해보는 쪽을 선택할 수도 있다.

마지막 예로, 단타 매매와 포지션 매매를 혼합해 사용하는 투자자라면 각 범주에서의 최종 투자 결과를 비교해보는 것이 특히 유용하다는 사실을 알게 될 것이다. 그런데 관련 투자자 전부가 이러한 분석을 시도한다면 단타 매매 인구가 하룻밤 새 50%는 줄어들지 않을까 싶다.

물론 투자 범주 세분화에 사용할 수 있는 기준은 이외에도 아주 많다. 두 가지를 예로 들자면, 하나는 기본적 투자 대 기술적 투자이고 또 하나는 시스템 매매 대 비시스템 매매다. 투자자는 각 범주의 투자 성과를 바탕으로 성공 혹은 실패 패턴을 알아내야 한다. 스프레드시트나 엑셀 같은 프로그램을 사용해 투자 노트를 기록하면 세분화된 투자 분석 과정이 훨씬 간소화될 것이다.

②자산 차트

자산 차트equity chart는 일일 자산(오픈 포지션의 자산 포함)을 표시하는 차트로, 종가를 사용한다. 이 차트의 주요 목적은 급격한 수익 감소가 발생했는지를 알려주는 것이다. 가령 자산 곡선이 꾸준히 상승 곡선을 그리다가 갑자기 하락세를 나타낸다면 현 포지션의 크기를 줄이고 상황을 재평가하는 것이 좋다.

투자 성과상의 급격한 변화는 시장 상황의 변화라든가 매매 접근법의 문제, 혹은 성과가 좋지 않은 쪽으로 편중된 매매 결정 등에서 비롯된 결과일 수 있다. 이 모든 요인들이 노출된 위험을 줄이라는 경고의 신호가 될 수 있기 때문에 실제로 정확한 원인이 그중 어떤 것이었는가를 파악하는 것 자체가 그리 중요하지는 않다. 요컨대 자산 차트는 자산 감소를 방지해주는 중요한 도구가 될 수 있다.

오래 살다 보면 결국에는 모든 일에 잘못된 점이 있기 마련이다.

－러셀 베이커(Russell Baker)

제17장

82가지 매매 규칙과 시장 관찰

투자에 관한 조언은 흔히 무시되곤 한다. 중요하다는 매매 규칙들 대부분은 너무 많이 알려져서 초보 투자자는 별 감흥을 느끼지 못하고 그 중요성을 실감하지도 못한다. 올바른 매매 규칙임에도 식상하고 상투적인 조언쯤으로 치부되는 일이 흔하다.

'손절매하라'는 조언만 해도 그렇다. 단일 규칙으로는 가장 중요한 말임에도 다들 대수롭지 않게 여기며 무시하는 일이 다반사다. 투자자치고 이 말을 들어보지 않은 사람이 한 명이라도 있을까? 그런데도 이 말을 귀담아 듣지 않는 사람이 얼마나 많은가? 한두 번의 손실 투자로 투자 자금을 다 잃고 그야말로 깡통을 차게 되는 투자자는 또 얼마나 많은지! 손절매 규칙을 무시하는 사람이 그렇게 많으니 이 또한 놀라운 일도 아니다.

대다수 투자자는 수도 없이 실수를 반복한 후에야 비로소 이러한 조언의 '가치를 재발견'한다. 한심하지만 이것이 엄연한 현실이다. 그러므로 이번 장과 다음 장에 걸쳐 소개할 매매 규칙과 조언이야말로 대다수 투자자가 기본적인 실수를 저지르지 않도록 도와준다고 감히 장담할 수 있다. 이 가운데 몇 가지는 적어도 초보자가 반복적으로 저지르는 실수(특히 부정적인 투자 결과가 나온 이후)를 줄이는 데 도움이 됐으면 하는 바람이다. 이 정도만 달성할 수 있어도 꽤 훌륭한 성과라고 생각한다.

이번 장에서 소개할 82가지 매매 규칙은 나의 개인적 경험을 바탕으로 한 것이다. 그러므로 무조건적으로 받아들이기보다 각자의 관점에 따라 알아서 소화하기 바란다. 이 82가지 규칙은 증명된 사실이라기보다는 개인적 경험에서 나온 결과물이라는 점을 재차 밝혀둔다. 다른 사람이 발표한 매매 지침과 중복되는 부분도 상당히 많을 것이다.

다양한 규칙 대부분이(대다수가 특별할 것 없이 평범한 내용을 담고 있음) 시장에서 거의 보편적으로 받아들이는 자명한 원칙들을 바탕으로 하기 때문에 이렇게 규칙이 중복되는 것은 어찌 보면 당연한 일이다. 예를 들어 나는 성공한 투자자 중에 '위험 관리는 수익 투자의 필수 요소'라는 사실을 믿지 않는 사람을 한 명도 본 적이 없다.

한편, 다른 사람이 소개한 규칙과 완전히 다른 것도 몇 가지 있다(예: 지정가 주문 대신 시장가 주문 방식 사용). 최종적으로는 투자자 개개인이 자신만의 매매 규칙을 찾아내야 한다. 아래에 소개할 규칙 목록이 여러분 자신의 매매 규칙을 좀 더 빨리 찾아내는 데 도움이 됐으면 한다.

투자 개시(시장 진입)

1. **주요 포지션 매매와 단기 매매를 구분하라.** 단기 매매의 평균 위험 한도 (해당 포지션에 포함된 주식이나 선물 계약의 수, 그리고 청산 시점으로 가늠할 수 있음)는

포지션 매매 때보다 훨씬 작아야 한다. 또 투자자는 주요 포지션 매매에 초점을 맞춰야 한다. 이것이 성공 투자를 하는 데 있어 훨씬 더 중요하기 때문이다. 대다수 투자자가 저지르는 흔한 실수는 사소한 시장 변동에 일일이 다 반응하느라(이 과정에서 거액의 수수료와 슬리피지가 발생한다) 주요 시장 추세를 놓치는 것이다.

2. 중요한 투자 기회라는 확신이 든다면 조금이라도 더 유리한 가격에 시장에 진입하겠다는 욕심은 부리지 마라. 소탐대실할 우려가 있다.

3. 주요 포지션을 개시할 때는 심사숙고해야 한다. 일시적 충동으로 결정해서는 절대로 안 된다.

4. '바로 지금이야.'라고 알려주는 차트 패턴을 찾아라. 그렇게 확실한 패턴이 보이지 않으면 절대로 시장에 진입하지 마라(그러한 패턴이 명확히 형성되지 않아도 투자 개시를 고려할 때가 가끔 있기는 하다. 즉, 수많은 추세 지표와 저항 및 지지선이 같은 신호를 내고 있고 또 손절매 지점을 신중하게 정해 놓아 감당 못할 큰 위험에 빠질 일이 없을 때는 패턴과 상관없이 시장에 진입하기도 한다).

5. 매일 분석을 하며 주문을 준비해두라. 시장 가격이 원하는 진입 수준에 근접하지 않았다면 시장에 진입하거나 아니면 투자가 더 이상 매력이 없다고 판단될 때까지 매일 투자 계획을 기록하고 점검하라. 이 규칙을 준수하지 않으면 자칫 좋은 투자 기회를 놓칠 수 있다. 가격이 목표 진입 수준을 넘어서고 나면 그제야 처음에 계획했던 진입 전략이 생각난다. 그러나 그때는 이미 가격 조건이 자신에게 불리한 상태가 된 이후이므로 애초의 계획대

로 진행하기 어려워진다. 이처럼 뒤늦게 발을 동동 구르는 우를 범하지 않으려면 자신의 투자 계획을 꾸준히 살펴야 한다.

6. 주 추세 반전을 노리는 상황이라면 애초에 생각해둔 목표치나 지지/저항선에서 기존 추세가 소멸하는 과정에 초점을 맞추기보다는, '적절한 시점'이라고 해석할 수 있는 확실한 패턴이 형성되기를 기다리는 것이 현명하다. 이 규칙은 시장이 장기 고점이나 저점(예: 이전 100일간의 장기 박스권을 돌파한 고점이나 저점) 수준에 도달한 상황일 때 특히 중요하다. 대체로 장기 추세일 때는 V형 반전은 거의 일어나지 않는다는 사실을 기억하라. 그보다는 수많은 되돌림이나 가격 조정을 통해 고점과 저점을 시험하는 상황이 전개되는 경우가 많다. 따라서 꼭지나 바닥이 다 형성될 때까지 기다리는 것이 유리하다. 이렇게 하면 꼭지 혹은 바닥이 형성되는 '도중'에 무리하게 시장에 진입했다가 낭패를 보는 일을 피할 수 있을뿐더러 조기 진입에 따른 손실도 피할 수 있다. 시장에서 주요 V형 고점이나 저점이 형성된 후라도 뒤이어 형성된 패턴(예: 깃발형)을 보면 '위험 대비 수익' 측면에서 유리한 진입 시점을 알수 있다.

7. 차트를 보다가 '지금이다!' 혹은 '이것이다!' 싶은 감이 왔다면(자신이 어떤 시장을 보고 있었는지 의식하지 못하는 상황일 때는 더욱 더) 주저하지 말고 그 직감대로 움직여라.

8. 처음에 새로운 추세를 포착하지 못했고 이미 그 추세가 상당 부분 진행됐다고 해서 해당 추세를 활용한 매매를 지레 포기하지는 마라(합리적 수준의 손절매 시점을 규정해 놓는다는 전제 하에).

9. 투자를 시작할 때 영향을 미치는 요소들이 많겠지만, 그중에서도 최근에 발생한 잘못된 패턴(예: 강세 함정 혹은 약세 함정)을 주목하라.

10. 가격이 움직이는 동안 첫 번째로 발생한 갭에 유의하라! 예를 들어 조정 국면에서 시장에 진입하려는 상황인데, 그 조정 국면이 갭으로부터 형성된 것이라면 투자를 시작하지 마라.

11. 웬만하면 지정가 주문보다는 시장가 주문을 이용하라. 이 규칙은 손실 포지션을 청산하거나 주요 투자 기회로 생각되는 시점에 시장에 진입할 때 특히 중요하다. 이러한 상황에서 투자자들은 시장의 움직임이 자신에게 불리하게 흘러갈 것을 우려한다. 물론 지정가 주문 방식이 대체로 체결가 측면에서 이점이 있다. 그러나 체결가가 생각보다 좋지 않거나 지정가 주문이 이행되지 않아서 잠재적 수익 기회를 놓치는 상황이 발생한다면 이러한 이점 또한 다 날아가 버린다.

12. 투자를 개시한 후 시장 가격이 처음 시장에 진입했을 때의 가격(진입가)에 가까워졌을 때 기존 포지션을 두 배로 늘리지 마라. 완벽한 가격 되돌림 현상은 매매에 부정적인 신호다. 투자 여건이 여전히 좋다고 해도 이런 방식으로 포지션의 크기를 늘려버리면 과다 투자로 인해 위험을 초래할 것이다.

매매 청산과 위험 관리(자산 관리)

13. 투자 개시 시점에 방어적 청산 시점을 구체적으로 정하라.

14. 새로 형성되는 패턴이나 시장 동향이 현 매매 포지션에 불리할 때는 손절매 지점에 도달하지 않았더라도 매매를 청산하라. 이렇게 자문해보라. "이 시장에서 포지션을 취해야 한다면 매수 포지션인가, 매도 포지션인가?" 만약 그 대답이 현재의 포지션이 아니라면 당장 포지션을 청산해야 한다. 다만 현 포지션과 반대되는 신호가 매우 강하게 나타난다면 포지션을 전환하는 쪽을 택하라.

15. 애초에 투자에 나섰던 전제가 무너졌다면 지체하지 말고 당장 포지션을 청산하라.

16. 투자 개시 첫날부터 중대한 판단 착오를 했다면, 특히 현 포지션에 불리한 방향으로 갭이 형성됐다면 그 즉시 매매를 청산하라.

17. 현 포지션과 반대의 방향으로 주요 돌파가 일어나면 즉시 포지션을 청산하라. 이러한 상황에서 돌파갭까지 발생했다면 무조건 '즉시' 청산하라.

18. 주식 혹은 선물 시장이 현 포지션과 반대의 방향으로 최근의 가격 변동폭을 훨씬 초과하여 갑작스럽게 움직인다면 포지션을 청산하라. 예를 들어 매일 50포인트 선에서 움직이던 시장이 어느 날 갑자기 100~150포인트 선에서 움직인다면 매도 포지션을 취하고 있을 경우 당장 청산해야 한다.

19. 저항선에서 매도하고 지지선에서 매수했는데 기대와 달리 시장이 반전되지 않고 현 추세가 더 공고해진다면 바로 청산하라.

20. 투자 분석가와 시장 자문가에 고함: 최근의 추천, 매체를 통한 즉석 상담, 자신이 작성한 보고서 등이 잘못된 것 같다는 감이 왔을 때는 바로 그 사실을 인정하고 의견을 수정하라.

21. 일정 기간(예: 여행 중) 동안 시장 동향을 주시할 수 없다면 모든 포지션을 청산하거나 아니면 모든 포지션에 대해 GTC 주문을 걸어두라(또한 그러한 상황에서는 원래 계획보다 더 낮은 가격에 매수하거나 더 높은 가격에 매도할 수 있도록 지정가 주문을 낼 수도 있다).

22. 갖고 있는 포지션에 대해 안심하지 마라. 애초에 생각했던 청산 시점이 현재 가격과 한참 차이가 나더라도 언제 투자를 그만두어야 할지 항상 염두에 두어라. 또한 현 포지션과 반대의 방향으로 패턴이 형성되고 있다면 애초에 정했던 시점보다 더 빨리 포지션을 청산하는 것이 바람직하다.

23. 투자를 철회한 종목에 곧장 다시 투자하고 싶어도 참아라. 유혹에 못 이겨 곧바로 매매를 재개하면 대개 애초의 손실에 또 한 번의 손실을 보태주는 결과를 낳을 때가 많다. 형성 중인 가격 패턴을 바탕으로 시점이 적절하다고 생각되는 경우에 한해 투자를 철회한 종목에 재투자할 수 있다. 요컨대 조건이 충족되고 타당성이 확보됐을 때만 다시 시장에 진입하라.

기타 위험 관리(자산 관리) 규칙

24. 투자 상황이 좋지 않거나 성과가 저조할 때는 (a) 포지션 크기를 줄여라
(상관성이 높은 여러 시장에서 포지션을 보유하고 있다는 것은 시장 하나에 대해 큰 포지션

을 취하고 있다는 것과 다를 바 없다는 사실을 명심하라), (b) 엄격한 손절매 규칙을 사용하라, (c) 새로 시장에 진입하는 것을 서두르지 마라.

25. 투자 상황이 좋지 않거나 성과가 저조할 때는 수익 투자는 그대로 유지하고 손실 투자를 청산해 위험 노출 수준을 줄여라. 이는 에드윈 르페브르가 《어느 주식 투자자의 회상》에서 했던 말과 관련이 깊다. "나는 분명히 큰 실수를 했다. 면화에서 손실이 났는데도 팔지 않았고, 밀에서는 수익이 나는데 팔아버렸다. 투자자들이 저지르는 실수 가운데 단연 최고는 손실이 나는 투자에서 본전을 찾으려 애쓰는 일이다. 손실이 나는 것은 팔고 수익이 나는 것은 보유하라."

26. 수익을 본 후 매매 패턴을 바꾸지 않도록 각별히 주의하라.
   a. 위험도가 너무 높아 보이는 투자는 아예 시작하지 마라.
   b. 통상적 투자 시 주식이나 선물 계약의 수를 갑자기 늘리지 마라(그러나 자산 증가 수준에 맞춰 그 수를 점진적으로 늘려가는 것은 괜찮다).

27. 포지션 크기가 작든 크든 똑같이 취급하라. "겨우 50주인데 뭘." 혹은 "겨우 1~2계약 정도야."라고 말하지 마라.

28. 주요 보고서나 중요한 정부 통계 자료 발표만 믿고 포지션의 크기를 너무 키우지 마라.

29. 선물 투자자를 위한 조언: 단순 포지션outright position: 한 종류의 선물 계약을 매매 대상으로 하는 전략-역주과 스프레드 포지션spread position: 스프레드, 즉 선물 간 가격 차이를 이용해 하나

의 선물은 매수하고 동시에 다른 선물은 매도하는 전략-역주에 동일한 위험 관리 원칙을 적용하라. 스프레드는 점진적으로 움직이기 때문에 방어적 손절매를 걱정할 필요가 없다고 보기 쉬우나 그렇지 않다.

30. 매매 청산 가격에 대한 구체적인 계획 없이 옵션을 매수하지 마라.

수익 포지션 유지 및 청산

31. 주 포지션 매매에서는 작은 수익을 너무 급하게 실현하려 하지 마라. 특히 현재 취한 매매의 방향이 옳다면 수익이 나기 시작한 첫날 절대, 절대, 수익을 실현하지 마라.

32. 현 포지션의 방향으로 갭이 발생했다고 해서 서둘러 매매를 청산하려 하지 마라. 이 갭을 초기 손절점으로 사용하고, 그다음에는 추격역지정가 방식을 취하라.

33. 수익 매매 포지션을 청산할 때는 목표치를 기준으로 하지 말고, 시장 가격 추이에 맞춰 손절점을 조정하는 '추격역지정가' 방식을 이용하라. 목표치를 수익 포지션 청산의 기준으로 삼으면 주 추세를 최대한 활용해 수익을 극대화할 수 있는 기회를 놓칠 수 있다. 손실 투자를 상쇄하려면 자잘한 수익으로는 안 되고 수익을 낼 수 있을 때 크게 내야 한다는 사실을 명심하라.

34. 목표치를 기준으로 하면 전술한 것과 같은 문제가 있기는 하나 그래도 투자 개시 시점에 초기 목표치를 정해두는 것은 여전히 도움이 된다. 가령

목표치의 상당량이 매우 빠르게 실현된다면(예: 일주일에 50~60% 혹은 2~3주에 75~80% 실현) 수익의 일부를 실현하라. 수익 일부가 아닌 상당 부분을 실현해도 괜찮다. 그러면 가격 상승이 있을 때 전체 포지션 중 수익 실현으로 청산된 부분만큼 손해를 보는 셈이지만, 일부 수익을 실현하지 않고 포지션 전체를 보유하고 있으면 급작스러운 가격 되돌림이 나타날 때 불리한 청산을 억지로 해야 하는 상황이 생길 수 있다.

35. 목표치에 도달했어도 매매를 계속하고 싶다면 추격역지정가 방식을 사용해 포지션을 유지하라. 주 주세를 확실하게 이용하려면 인내심이 필수다. 인내는 적절한 투자 시점을 기다릴 때는 물론이고 수익이 나는 현 포지션을 조기에 청산하지 않고 계속 밀고나가는 데도 꼭 필요하다는 점을 기억하라. 제대로 된 매매 방향에서 수익을 충분히 내지 못하는 것이야말로 수익 투자를 저해하는 핵심 요소다.

36. 위 규칙에 한 가지 예외가 있다. 포지션의 크기가 커지고 자산 규모도 급격히 불어나는 상황이라면 수익 실현 규모를 점점 늘리는 쪽을 고려하라. 물론 이것이 사실인가 싶을 정도로 상황이 너무 좋아 보일 때는 확실히 경계 수위를 높여라! 그러나 모든 상황이 유리하게 전개되고 있다면 수익 실현 규모를 점점 늘리고(혹은 줄이고) 현 포지션에 대해 추격역지정가 방식을 취하는 게 좋다.

37. 장기적으로는 여전히 수익 기회가 이어지리라 생각되는(그러나 단기적으로는 가격 조정이 예상되는) 상황에서 수익을 실현할 때는 시장 재진입 계획을 세워두라. 재진입을 시도할 정도로 가격 되돌림이 충분하지 않다면 재진입 시

점을 포착하는 데 사용할 패턴을 주시하라. 장기 추세 경향과 현 시점을 고려할 때 재진입 신호라 판단되는 경우 재진입 가격이 청산 가격보다 높다는 이유로 재진입을 포기하지 마라. 가격 조건이 불리하다고 망설이다 재진입을 하지 못하면 주 추세의 상당 부분을 놓칠 공산이 크다.

38. 포지션 크기가 클 때는 100% 들어맞기를 바라는 심리적 함정에 빠지지 마라. 다시 말해 부분적인 수익만 취하라. 추세가 지속되는 동안에는 최소한 포지션의 일부라도 유지하라. 확실한 반전 패턴이 형성되거나 손절매 지점에 도달하기 전까지는 그렇게 하라.

기타 원칙과 규칙

39. 목표치와 지지 및 저항 구간보다는 시장 동향과 패턴 형성 추이에 더 초점을 맞춰라. 전자는 처음의 올바른 추세 판단을 너무 빨리 뒤집어 버리게 할 수 있다.

40. 진입이든 청산이든 간에 행동에 나서야 한다고 느낄 때는 미적거리지 말고 바로 행동하라!

41. 장기 추세로 판단했다면 우왕좌왕하지 말고 그 판단에 따라 행동하라.

42. 수익 투자는 처음부터 수익을 내는 경향이 있다.

43. 진입과 청산 시점이 올바르면(예: 신뢰할 만한 패턴에서 진입하고, 손실 투자의 첫

신호가 나왔을 때 청산함) 비록 해당 매매가 완전히 잘못된 것일 때도 손실을 최소화할 수 있다.

44. 일중 추세에 휘둘려 우왕좌왕하면 백전백패다.

45. 금요일 장 마감 전에 시장을 살펴보라. 주말에 살펴보면 시장 상황이 더 분명하게 눈에 들어온다. 대개 다음 주 월요일 개장 시보다 금주 금요일 마감장일 때 진입이나 청산 시점을 더 정확하게 포착할 수 있다. 포지션 크기가 클 때 이 규칙이 특히 중요하다.

46. 자신이 희망하는 대로 행동하라. 그러한 희망은 의식적으로 형성된 장벽(예: "지난주에 2,000달러나 낮은 가격으로 살 수 있었는데 지금 이 가격에 어떻게 사?")을 깨부수려는 자신의 무의식을 대변하는 것이기 때문에 종종 옳을 때가 있다.

47. 나쁜 매매 습관을 근절하기는 어렵다. 단지 그러한 습관이 튀어나오지 않도록 마음속에 밀어 넣어두는 것이 고작이다. 이렇게 잠시 숨은 나쁜 습관은 항상 내면에 잠복해 있다가 게으름을 피우거나 방심한 기미가 보이는 순간 다시 수면 위로 떠오른다.

시장 패턴

48. 시장이 신고점을 경신해 그 상태를 유지하고 있다면 앞으로 이전 고점을 훨씬 상회할 가능성이 매우 크다. 신고점에서 매도해버리는 것이야말로 초보 투자자가 저지르는 최악의 실수 가운데 하나다.

49. 넓은 박스권의 상단선 부근에서 형성된 좁은 폭의 조정 국면은 강세장 신호다. 반면 넓은 박스권의 하단선 근처에서 형성된 좁은 폭의 조정 국면은 약세장 신호다.

50. 장기간 유지된 좁은 박스권에서 돌파가 일어나면 그 방향으로 포지션을 취하라. 그리고 포지션을 취한 반대 방향으로 돌파가 일어날 때를 대비해 그 지점을 청산 지점으로 정해두라.

51. 1~2주 이상 유지된 박스권이 돌파된 것은 추세가 임박했을 보여주는 가장 믿을 만한 기술적 지표다.

52. 폭이 넓은 장기 박스권 바로 위 혹은 아래에서 형성된 깃발이나 페넌트 패턴은 상당히 믿을 만한 추세 지속의 신호라 할 수 있다. 이는 51번 규칙의 가장 일반적인 형태이자 특히 유용한 형태이기도 하다.

53. 광폭의 갭이 형성된 방향으로 매매하라.

54. 조정 국면, 특히 1~2개월 동안 유지된 박스권에서 형성된 갭은 매우 확실한 신호일 수 있다(이 패턴은 특히 약세장에서 더 중요한 의미가 있다).

55. '돌파 갭'이 형성된 뒤 일주일 내에 메워지지 않으면 이 또한 믿을 만한 신호로 봐야 한다.

56. 신고점 혹은 신저점을 만든 돌파가 1~2주 내에 다시 박스권 안으로 들

어오는 것은 특히나 신빙성 있는 강세 혹은 약세 함정이다.

57. 시장이 돌파 후 신고점이나 신저점을 만든 후에 다시 돌파 이전의 박스권 안으로 되돌아와 깃발 혹은 페넌트 패턴을 만든다면 천장이나 바닥이 형성됐다고 봐야 한다. 이 경우 깃발이나 페넌트 패턴 반대쪽에 방어적 청산 규칙을 사용한 포지션을 취해야 할 것이다.

58. 박스권 돌파가 이뤄진 이후 다시 박스권 내 깊숙한 곳까지(예: 박스권 폭의 4분의 3 지점까지) 가격 되돌림이 발생하는 것 또한 강력한 강세 혹은 약세 함정을 나타내는 신호다.

59. 명백한 V형 바닥이 형성된 이후 이 부근에서 가격 혼잡 패턴이 나타나면 이를 바닥 패턴으로 간주할 수 있다. 그러나 이 패턴이 하향 돌파돼 V형 바닥까지 다다르면 이는 신저점 형성이 임박했다는 신호일 수 있다. 이 경우 혼잡 패턴의 꼭대기 부근에서 방어적 손절을 통해 매도 포지션을 취할 수 있다. 역V형 천장이 형성된 이후 이 부근에서 나타난 혼잡 패턴 역시 이와 같은 맥락으로 해석할 수 있다.

60. V형 바닥과 역V형 천장이 형성된 이후 추세 전환점 부근에서 수개월 동안 혼잡 국면이 지속되면 주요 천장이나 주요 바닥이 형성된 것으로 볼 수 있다.

61. 명확한 깃발과 페넌트는 신뢰할 만한 지속형 패턴이므로 추세 진행 중임에도 합리적 수준의 진입 및 청산 시점을 제공한다.

62. 명확한 깃발 혹은 페넌트에서 예상과 다른 방향으로(즉, 추세 지속이 아니라 추세 반전) 돌파가 이뤄진다면 돌파가 이뤄진 방향으로 추세가 이어지리라 예상할 수 있다.

63. 둥근(대접형) 패턴은 굽은 방향으로 추세가 가속화할 가능성을 시사한다.

64. 단기적 둥근 패턴이 굽은 쪽 반대 방향으로 돌파(제11장 참고)되는 것은 믿을 만한 추세 반전 신호일 수 있다.

65. 주 추세와 역방향으로 대변동일(즉, 최근의 평균 가격 변동 폭을 훨씬 능가하는 변동 폭을 보인 날)이 나타나면, 특히 대변동일이 반전 신호(예: 급진갭이 메워짐, 이전 패턴이 완벽히 돌파됨)와 함께 일어나면 이는 추세 변화의 조기 신호일 수 있다.

66. 2~4일에 걸쳐 거의 수직에 가까운 큰 폭의 가격 변동(상대 고점이나 상대 저점에서 크게 벗어남)이 일어나면 이러한 추세가 다음 주에도 계속되는 경향이 있다.

67. 스파이크는 유용한 단기 반전 신호다. 스파이크 극점은 손절 지점으로도 사용할 수 있다.

68. 스파이크가 일어난 상황에서 스파이크가 있을 때와 없을 때를 비교하며 차트를 살펴보라. 만약 스파이크를 제거했을 때도 깃발 패턴이 분명하게 나타난다면 깃발 패턴으로부터의 돌파는 유의미한 신호로 간주할 수 있다.

69. 급진갭이 메워지는 것은 추세 반전의 증거로 볼 수 있다.

70. 섬꼴 반전이 일어난 직후 가장 최근의 박스권 혹은 혼잡 패턴으로 가격 되돌림이 일어났다면 이는 주요 천장(혹은 주요 바닥)을 알리는 신호다.

71. 상관성이 높은 다른 시장이 극심한 압박 상황에 있을 때 특정 주식이나 선물이 상대적 안정세를 나타내는 것은 해당 종목의 내재적 강점을 보여주는 지표일 수 있다. 마찬가지로 관련 시장이 강세를 나타내는데도 특정 시장이 약세를 보인다면 이는 해당 시장의 내재적 약점을 보여주는 신호다.

72. 장중 꾸준히 높은 가격으로 매매가 이뤄진다면 종가 역시 높게 형성될 가능성이 크다.

73. 시차가 거의 없이 깃발형 패턴 2개가 연이어 나타나는 것은 추세 지속의 신호로 간주할 수 있다.

74. 둥근 바닥형 패턴의 꼭대기 부근에, 같은 방향으로 폭이 더 좁은 둥근 패턴이 형성(두 패턴을 합치면 '손잡이 달린 컵' 모양이 된다)되는 것은 강세장의 신호일 수 있다. 둥근 천장형에도 같은 논리가 적용된다.

75. 강한 추세가 이어지고 있는 상황일 때, 극단적 시장 분위기가 조성되는 것보다 오히려 안정적 시장 분위기가 조성되는 것이 추세 지속을 예고하는 신호로서 더 믿을 만하다. 다시 말해 극단적 시장 분위기는 주요 천장과 바닥이 형성되지 않아도 종종 조성되지만, 주요 천장과 바닥은 극단적 시장

분위기가 조성되지 않은 상황에서는 거의 나타나지 않는다.

76. 최초의 신호보다 잘못된 신호가 더 믿을 만하다. 잘못된 신호 이전의 고점(혹은 저점)을 청산 지점으로 사용해보라. 그러한 잘못된 신호 혹은 잘못된 패턴의 사례로는 규칙 56, 57, 58, 62, 64, 69 등을 들 수 있다.

77. 시장이 주요 호재 혹은 악재(예: 중요한 실적 보고서 혹은 미 농무부 보고서 등)와 다른 방향으로 움직이는 것은 추세 반전이 임박했음을 알리는 신호다. 포지션을 유지하고 있다면 이러한 변화에 특히 주목하라.

분석 및 검토

78. 차트를 매일 살펴보라. 바쁠수록 더욱 그렇게 해야 한다.

79. 장기 차트를 주기적으로 살펴보라(예: 2~4주에 한 번씩).

80. 각각의 매매에 대한 차트와 함께 다음의 내용들을 투자 일지에 반드시 기재하라. 투자를 한 이유, 청산 지점과 목표치(해당 사항이 있을 때), 투자에 대한 사후 평가, 투자에서 얻은 교훈(실수, 잘한 점, 기억해야 할 중요 패턴 등), 순손익 등.
투자 일지는 투자를 개시하는 시점에 작성하라. 투자가 완료된 다음 당시의 매매 이유를 더듬어 생각하거나 차후에 '보정'하듯 매매 이유를 만들어 내는 것은 의미가 없다.

81. 흥미로운 패턴이 나타날 때마다 차트북에 그 패턴을 기록하라. 그리고 그 패턴이 앞으로 어떻게 진행될지 가늠해보고, 궁극적으로 어떤 결과를 초래할지 생각해보라(패턴에 대한 해석에 있어 어떠한 편향도 없다는 가정 하에). 그런 다음 각각의 차트를 계속 업데이트하면서 나중에 실제 결과를 확인하라. 오랫동안 이러한 작업을 계속하다 보면 다양한 차트 패턴의 예측 신뢰도에 대한 통계 자료가 축적될 것이고, 이를 바탕으로 차트 해석 능력이 향상될 것이다.

82. 매매 규칙, 투자 일지, 차트북 등을 주기적으로 검토하고 업데이트하라(예: 3개월에 한 번씩 이 세 가지 자료를 돌아가면서 검토함). 유용하다고 판단될 때는 수시로 살펴봐도 좋다.

시장을 이기는 비법 같은 것은 존재하지 않는다. 수익을 냈다면 그것은 우연히 시장과 같이 움직였기 때문이다. 손실을 냈다면 그것은 시장과 다른 방향으로 움직였기 때문이다. 그저 그뿐이다.

– 무사워 만수르 이자즈(Musawer Mansoor Ijaz)

제18장

마법 같은 매매 비법

성공 투자를 위한 매매 원칙 42가지

제17장에서는 구체적인 매매 규칙과 시장 분석법에 관해 상세히 다뤘다. 이번 장에서는 《새로운 시장의 마법사들》[6]에서 발췌한 내용을 바탕으로 성공 투자에 필수적인 심리적 요소와 함께 좀 더 포괄적인 매매 원칙을 제시한다.

뛰어난 투자자들이 사용하는 방법은 매우 다양하다. 기본적 분석에만 의존하는 사람이 있는가 하면 기술적 분석만 사용하는 사람도 있고, 또 어떤 사람은 이 두 가지를 혼합해 사용하기도 한다. 이틀이면 장기 투자에 속한다고 생각하는 당일치기 투자자도 있고, 2개월 이상은 돼야 장기 투자라는 사람도 있다.

그러나 투자 방식과 스타일은 달라도 이들처럼 성공한 투자자들을 관통하

---

6) 《새로운 시장의 마법사들》, 잭 슈웨거 지음, 하퍼 비즈니스, 1989, pp.461~478; 저작권사 하퍼콜린스 출판사의 허락 하에 전재함. 번역서 《새로운 시장의 마법사들》, 이레미디어, 2015, pp. 536~556

는 공통적인 기본 원칙이 존재한다. 20여 년 동안 실제로 투자를 해보고 분석도 하고 또 두 권의 책을 준비해 발표하면서 수많은 투자 고수를 만나 의견을 들어 본 결과, 성공 투자와 관련해 아래와 같은 42개 결론을 도출할 수 있었다.

1. 중요한 것부터 하라 | 먼저, 자신이 정말로 투자를 원하는지부터 확인하라. 투자하고 싶다고 생각했는데 실제로는 그렇지 않다는 사실을 깨닫게 되는 경우가 적지 않다.

2. 동기를 파악하라 | 투자하고 싶은 이유가 무엇인지 생각해보라. 단지 짜릿한 흥분을 느끼고 싶어서 투자에 관심을 보이는 것이라면 차라리 롤러코스터나 행글라이더를 타는 편이 백번 낫다. 내 경우를 말하자면 나의 투자 동기는 마음의 평화와 안정을 얻기 위함이었다. 마음의 평화와 안정이라니! 투자의 일반적 정서와는 완전히 동떨어진 것이기는 하다. 아! 수수께끼 풀기를 좋아하는 것도 또 하나의 동기일 수 있겠다. 시장은 내게 무한한 수수께끼를 던져주기 때문이다. 즉, 지적 호기심 충족이 나에게는 또 하나의 투자 동기였다.

그러나 나는 시장 분석이라는 지적 탐구는 즐기는 반면, 투자 자체에 내재한 본질적 특성은 좋아하지 않았다. 동기와 행위 간의 이 같은 괴리가 노골적인 충돌을 일으켰다. 여러분도 이러한 유형의 내적 충돌이나 갈등이 존재하지 않는지 살펴볼 필요가 있다. 투자자가 상대해야 하는 '시장'은 빈틈 하나 없는 능수능란한 '고수'라고 봐야 한다. 시장을 '이기려면' 거의 모든 선택과 결정이 정확히 들어맞아야 한다. 시장의 방향을 잘못 읽으면 시작도 하기 전에 이미 진 게임이나 마찬가지다.

그렇다면 나는 동기와 행위 간의 충돌을 어떻게 해결했을까? 일단 투자를 할 때 감정적 요소를 배제하고자 기계적 매매 접근법에 집중하기로 했다. 기계적 시스템 설계에 초점을 맞춘 덕분에 내가 좋아했던 측면, 즉 수수께끼 풀기에 에너지를 집중할 수 있었다. 처음에는 이러한 이유 때문에 수년간 기계적 시스템에 관심을 뒀으나, 투자를 계속하는 동안 결국 이 분야에 전념하고 싶어 한다는 사실을 깨달았다(그렇다고 해서 기계적 시스템이 인간의 결정을 기반으로 하는 접근법보다 낫다고 주장할 생각은 없다. 나는 단지 개인적 사례를 소개하고 있을 뿐이다. 다른 사람의 견해는 완전히 다를 수 있다).

3. 자신의 성격에 맞는 매매 방식을 취하라 | 자신의 성격에 맞고 심리적으로 편안하게 느끼는 접근법을 선택하는 것이 매우 중요하다. 눈앞에서 수익이 줄거나 사라지는 것을 도저히 참지 못하는 성격이라면 장기 추세 추종 접근법은 정말로 맞지 않는 옷이다. 아무리 좋은 접근법이라도 매 순간 행동하고 싶은 충동을 억누르며 진득하게 기다리는 일 자체가 힘들 테니 말이다.

온종일 주식 시황판을 들여다보고 싶지 않은(혹은 여러 가지 이유로 들여다볼 수 없는) 사람은 당일치기 매매는 꿈도 꾸지 마라. 매매 결정을 내려야 할 때마다 느껴야 하는 극도의 긴장감을 견딜 수 없다 싶으면 기계적 시스템을 이용한 매매를 고려해보라. 자신에게 적합한 접근법을 사용해야 하고 심적으로도 편안해야 한다. 이것이 얼마나 중요한지는 아무리 강조해도 지나치지 않다. 거래소의 정식 회원으로서 또 개인 자격으로 투자에 임해 성공을 거둔 랜디 맥케이Randy McKay는 다음과 같은 주장을 했다. "성공한 투자자들은 저마다 자신의 성격에 맞는 스타일대로 투자를 하고 있다."

좋은 시스템을 사용해도 좀처럼 수익을 내지 못하는 결정적 이유 가운데 하나가 이처럼 매매 스타일이 자신의 성격과 맞지 않기 때문이다. 수익을 내는 좋은 시스템을 만날 확률(50% 미만)도 낮지만, 자신의 성격에 잘 맞는 시스템을 만날 확률은 그보다 더 낮다. 그러니 수익성이 좋고 위험 수준은 낮은 '좋은' 매매 시스템을 구매해서 이를 효과적으로 사용할 수 있는 확률이 과연 얼마나 될까? 이 질문에 대한 답은 독자 여러분의 상상에 맡겨두겠다. 보나마나 그 확률은 매우 낮다는 결론에 도달하겠지만 말이다.

4. 반드시 경쟁력을 갖춰야 한다 | 고도의 훈련과 오랜 경험 그리고 탁월한 자산 관리 기술로 무장한 세계적인 투자가라도 경쟁력 없이는 절대로 이길 수 없다. 완벽한 경험과 훈련 그리고 위험 관리 능력을 최대한 발휘한다면 룰렛 게임에서도 이길(장기적으로 볼 때) 가능성이 있다. 물론 확률상 거의 불가능하지만 말이다. 완벽한 자산 관리 능력과 노련함을 갖췄더라도 경쟁력이 없으면 '과다 출혈'로 서서히 죽어가는 신세가 될 뿐이다. 자신의 경쟁력이 무엇인지 모른다면 당신에게는 경쟁력이 없다는 의미다.

5. 방법을 찾아내라 | 경쟁력을 갖추려면 자신만의 방법을 찾아 사용해야 한다. 어떤 방법을 택하느냐는 중요하지 않다. 잘 나가는 투자가 중에는 순수하게 기본적 분석만을 사용하는 순수 기본적 분석가도 있고, 순수 기술적 분석가도 있으며 개중에는 이 두 가지를 병용하는 사람도 있다. 그리고 매매 방법론상 같은 범주에 속하더라도 하위 범주에 따라 부류가 또 갈린다. 예를 들어 기술적 분석가 범주 내에는 테이프 리더(오늘날의 'screen watcher'에 해당), 차트 분석가, 기계적 시스템 투자자, 엘리엇 파동 이론 분석가, 갠 이론 분석가 등 다양한 유형이 존재한다. '어떤' 방법이냐가 아니라 사용하는 방법이 '있느냐'가 중요하다. 그 방법에 경쟁력이 있어야 하는 것은 물론이다.

6. 방법을 개발하는 것은 매우 어렵다 | 성공 투자에 이르는 지름길은 존재하지

않는다. 자신만의 매매 접근법을 만들어내려면 끊임없는 생각과 관찰, 조사와 연구가 필요하다. 엄청난 시간과 노력이 필요한 작업이다. 자신에게 딱 맞는 매매 방식을 찾아내기까지 숱한 실패와 좌절을 겪어야 할지도 모른다. 아니, 거의 예외 없이 그러한 곤경을 겪게 된다. 수천, 아니 수십만에 달하는 전문가와 경쟁하고 있다는 사실을 명심하라. 왜 조금이라도 나은 점이 있어야 할까? 왜 다른 사람보다 더 나아야 할까? 투자가 그렇게 쉬운 일이라면 백만장자가 수도 없이 나왔을 것이다.

7. 타고난 재능 vs. 부단한 노력 | 투자에 성공하려면 선천적 소질이 필요할까, 아니면 후천적 노력이 중요할까? 이 질문에 대한 내 의견은 분명하다. 즉, 초고수 대다수가 투자에 특별한 재능을 타고났다고 본다. 예를 들어보자. 건강한 신체를 타고난 사람이 열심히 훈련하고 꾸준히 노력하면 마라톤 경주에서 완주할 수는 있다. 그러나 노력과 열정과는 별개로 전체 인구 중 2시간 12분대로 완주할 수 있는 사람은 극소수에 불과하다. 마찬가지로 거의 모든 사람이 악기를 연주할 수 있다. 그러나 아무리 열심히 연습하고 노력해도 타고난 재능이 없이는 독주회가 가능할 정도로 성공하기는 거의 불가능하다.

결론적으로 말해 뛰어난 성과를 올리려면 후천적인 노력과 훈련은 당연하고 타고난 재능이 있어야 한다. 선천적 재능이 없는 사람도 노력을 하면 능력이 향상되기는 하나 뛰어난 고수가 되기에는 한계가 있다.

투자도 마찬가지라고 생각한다. 그럭저럭 수익을 내는 투자자는 누구나 될 수 있다. 그러나 초고수익을 올리는 투자 귀재는 타고난 재능이 없으면 불가능하다. 이런 사람은 몇 손가락 안에 꼽힐 정도로 극소수다. 투자에 성공하는 방법을 가르쳐 줄 수는 있으나 그것도 어느 정도까지다. 그러므로 이러한 내재적 한계를 인식하고 현실적 목표를 세우라고 권하고 싶다.

8. 좋은 투자는 힘들지 않아야 한다 | 잠깐! 바로 앞에서 노력도 성공 투자에 필요한 요소라고 하지 않았나? 앞에서는 그렇게 말해 놓고, 이제 와서 아니라니, 무슨 말일까?

그러나 이 두 가지는 서로 모순되는 것이 아니다. 노력은 투자 그 자체가 아니라 좋은 투자자가 되는 데 필요한 예비 과정, 즉 연구와 관찰을 말한다. 이러한 측면에서 노력은 비전, 창의성, 끈기, 욕구, 열망, 성실 등과 같은 자질과 연관돼 있다. 노력이란 투자를 하는 과정에서 전략을 다해야 한다는 것을 의미하지 않는다. 또한 시장에 맞서 싸우라는 의미도 아니다.

이와는 반대로 투자의 과정은 좀 더 수월하고 자연스러울수록 성공 가능성이 커진다. 어느 투자자는 《선과 궁술Zen and the art of archery》에 나오는 내용을 투자에 비유해 다음과 같이 말했다. "궁술처럼 투자는 노력, 힘, 긴장, 투쟁심 등이 개입될 때마다 실패를 맛본다. 이러한 상태에서는 시장과 동기화가 안 돼서 시장 흐름을 제대로 읽지 못한다. 시장과 조화를 이루지도 못한다. 완벽한 투자에는 힘이 들어가지 않는다. 쓸데없는 노력은 불필요하다."

세계 정상급 마라토너가 1마일(약 1.6킬로미터)을 5분대에 달린다고 하자. 이제 하루 종일 소파에서 뒹구는 250파운드(약 113킬로그램)의 거구가 1마일을 10분에라도 달리려고 노력하는 장면을 상상해보라. 전문 마라토너는 먼 거리를 빠른 속도로 달리면서도 힘들어 보이지 않는다. 그러나 뚱뚱한 사람은 조금만 달려도 숨을 헐떡이며 괴로워한다. 이 두 사람 중에 누가 더 힘을 들이는가? 누가 더 성공적인가? 세계적인 마라토너는 훈련하는 동안 엄청나게 노력한다. 그리고 이렇게 훈련하며 들이는 땀과 노력이 성공의 밑바탕이 된다.

9. 자산 관리와 위험 관리 | 내가 인터뷰했던 투자 고수 거의 전부가 자산 관리가 매매 방법보다 훨씬 중요하다고 여겼다. 성공 가능성이 높은 시스템이나 매매 접근법을 활용하면서도 위험 관리 부분을 소홀히 하는 바람에 큰 손실을 낸 투자자가 많다. 위험 관리를 하는 데 수학자 수준의 고난도 기술이 필요한 것도 아니고 포트폴리오 이론을 터득해야 하는 것도 아니다. 위험 관리는 아래에 제시한 3단계 접근법만큼이나 쉬운 작업이다.

1. 위험 노출 수준이 총자산의 1%에서 2% 정도여야 하며 이 선을 넘지 말아야 한다(매매 방식에 따라 이보다 수치가 높을 수도 있다. 그러나 절대로 5%는 넘지 말아야 한다).

2. 투자 개시 전에 청산 시점을 미리 정해두라. 내가 인터뷰했던 투자자 대다수도 이 점을 강조했다.

3. 투자 개시 전에 정해둔 손실 한도에 도달했다면(예: 총자산의 10~20%) 일단 여유를 가지고 한숨 돌린 다음 무엇이 잘못됐는지를 분석하라. 그리고 다시 자신감이 생길 때까지 기다려라. 이때 고수익 전략이 떠오르지 않는다면 다시 시장에 진입하지 마라. 대규모의 자금을 운용하는 투자자라면 손실이 났다고 해서 매매를 완전히 중단하기보다는 소액 투자를 시도하는 쪽이 더 낫다. 내가 인터뷰했던 투자 고수들도 손실 투자가 이어질 때는 매매 규모를 확 줄이는 것이 바람직하다는 입장이었다.

10. 투자 계획 | 투자 계획도 없이 시장과 겨뤄 이겨보겠다고 덤비는 것은 설계도도 없이 집을 짓겠다고 나서는 것과 같다. 당연히 이러한 시도는 실패로 이어질 것이고 막대한 비용 부담도 불가피하다. 투자 계획이라고 해서 너무 거창하게 생각할 필요는 없다. 각자 선택한 매매 방법에다 구체적

인 자산 관리 및 시장 진입 규칙을 결합하는 것으로 족하다. 투자자이면서 최면술사이기도 한 로버트 크라우츠Robert Krausz는 투자자가 시장에서 직면하는 모든 어려움 가운데 최고봉은 바로 '투자 계획의 부재'라고 했다. 내 인터뷰 대상이기도 했던 뮤추얼펀드계의 초고수 리처드 드리하우스Richard Driehaus는 투자 계획에는 개인의 핵심 투자 철학이 반영돼 있어야 한다고 강조한다. 드리하우스는 기본 철학이 없으면 손실이 나거나 시장 상황이 불리하게 돌아가는 동안 포지션을 계속 유지하거나 애초의 투자 계획을 고수하기가 매우 어려워진다고 강조했다.

11. 훈련 | '훈련'이야말로 내가 인터뷰했던 투자 고수들이 가장 많이 언급했던 단어였다. 이들은 다 아는 얘기를 또 하는 것에 양해를 구한다는 말과 함께 한결같이 이렇게 말했다. "아마 수백 번도 더 들었던 말이겠지만, 훈련이 정말 중요합니다."

훈련이 그렇게 중요하다고 하는 데는 크게 두 가지 이유가 있다. 첫째, 효율적인 위험 관리를 하기 위해서다. 둘째, 이런저런 고민 없이 자신의 방법을 바로 적용하는 데 필요하다. 어떤 투자를 할지, 어떤 방법을 취할지 고민할 때마다 잘못된 선택을 하기 때문이다. 왜 그럴까? 대다수가 대체로 편한 방법, 수월한 투자를 선택하기 때문이다. 수학자 출신의 성공한 상품 투자 자문가commodity trading advisor: CTA 빌 에크하르트Bill Eckhardt는 이렇게 말했다. "감感대로 행동했다가 잘못된 결과에 이르는 경우가 종종 있다."

마지막으로, 나쁜 매매 습관을 근절하기는 어렵다는 점을 기억하라. 우리가 할 수 있는 일이라고는 그러한 습관이 튀어나오지 않도록 마음 깊숙이 밀어넣어두는 것이 고작이다. 이렇게 잠시 숨은 나쁜 습관은 항상 내면에 잠복해 있으면서 게으름을 피우거나 방심한 기미가 보이는 순간 다시 수면 위로 떠오른다.

12. **책임 의식** | 투자에서 수익을 내든 손실을 내든 그 결과는 모두 자신의 책임이다. 중개인의 정보, 자문 서비스 업체 혹은 자문가의 조언, 자신이 구매한 시스템에서 나온 오신호 때문에 손실이 났다 해도 그 또한 자신의 책임이다. 그에 따라 행동하기로 결정한 것은 다른 누구도 아닌 자기 자신이기 때문이다. 성공한 투자자가 손실이 났을 때 그것을 다른 사람 탓으로 돌리는 경우를 본 적이 없다.

13. **독자적 사고와 독립적 행동의 필요성** | 스스로 생각해야 한다. 다른 사람에게 의존하지도 말고 군중심리에 휘말리지도 마라. 18년 동안 투자금을 무려 1,000배나 불린 전설적인 선물 투자가 에드 세이코타는 이렇게 지적했다. "전국적으로 발행되는 정기 간행물의 표지를 장식할 정도면 개나 소나 다 아는 추세 정보라는 의미이고 따라서 그 추세는 거의 끝난 것으로 봐야 한다." 이미 다 아는 정보에 따라 투자에 나서는 것은 '막차를 타는 것'과 다름없다는 의미다.

독립적이라는 것은 스스로 매매 결정을 한다는 의미이기도 하다. 매매 결정을 할 때 절대로 다른 사람의 말을 귀담아 듣지 마라. 한두 번쯤은 다른 사람의 말을 듣는 것이 도움이 될 때도 있으나, 남의 말에 의존하다 보면 자신의 투자 전략에 혼선이 빚어지고 결국은 엄청난 비용 부담을 안는 것으로 끝이 난다. 성공한 선물 투자가인 마이클 마르쿠스Michael Marcus는 《시장의 마법사들》에서 이렇게 말했다. "자신의 방식을 고수해야 한다. 두 사람의 방식을 혼합해 사용하면 그 두 가지 방식의 단점만 취하게 된다."

이와 관련한 또 한 가지 일화가 있다. 내가 《시장의 마법사들》을 준비할 때 인터뷰했던 어느 투자자의 이야기다. 이 사람은 눈가리개를 한 채 트렁크에 갇혀 수영장 바닥에 가라앉아도 나보다는 훨씬 나은 성과를 낼 사람인데도 내 의견에 여전히 관심이 많았다. 어느 날 이 사람이 내게 전화를 해 이렇게 물었다. "엔화가 어떻게 될 것 같아요?"

당시 엔화 시장은 내가 크게 주목했던 몇 안 되는 시장이었다. 내가 보기에 엔화 시장은 약세장을 예상케 하는 매우 독특한 차트 패턴을 보이고 있었다. 그래서 나는 이렇게 대답했다. "가격이 하락하고 있다고 보는데. 나는 매도 포지션 쪽입니다."

그러자 이 사람은 엔화가 과매도 상태라 앞으로 반등한다고 보는 이유를 51가지나 줄줄이 읊었다. 전화를 끊고 곰곰이 생각했다. '내일 출장을 떠나야 하는데 어쩐다? 지난 몇 주 동안 투자 성과는 그럭저럭이었지. 엔화 매도 포지션이 내 유일한 투자인데 세계적인 선물 투자 고수가 하는 말을 그냥 무시해도 될까?' 고심 끝에 나는 결국 엔화 포지션을 청산해버렸다.

며칠 후 출장에서 돌아와 보니 엔화 가격이 150포인트나 하락했다. 공교롭게도 그날 오후에 그 선물 투자가한테 전화가 왔다. 대화는 자연스럽게 엔화 이야기로 넘어갔고 나는 궁금함을 참을 수 없어 이렇게 물었다. "그런데 당신은 아직도 매수 포지션인가요?"

그러자 이런 대답이 돌아왔다. "아니요, 매도 포지션인데요."

여기서 말하고자 하는 핵심은 이 사람이 일부러 내게 잘못된 정보를 흘렸다는 것이 아니다. 그와는 정반대로 이 사람은 당시에 정말로 그렇게 생각하고 있었다. 그러나 매수와 매도 시점을 용케 잘 잡은 덕분에 양 포지션에서 수익을 낼 수 있었던 모양이다. 반면, 나는 애초에 올바른 방향의 포지션을 취했는데도 엔화 가격 하락에서 아무런 이득을 보지 못했다. 여기서 얻을 수 있는 교훈은 아무리 뛰어난 투자 고수의 조언이라도 해로운 결과로 이어질 수 있다는 사실이다.

14. 자신감 | 내가 인터뷰한 투자 고수한테서 볼 수 있었던 보편적인 특성은 수익 연승 행진을 해나갈 수 있다는 확고한 자신감, 바로 그것이었다. 투자자에 관해 많이 연구한 심리학자이자 '시장의 마법사들' 가운데 한 명이며, 내 인터뷰 대상자이기도 했던 반 타프Van Tharp 박사는 투자 고수들의 기본적인 특징 가운데 하나가 무한한 자신감이라고 주장했다. "그 사람들은 게임을 시작하기도 전에 벌써 이겼다고 믿는다."

자신감이 넘치는 투자자는 올바른 결정을 내릴 용기가 있다. 또 설령 투자가 잘못되더라도 크게 당황하거나 공황 상태에 빠지지 않을 만큼 강한 힘이 있다. 마크 트웨인Mark Twain의 소설 《미시시피강의 추억Life on the Mississippi》은 투자와는 전혀 관계가 없으나, 자신감과 관련해 곱씹어볼 대목이 있다. 이 책에서 주인공은 견습생으로서 수로 안내인 일을 하고 있다. 그런데 미시시피강이라면 손바닥 보듯 속속들이 다 알고 있다고 자부하는데도 선장과 다른 선원에게 속아서 큰 낭패를 본다. 다음은 주인공이 선장과 나눈 대화 내용이다.

"그 수로가 안전 수역이라는 걸 몰랐어?"

"아니오, 알고 있었어요."

"그걸 알고 있었다면 나나 다른 사람이 어떤 말을 해도 흔들리지 말았어야지. 그 점을 꼭 기억해라. 또 한 가지 명심해야 할 것이 있어. 위험에 처했을 때 겁먹지 말라는 거다. 겁을 먹어봐야 아무런 도움이 안 된다."

15. 손실을 내는 것도 투자의 일부다 | 투자 고수들은 손실 또한 투자의 한 과정이자 본질적 구성 요소라고 생각한다. 이러한 자세는 자신감과도 관련이 있

다. 뛰어난 투자자는 장기적 측면에서 볼 때 결국은 수익을 내면서 이기는 게임을 하리라 확신하기 때문에 손실 투자 하나하나에 크게 낙심하지 않는다. 오히려 장기적 안목에서 손실이 나는 것은 불가피한 일로 여긴다. 그리고 사실이 그렇기도 하다. 손실 투자 대비 수익 투자 비율이 훨씬 높았던 선물 투자 고수 린다 라쉬케Linda Raschke는 이렇게 말했다. "손실이 났다고 괴로워하지는 않는다. 이 손실을 곧 만회할 수 있다고 믿기 때문이다."

아이러니하게도 손실을 내는 가장 확실한 방법은 바로 '손실이 나는 것을 두려워하는' 것이다. 손실이 나는 것을 견디지 못하고 전전긍긍하면, 더 큰 손실을 보거나 큰 수익 기회를 날리거나 둘 중 하나다. 어느 쪽이든 성공 투자의 기회를 망쳐버리기는 마찬가지다.

16. 자신감 부족과 휴식 | 자신이 있을 때 그리고 낙관적인 생각이 들 때만 투자에 나서라. 투자자들로부터 이런 말을 심심찮게 듣는다. "뭔가 잘못된 것 같아, 찜찜해." "아, 또 저점 바로 근처에서 청산해버렸어." 이처럼 부정적인 생각을 한다는 것은 투자를 접고 쉬라는 확실한 신호다. 이럴 때는 시장에서 나와 충분한 휴식을 취한 후 천천히 다시 시작하라. 투자 시장을 차가운 바다라고 생각하라. 첨벙 뛰어들기 전에 물이 얼마나 차가운지 확인부터 하라.

17. 조언을 받고 싶은 충동 | 조언을 구하려는 충동이 생긴다는 것은 자신감이 부족하다는 의미다. 린다 라쉬케는 이렇게 말했다. "다른 사람에게 투자에 관한 조언을 구하고 싶은 마음이 굴뚝같다면 그때야말로 포지션을 청산하고 시장에서 나와야 할 시점이다."

18. 인내의 미덕 | 적당한 때 혹은 가장 좋은 기회를 기다릴수록 성공 확률은 높아진다. 항상 시장에 있을 필요는 없다. 즉, 한시도 쉼 없이 매매를 해야 하는 것은 아니다. 에드윈 르페브르는 《어느 주식 투자자의 회상》에서 이렇게 말했다. "세상에는 언제 어디서나 늘 실수를 하는 바보가 있다. 월가에는 항상 매매를 해야 한다고 생각하는 '월가 바보'가 있다."

인내의 중요성에 관한 좀 더 멋진 표현으로는 《시장의 마법사들》에 나오는 저명한 투자자 짐 로저스Jim Rogers의 말을 들 수 있다. "나는 돈이 한 귀퉁이에 얌전히 놓일 때까지 기다린다. 그때가 되면 그곳으로 가서 돈을 줍기만 하면 된다." 달리 말하면 바닥에 떨어진 돈을 줍는 것처럼 투자가 아주 쉬워질 때까지 아무것도 하지 않고 기다린다는 뜻이다.

경이적이라 할 정도로 꾸준한 성과를 낸 선물 및 주식 투자의 고수 마크 웨인스타인Mark Weinstein도 다음과 같은 매우 적절한 비유를 들어 인내의 중요성을 강조했다. "치타는 지구상에서 가장 빠른 동물이고 대평원 위의 그 어떤 동물도 다 잡을 수 있을 정도로 민첩하다. 그런데도 치타는 먹잇감을 확실히 잡을 수 있는 순간이 올 때까지 기다린다. 때로는 일주일이나 덤불 속에 숨어 먹잇감을 확실히 낚아챌 순간이 오기만 기다린다. 또한 치타는 새끼 혹은 병이 들거나 다리를 저는 동물을 주로 노리는데, 이렇게 신체적으로 취약한 쪽이 사냥에 성공할 확률이 높기 때문이다. 치타는 먹잇감을 놓칠 가능성이 거의 없을 때에야 비로소 공격에 나선다. 치타와 같은 행동이야말로 전문 투자가의 전형이 아닐까 한다."

19. 포지션 유지의 중요성 | 인내는 적절한 투자 시점을 기다릴 때뿐 아니라 올바른 방향의 매매 포지션을 계속 유지하는 데도 매우 중요하다. 올바른 방향의 매매에서 그에 걸맞은 수준의 수익을 이끌어내지 못하는 것이야말로

최대한의 수익을 방해하는 주요 걸림돌이다. 르페브르의 말을 다시 인용해보겠다. "내가 큰돈을 벌 수 있었던 것은 명석한 두뇌로 올바른 선택과 결정을 해서가 아니라 수익이 나는 포지션을 잘 지켰기 때문이다!"

이와 관련해 에크하르트는 다음과 같은 매우 인상적인 말을 남겼다. "시중에 떠도는 격언 중에 완전히 틀린 말이 하나 있다. '수익이 나는 한 파산할 일은 없다.'는 말이 바로 그것이다. 역으로 이 말은 수많은 투자자가 어떻게 파산하는지를 아주 정확히 설명해주고 있다. 아마추어 투자자는 손실이 너무 커서 파산하는데, 프로 투자가는 수익이 너무 적어서 파산한다. 요컨대 수익이 나도 그 규모가 너무 작으면 결국은 파산에 이르게 된다."

20. 위험도를 낮출 방안 마련 | 반 타프 박사가 자신의 세미나에서 사용하는 훈련 기법 가운데 하나는 참가자에게 위험 수준을 낮출 수 있는 다양한 방법을 생각해보고 그 내용을 적어보게 하는 것이다. 이처럼 위험도를 낮출 방안을 고민하는 작업의 이점은, 인내(열심히 생각해낸 수많은 방안 중에서 채택되는 것은 극소수에 불과하므로, 생각하고 폐기되고 또 생각하고 폐기되는 과정이 진행되는 동안 자연스럽게 인내를 배울 수 있음)와 위험 관리('위험도 경감 방안'이라는 말에 이 의미가 이미 내포돼 있음)다.

저위험 전략을 구상해보는 작업은 모든 투자자에게 유용한 훈련이다. 위험 수준을 낮출 구체적 방안은 투자 대상과 투자 방식에 따라 달라지므로 투자자마다 천차만별일 것이다. 세미나 참석자들은 위험 경감 방안을 빼곡히 적은 아주 긴 목록을 만들어냈다. 그중에는 이런 것도 있었다. "작은 시장 움직임만으로 자신의 잘못이 명확히 드러나는 상황에서 투자를 한다." 투자와는 직접적인 관계가 없으나, 제시된 위험 경감 방안 가운데 개인적으로 마음에 드는 것은 이것이었다. "도넛 가게는 경찰서 옆에 차려라."

21. 매매 크기 다양화의 중요성 | 장기적으로 꾸준히 수익을 내는 투자자는 모두 나름대로 경쟁력이 있다. 그러나 그 경쟁력이라는 것이 투자마다 큰 차이를 나타낸다. 이길 확률이 제각각인 게임에서는 이길 확률에 따라 판돈의 크기(액수나 비율)를 조정하면 수익 규모가 극대화된다. 이는 수학적으로도 증명이 가능하다. 이 개념에 가장 적합한 사례가 바로 블랙잭blackjack: 총점이 21을 넘지 않는 한도 내에서 딜러와 겨루어 숫자가 높으면 이기는 게임-역주 베팅 전략이다.

예를 들어 신뢰할 만한 지표를 바탕으로 특정 투자가 수익을 낼 가능성이 높다는 확신이 들면 좀 더 공격적으로 '베팅'하는 것이 바람직하다. 즉, 이러한 상황에서는 매매 포지션 크기를 늘리는 것을 고려할 만하다.

고수익을 내는 것으로 유명했던 헤지펀드 매니저 스탠리 드러켄밀러Stanley Druckenmiller는 이에 관해 다음과 같이 말한다. "장기적으로 고수익을 올리는 방법은 투자금을 잘 보존하다가 이때다 싶을 때 '홈런' 한방을 날리는 것이다. 100% 수익이 난다는 확신이 강하게 들 때는 머뭇거리지 말고 크게 한방을 노려야 한다. 주머니를 두둑이 불리려면 용기가 필요하다." '시장의 마법사'로 불리는 투자 고수들은 가속 페달을 밟아야 할 때, 즉 포지션을 늘려 공격적으로 나서야 할 때를 정확히 집어내는 '예리한 판단력'과 그러한 판단을 실행에 옮길 수 있는 '용기'로 엄청난(그럭저럭 괜찮은 정도가 아니라) 수익을 올렸다.

한편 내가 인터뷰했던 투자 고수 중에는 상황에 맞춰 매매 크기를 다양하게 조정한다는 사람이 있었다. 가령 앞에서도 언급했던 맥케이는 최소 1단위에서 최대 100단위까지 포지션의 크기를 다양하게 조정한다고 말했다. 이 방법은 손실이 나는 동안에는 위험 수준을 낮추고 수익이 나는 동안에는 수익을 극대화하는 데 큰 도움이 된다고 한다.

22. 점진적 포지션 관리 | 포지션을 취하거나 청산할 때 항상 전체 포지션을 한 단위로 취급해 단번에 처리해야 하는 것은 아니다. 포지션 처리 단위를 융통성 있게 증감하면 매매 크기도 더 정밀하고 효율적으로 조정할 수 있는데다 대안 투자에 대한 선택의 폭도 넓어진다. 안타깝게도 대다수 투자자는 자신의 선택이 완벽하게 옳기를 바라는 어쩔 수 없는 인간적 욕구 때문에, 또 최대한의 수익을 얻겠다는 심산으로, 잘 생각해보지도 않고 이 융통성 있는 접근법을 거들떠보지도 않는다(사실 이 융통성 있는 접근법을 사용한다면 전체 포지션 가운데 일부는 다른 포지션보다 불리한 가격으로 진입 혹은 청산해야 하는 상황이 생긴다). 반면 일종의 포지션 분할 처리 접근법이라 할 수 있는 이 방법이 장기 수익 매매 포지션(최소한의 포지션일지라도)을 오래 유지할 수 있게 해준다고 말하는 사람도 있다.

23. 천재가 되는 것보다 승자가 되는 것이 훨씬 중요하다 | 수없이 많은 사람이 천장과 바닥을 노리는 이유는 자신의 천재성을 만천하에 알리고 싶거나 자신이 뛰어나다는 사실을 증명하고 싶은 욕구 때문일지도 모른다. 그러나 영웅이 되기보다는 승자가 되려고 노력하라. 투자의 성공 여부는 주요 고점이나 저점을 얼마나 근접하게 집어냈는지가 아니라 고수익-저위험 조건을 충족시키는 투자를 얼마나 잘 선택했느냐를 기준으로 판단해야 한다. 완벽한 투자보다는 수익 측면에서 일관성 있는 투자가 훨씬 중요하다.

24. 바보처럼 보이는 것에 신경 쓰지 마라 | 지난주 사무실에 있는 모든 사람에게 이렇게 말했다. "분석해본 결과 S&P 지수가 크게 상승할 것 같습니다. 매수 신호가 확실해요. 신고점을 찍을 겁니다." 그런데 이후 시장 동향을 주시할 때마다 시장 흐름이 예상과 다르게 전개되었다. 반등은커녕 가격이 오

히려 하락하고 있었다. 본능적으로는 시장이 취약하다는 사실을 느끼고 있었을지도 모른다.

나는 점점 객관적인 상황 판단력이 흐려졌다. 왜일까? 걱정이 되기 시작한 것이다. 사람들에게 호기롭게 말한 게 있는데 실제 상황이 반대로 전개된다면 예상을 잘못했으므로 웃음거리가 될 것이었다. 그래서 나는 객관성을 상실한 채 시장 상황을 가능한 한 낙관적으로 해석하려고 애를 썼다. "가격 붕괴가 아니고 약한 매수세를 떨어내기 위한 조정 국면이야." 이러한 합리화 탓에 결국 손실 포지션을 너무 오래 끌어안는 우를 범하고 말았다.

그렇다면 이러한 상황에 맞닥뜨릴 경우 어떻게 해야 할까? 간단하다. 자신의 포지션을 공개하지 마라! 하지만 나처럼 직업상 시장에 대한 견해를 말할 수밖에 없는 입장이라면 이렇게 하라. 이전의 견해를 재검토해보라. 그리고 걱정의 횟수가 늘어날수록 견해를 바꿔야 할 근거가 점점 더 확실해진다고 생각하라.

개인적인 예를 들어보겠다. 1991년 초에 나는 달러화가 주요 저점을 형성했다는 결론에 이르렀다. 당시 한 청중이 내게 통화 시장의 전망에 대해 물었다. 그때 나는 앞으로 수년간 달러 가격이 고공 행진을 벌일 것이라고 단언했다. 그런데 몇 개월 후인 1991년 8월, 소련의 쿠데타(공산당 강경 보수파가 주도한 반개혁적 정권 찬탈 시도-역주) 소식과 함께 달러 가격이 급락하기 시작했다(쿠데타 실패가 확정될 때까지 이 하락세는 지속됐다). 그러자 뭔가 잘못 돼가고 있다는 느낌이 들었다. 달러 가격이 장기간 상승한다고 떠들고 다녔던 기억이 새록새록 떠올랐다. 잘못된 예측이 부끄럽기도 하고 당혹스럽기도 했다. 그러나 이러한 불편감과 당혹감을 느낄 때야말로 내 견해를 바꿔야 할 때임을 직감했다.

이 업계에 발을 디딘 초창기에는 나도 이러한 상황에서 이전에 했던 시장 예측을 어떻게든 합리화하려고 애썼다. 숱한 시간을 낭비한 후에야 귀중한 교훈을 얻은 셈이다. 사례로 돌아가서 보자면 나는 처음에 했던 달러 가격 예측을 번복했다. 천만다행이었다. 이후 몇 개월 동안 가격이 계속 하락했기 때문이다.

25. 신중함보다 행동이 더 중요할 때도 있다 | 조정 국면을 기다렸다가 시장에 진입하는 것은 신중한 태도로 보일 수 있으나 이것이 좋지 않은 결과를 낳을 때도 있다. 분석 결과로도 그렇고 직감상으로도 시장에 진입하라는 신호가 나올 때는 망설이지 말고 그대로 행동하라. '더 좋은 가격에, 특히 갑작스러운 큰 폭의 가격 변동(예: 중대 소식 발표 이후)이 있었을 때 시장에 진입할 수 있었는데.'라며 뒤늦게 아쉬움을 토로하지 않으려면 이때다 싶을 때 과감하게 행동해야 한다. 조정기가 올 것 같다는 느낌이 들지 않을 때라면 해당되지 않는 이야기다.

26. 추세 진행 중에도 시장 진입을 고려하라 | 추세가 형성된 초기에 시장 진입 기회를 놓쳤다고 해서 현 추세를 이용한 매매를 아예 시도조차 하지 않는 것은 바람직하지 않다(적절한 손절매 규칙을 정해놓았다는 전제 하에). 맥케이는 추세에서 확인하기 가장 쉬운 부분이 바로 추세가 얼마간 진행됐을 때, 즉 추세의 중간 구간이라고 했다. 이 말은 시장에 진입하기 전 추세의 일부를 놓치는 일이 흔하다는 의미다.

27. 수익 투자 건수(성공 투자 횟수)보다는 수익의 크기를 극대화하는 데 집중하라 | 에크하르트는 인간의 본질적 특성상 수익의 극대화가 아니라 수익 기회의 극대화를 지향한다고 말한다. 이러한 경향성에서 비롯된 문제는 수익(혹은 손

실)의 크기에 초점을 맞추지 않는다는 점이고, 이는 아쉬운 수준의 투자 성과를 내는 것으로 이어진다. 에크하르트는 매우 직설적으로 다음과 같이 결론 내렸다. "투자 성공률은 투자 성과 측정치 가운데 가장 중요하지 않은 지표이며, 더 심하게 말하자면 성과와 반비례 관계에 있을지도 모른다." 성공한 옵션 투자 전문가 제프 야스Jeff Yass도 이와 비슷한 취지의 발언을 했다. "포커나 옵션 투자나 기본 개념은 동일하다. 즉, 기본 목적은 자주 이기는 것이 아니라 많은 돈을 버는 것이다."

28. 쓸데없는 충성심을 버려라 ㅣ 가족이나 친구, 애완동물에 대해 충성심을 보이는 것은 미덕이지만, 투자자에게 충성심은 거추장스러운 자질일 뿐이다. 아니, 더 나아가 치명적인 결함으로 작용할 수 있다. 포지션에 대한 충성심은 절대 금물이다. 특히나 초보자는 자신이 처음에 취한 포지션에 대해 대단한 '충성심'을 보이기 마련이다. 그래서 숱한 신호들이 추세 판단이 잘못됐음을 보여주는데도 이를 가뿐히 무시하고는 최상의 결과를 기대하며 포지션을 미련하게 계속 보유한다. 자산 관리의 중요성을 배운 투자자는 애초의 매매 방향이 잘못됐다는 점을 깨닫는 순간 곧바로 포지션을 청산한다. 그러나 이들보다 더 노련한 투자자는 어느 정도 손실을 감수하고 시장 상황에 맞춰 자신의 포지션을 180도 전환한다. 드러켄밀러는 1987년 10월 19일의 주식 시장 대폭락 사건 바로 전날에 기존의 주식 포지션을 매도 포지션에서 매수 포지션으로 바꾸는 치명적 실수를 저질렀다. 그러나 곧바로 자신의 실수를 깨닫고는 한 치의 망설임 없이 적지 않은 손실을 감수하면서 다시 매도 포지션으로 돌아갔다. 그 덕에 감당하기 어려운 엄청난 손실이 날 뻔한 위기에서 벗어나 손익분기점을 맞출 수 있었다.

29. 수익 일부를 현금화하라 | 투자 수익 중 일부를 계정에서 인출해 확실하게 현금화하라. 수익을 매매 계정에 그냥 두면 "수익금을 이용하는 건데 뭐 어때?"라며 과다 매매와 손실 포지션의 청산 지연을 합리화하기 쉽다. 수익금 일부를 인출해 현금화하면 실제 '수익'이라는 게 더욱 실감날 것이다. 계정 안에 수치로만 존재하는 수익과 실제 현금화된 수익은 체감 수준에서 큰 차이가 있게 마련이다. 계정상의 수익과 달리 현금화한 수익은 과다 매매에 이를 정도로 그렇게 함부로 사용하지는 않게 될 것이다.

30. '희망'은 금기어다 | 투자자에게 '희망'은 금기어와 다름없다. 시장 가격이 다시 회복되기를 기대하며 손실 포지션의 청산을 계속 미룰 때도 그렇지만, 더 좋은 가격에 시장 진입을 하겠다며 최적의 시점을 노리다가 아예 진입 기회를 놓쳐버린다는 측면에서도 그렇다. 요컨대 이미 놓친 투자를 아쉬워하며 더 좋은 진입 시점이 올 때까지 가격 반발을 마냥 기다린다는 측면에서도 '희망'은 별로 득 될 것 없는 단어인 셈이다. 희망하는 가격 반발은 그렇게 때맞춰 일어나지 않는다. 대개는 너무 늦었다 싶을 때 그러한 희망(?)이 이루어지고, '때는 이미 늦었다!'라는 말로 상황이 종료된다.

31. 편한 것만 추구하지 마라 | 에크하르트는 편함을 추구하는 본성 때문에 인간은 쉬운 선택지를 고르는 경향이 강하고 이로 말미암아 대다수가 무작위 선택의 결과보다도 못한 투자 성적표를 받아들게 된다는, 다소 도발적인 주장을 했다. 인간 본성에서 나온 자연적 특성 때문에 투자 결정 상황에서 형편없는 선택을 한다는 것이다. 이런 식이면 동전을 던지거나 다트를 던져 나온 결과를 기초로 투자 결정을 하는 편이 훨씬 나을 것이다. 에크하르트는 올바른 투자 원칙에 반해 대다수가 택하는 편한 선택에 관한 몇 가지 예

를 들었다. 여기에는 돈을 잃으면서 도박 계속하기, 강세장에 팔고 약세장에 사기, 과거 가격 추이를 과도하게 적합화한 매매 시스템 설계(혹은 구매) 등이 포함된다. 그가 말하고자 하는 바는 이것이다. '편하게 느껴지는 것이 아니라 옳다고 생각되는 것을 하라.'

32. 반드시 이겨야만 하는 상황에서는 절대 이길 수 없다 | 월가에서 회자되는 오래된 격언이 있다. "잃어서는 안 되는 절박한 돈으로는 절대 수익을 낼 수 없다." 그 이유는 아주 단순하다. 절대로 잃어서는 안 되는 돈을 밑천으로 투자에 나서게 되면 냉정한 판단이 결여되고, 투자 결정에 걸림돌밖에 안 되는 온갖 심리적 요인이 다 작용해 큰 함정을 만들어내기 때문이다. 아직 경험이 일천했던 초기에 드러켄밀러는 핵심적인 자금 지원자였던 사람이 파산했다. 그 바람에 창업한지 얼마 안 되는 투자 회사의 존립이 위태로워지자 회사를 살려야겠다는 필사의 일념으로 한 번의 투자에 '모든 것을 걸었다.' 그는 회사의 명운을 걸고 재무부 채권 시장에서 마지막 승부를 걸었는데, 안타깝게도 모든 것을 잃고 말았다. 꼭 수익을 내야 한다는 절박한 심정이 매매 실수(예: 과도한 레버리지, 매매 계획의 부재)로 이어진 것이다. 시장은 절박함에서 시작된 투자에다 부주의까지 겹친 상황을 봐줄 만큼 녹록하지 않다.

33. 시장이 너무 쉽게 놓아준다 싶으면 포지션 청산을 진지하게 재고하라 | 손실이 날 것 같아 전전긍긍하고 있는데, 묘하게도 생각했던 것보다 훨씬 좋은 가격 조건에 포지션을 청산할 수 있는 상황이 조성된다면 너무 급하게 시장에서 나오려고 하지 마라. 예상치 못한 새로운 정보 혹은 이전 종가에 대한 분석 및 판단 착오로 말미암아 하룻밤 새(혹은 주말을 넘기며) 가격 반전이 일어날까 걱정이 이만저만이 아니라면, 다른 투자자도 마찬가지 걱정을 하고 있

을 가능성이 크다. 그런데도 시장이 이러한 걱정에 개의치 않는 듯한 모양새를 보인다면 이는 애초의 포지션에 유리한 방향으로 현 추세를 이끌어갈 기본 동력이 시장에 내재돼 있다는 의미다. 이는 주가지수선물 매매에서 경이적인 실적을 올렸던 마티 슈워츠가 《시장의 마법사들》에서 처음 소개한 개념이기도 한다.

통화 투자 전문가 빌 립슈츠Bill Lipschutz가 손실이 우려되던 자신의 포지션을 어떻게 청산했는지를 보면 이 개념의 의미를 이해하기 쉬울 것이다. 통화 시장의 거래량이 확 줄어드는 시점인 금요일 오후(유럽 시장 마감 이후), 립슈츠는 강력한 반등 장세가 한창인 와중에 달러에 대해 대량 매도 포지션을 취한 상태였다. 립슈츠는 포지션을 청산해도 좋을지 그 근거를 더 명확히 확인하고자 도쿄 시장이 개장하는 일요일 저녁까지 기다렸다. 도쿄 시장에서 달러가 예상했던 것보다 더 약세로 출발했는데도 립슈츠는 안도하며 냉큼 포지션을 청산하지는 않았다. 대신 자신의 본능적 감에 따라 포지션 청산을 미뤘다. 덕분에 훨씬 더 유리한 조건에 청산을 할 수 있었다.

34. 마음을 닫지 말고 개방적인 태도를 보여라 | 개방적인 태도야말로 투자 고수들의 공통된 특징이다. 예를 들어 놀랄 만큼 꾸준한 수익을 내는 것으로 유명한 뮤추얼펀드 매니저 길 블레이크Gil Blake는 친구에게 가격은 무작위로 움직인다는 사실을 입증하려다가 투자가의 길로 들어섰다. 처음에는 다소 불순(?)한 의도로 투자를 시작했으나 자신의 생각이 잘못됐음을 깨닫고 전문 투자가가 되었다. 드리하우스Driehaus는 이렇게 말했다. "사람의 마음은 낙하산과 같아서 펼쳐야만 제 기능을 다한다."

35. 단지 짜릿한 흥분을 느끼려고 하기에 시장은 너무 비싼 놀이터다 | 투자의 이미

지와 흥분은 아주 잘 어울리는 조합으로 보일지 몰라도 사실 흥분은 성공 투자와는 아무런 관련이 없다. 대형 CTA회사(상품매매 자문회사)인 민트 매니지먼트Mint Management의 창업자 래리 하이트Larry Hite는 《시장의 마법사들》에서 전산화된 매매 시스템을 고수하는 자신을 전혀 이해하지 못하는 한 친구와의 대화를 소개했다. 그 친구가 이렇게 물었다. "래리, 대체 어떻게 그런 방법으로 투자를 할 수 있는 거지? 지루하지 않아?" 래리는 이렇게 대답했다. "전혀 지루하지 않아. 나는 흥분을 느끼려고 투자하는 게 아냐. 수익을 내려고 하는 거지."

36. 투자자의 침착성 | 성공 투자와 관련이 깊은 정서는 흥분과는 정반대인 '침착성'이다. 신경 언어학 프로그래밍Neuro-Linguistic Programming: NLP 전문가 찰스 폴크너Charles Faulkner는 뛰어난 투자자는 시장 동향에 관계없이 항상 침착함과 냉정함을 유지한다고 주장한다. 이러한 주장에 대한 사례로서 피터 스테이들마이어Peter Steidlmayer, 시장 프로필(Market Profile) 매매 기법을 고안한 것으로 유명한 선물 투자가가 손실 위험에 처한 자신의 포지션에 대해 보인 반응을 소개하고 있다. "음, 어디 한번 볼까요?"

37. 스트레스 인식 및 문제 해결 방안 | 투자하면서 스트레스를 느낀다는 것은 뭔가가 잘못되고 있다는 신호다. 스트레스를 느낄 때면 그 원인이 무엇인지 생각해보고 문제를 해결하기 위한 행동을 취하라. 예를 들어 손실 포지션을 청산하지 못하고 망설이기만 하는 것이 스트레스의 가장 큰 원인이라고 하자. 그러면 이 문제를 해결하는 한 가지 방법은 포지션을 취할 때마다 방어적 지정가 주문을 내는 것이다.

개인적인 사례를 하나 소개하겠다. 회사에 소속된 중개인들에게 투자 조언을 해주는 일을 한 적이 있었다. 이 업무는 직접 투자와 유사했으며, 나는 투자와 이 업무 두 가지를 동시에 했기 때문에 투자만 하는 것보다 이 업무가 훨씬 어렵게 느껴졌다.

다행히 내가 조언한 내용은 수년간 먹혔다. 그런데 어느 순간 문제가 생기기 시작했다. 뭔가가 자꾸 어긋났다. 시장의 방향은 올바로 짚었는데 매수 추천가가 너무 낮거나 매도 추천가가 너무 높았다. 또한 최적의 시점과 간발의 차이로 포지션을 청산한 경우가 한두 번이 아니었다.

이 문제를 해결하고자 전산화된 매매 프로그램과 기술적 지표를 다양하게 개발해 투자 조언의 폭을 넓히고 추천 범주의 다각화를 꾀했다. 여전히 매일 시장 상황에 대한 주관적 견해를 제공하기는 하나 이렇게 다각화 전략을 쓴 덕분에 예전과 달리 이제는 내 추천 사항 하나의 정확성에 모든 것이 좌우되는 상황이 더는 아니었다. 투자 관련 조언과 정보를 다양화하고 이 업무의 상당 부분을 기계적 접근법으로 해결하는 방식으로 나는 스트레스의 근원을 없앨 수 있었고 이 과정에서 리서치 상품의 질도 개선할 수 있었다.

38. 직관에 주의를 집중하라 | 내가 보기에 직관은 잠재의식 속에 머무는 경험이다. 의식이 수행한 시장 분석의 객관성은, 별 상관도 없는 온갖 잡다한 생각(예: 현재의 포지션이나 이전에 예상한 내용을 뒤집는 것에 대한 저항감) 탓에 오염되거나 흔들릴 수 있다. 그러나 잠재의식은 그러한 제약의 영향을 받지 않는다. 안타깝게도 우리는 잠재의식에 쉽게 접근할 수가 없다. 다만 잠재의식이 직관의 형태로 표출될 때가 있는데, 이때 주의를 기울여야 한다. 앞서 언급한 바 있는데 선 개념을 매매에 접목하려 했던 그 투자자는 이렇게 말한다. "일어났으면 하고 바라는 것과 무엇이 일어날지를 아는 것은 엄연히 다르다."

39. 필생의 사명과 그 사명을 완수하기 위한 노력 | 《시장의 마법사들》에 소개된 투자 고수들과 인터뷰하는 과정에서 이들 대다수가 투자를 살면서 꼭 해야 하는 과업, 즉 '필생의 사명' 같은 것으로 인식한다는 인상을 강하게 받았다. 찰스 폴크너는 NLP의 공동 창시자 존 그린더John Grinder가 사명에 관해 했던 말을 인용했다. "기꺼이 대가를 치르면서까지 꼭 하고 싶은 일이 무엇인가?" 인터뷰를 진행하는 내내 '시장의 마법사들'이 보여준 투자에 대한 열정과 사랑에 깊은 인상을 받았다. 그들의 사명 완수를 위한 노력이야말로 성공의 필수 요소일 것이다.

40. 성취의 요건 | 성공적인 재활 운동선수에 관한 게리 패리스Gary Faris의 연구 결과를 바탕으로 폴크너는 성취의 6단계 요건을 제시했다. 이는 성공 투자를 이뤄내기 위한 상황에도 적용할 수 있다. 성공 투자라는 목표 달성을 위한 6단계 과정은 다음과 같다.

1. 어떤 것에 '접근하려는' 동기와 '멀어지려는' 동기, 두 가지를 모두 가져라.
2. 수용 불가능한 것을 제외하고 최대한 많은 목표를 세워라.
3. 감당하기 벅차 보이는 목표는 하위 범주로 세분화한다. 이렇게 쪼개면 달성하기 쉽고, 각 단계를 성취할 때마다 만족감을 느낄 수 있다.
4. 현재에 집중하라. 즉, 장기적인 목표가 아니라 지금 해야 하는 과업에 초점을 맞춰라.
5. 다른 사람에게 의존하지 말고 스스로 목표를 성취하라.
6. 얼마나 발전했는지 평가할 때는 예전의 자신과 지금의 자신을 비교해 얼마나 나아졌는지를 평가하라.

41. 가격은 무작위로 움직이지 않는다. 고로 시장을 이길 수 있다 | 위험 대비 수익 측면에서 업계 최고의 실적을 올린 상품 매매 전문가^{CTA} 먼로 트라우트 _{Monroe Trout}는 시장 가격은 무작위적이라고 믿는 학자들을 향해 이렇게 비아냥거렸다. "그래서 그 사람들은 교수로 남은 것이고 나는 돈을 버는 것이다."

가격이 무작위적인가에 대한 논쟁은 아직 끝나지 않았다. 그러나 수십 명의 투자 고수를 만나 대화를 나눠본 결과 랜덤워크 이론은 틀렸다는 생각이 확실해졌다. 이러한 확신은 이들 '시장의 마법사들'이 엄청난 수익을 올렸다는 사실이 아니라 꾸준히 수익을 올렸다는 사실에 근거한다. 특별히 흥미를 끄는 사례의 주인공이 블레이크다.

블레이크의 투자 성과는 정말 놀랍다. 수익을 낸 달과 손실을 낸 달의 비율이 25대 1이고 연평균 수익률은 45%에 달한다. 최악의 손실이라고 해도 겨우 5% 정도에 불과하다. 투자 고수들이 우글대는 시장에서 블레이크가 기록한 대단한 성과를 우연의 결과라고 보기는 어렵다. 물론 시장을 이기고 수익을 내는 일이 결코 쉽지는 않다. 시장에 참여하는 전문가가 점점 증가하는 현실을 고려하면 더욱 그렇다. 그러나 결코 불가능한 일은 아니다!

42. 투자에만 몰두하지 마라 | 투자가 인생의 전부는 아니다. 우리 인생에는 투자 말고도 중요한 것이 더 많다.

추가 개념과 공식

여기서는 너무 복잡해서 본문에서 상세히 다루지 못한 여러 가지 정의와 공식을 소개한다. 대부분이 본문에서 설명했던 개념을 좀 더 상세히 설명한 것이다. 기초 개념을 넘어 심화된 개념이나 정의를 공부하고 싶은 사람들에게 큰 도움이 될 것이다.

반발계수(reaction count)

이는 제8장 '소반발 반전' 부분에서 설명했던 것과 비슷한 추세 재진입 기준이다. 반발계수(혹은 반발 값)가 4를 기록할 때마다 '반발'이 확정된다. 초기 반발계수는 '0'으로 설정된다. 상승장에서 특정일의 고점과 저점이, 상승 고점이 형성됐던 날의 고점 및 저점과 같거나 이보다 낮을 때 반발 계수는 '1'로 상승한다. 특정일의 고점과 저점이, 반발계수가 증가했던 최근일의 고점 및 저점과 같거나 이보다 낮아질 때마다 계수가 1씩 증가한다. 그리고 시장이 신고점을 형성할 때마다 반발계수는 '0'으로 재설정된다. 하락장에서도 이와 동일한 논리가 적용된다.

또 추력계수thrust count가 3에 이를 때마다, 주 추세가 재개되는 것으로 본다. 초기 추력계수는 '0'으로 설정되고 반발이 확정된 후에 계수 추적 관찰이 시작된다. 상승장에서 반발이 일어날 때는 각 상승 추력일에 추력 계수가 1씩 증가하고, 반발 저점이 돌파될 때마다 계수가 '0'으로 재설정된다. 일단 신호를 수용하면 반발 저점을 손절매 기준점으로 사용할 수 있다. 예를 들어 종가가 반발 저점을 하회하며 장이 마감될 때마다 포지션을 청산한다. 하락장에서의 추세 재개를 정의할 때도 비슷한 논리가 적용된다.

〈그림 A-1〉은 전술한 정의를 사용하는 소반발 반전 접근법을 나타낸다. 반발로 확인되는 지점은 RD로 표시하며 그 이전의 숫자들은 반발계수 값을 나타

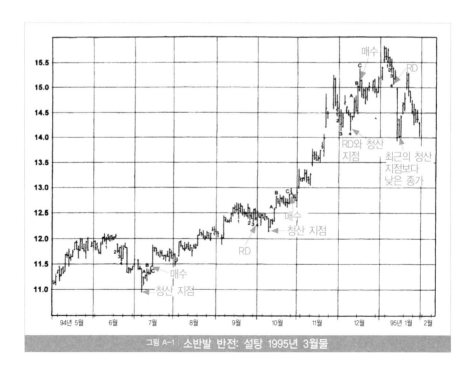

그림 A-1 | 소반발 반전: 설탕 1995년 3월물

430

낸다. 추력계수가 3인 지점에서 매수 신호가 표시되며 그 이전의 숫자들은 추력계수 값이다. 위 차트의 1995년 1월처럼 종가가 가장 최근의 손절점보다 낮아지는 지점에서 청산 신호가 나타난다. 차트상 마지막 RD 다음에 매수 신호가 나타나지 않았다는 점에 주목하라. 이는 추력계수가 생성되기 전에 종가가 최근 손절 지점보다 낮게 형성되면서 청산 신호가 발동했기 때문이다.

상대강도지수(RSI)

RSI는 기술적 지표인 '모멘텀 오실레이터'(제6장 참고) 범주에 속하는 보조 지표다. RSI는 웰레스 와일더 주니어Welles Wilder Jr가 1978년 자신의 저서《기술적 매매 시스템에 관한 신개념New Concepts in Technical Trading Systems》에서 처음 소개했다. 공식은 다음과 같다.

RSI=100-[100/(1+RS)]

RS=상대강도=n일(공식 산출 기간)간의 평균 종가 상승분/n일간의 평균 종가 하락분

상대강도RS는 RSI 공식의 핵심 요소로서 위 공식에서 보듯 n일의 평균 종가 상승분을 n일의 평균 종가 하락분으로 나눠 구한다. RS 값이 구해지면 0~100의 범위에서 RSI의 크기가 결정된다.

14일$^{n=14}$ 동안의 RS는 14일의 평균 종가 상승분을 같은 기간의 평균 종가 하락분으로 나눠 구한다. 여기서 '종가 상승'과 '종가 하락'은 종가끼리 비교해 산출한 가격 변동분의 절댓값(일일 모멘텀 계산), 즉 종가 차이의 절댓값이다.

예를 들어 금일(해당일) 종가가 전일 종가보다 높으면 금일은 '상승일'이고,

두 종가의 차이가 금일(해당일)의 종가 상승 수치가 된다. 같은 맥락에서 금일 종가가 전일 종가보다 낮으면 금일은 '하락일'이고, 종가 간 차이의 절댓값이 금일의 종가 하락 수치가 된다. 14일 동안 종가 상승일이 8일이고 하락일이 6일이라면 8일간의 수익을 합산한 다음 14로 나눈다. 6일 동안의 손실 규모도 같은 방식으로 구한다(마찬가지로 하락 수치도 음수가 아닌 절댓값으로 표시함). 사실상 전일 종가보다 낮은 날의 종가 상승분은 '0'이다.

RSI에 관한 예는 제6장과 제10장에서 소개했다.

강한 추세일

강한 추세일run day은 추세가 강하게 나타난 날이다. 강한 추세일이 추력일의 조건을 충족시키지 못할 가능성도 있으나 그 본질상 강한 추세일은 강도가 더 센 추력일(제5장 참고)이라고 보면 된다. 강한 추세일은 다음과 같이 정의한다.

강상승 추세일
강상승 추세일은 아래와 같은 두 가지 조건을 충족시켜야 한다.

1. 강한 추세일의 참고가가 이전 n일(예: n=5)의 최대 참고가보다 커야 한다.
2. 강한 추세일의 참저가가 이후 n일(예: n=5)의 최소 참저가보다 작아야 한다.

강하락 추세일
강하락 추세일은 아래와 같은 두 가지 조건을 충족시켜야 한다.

1. 강한 추세일의 참저가가 이전 n일(예: n=5)의 최소 참저가보다 작아야 한다.
2. 강한 추세일의 참고가가 이후 n일(예: n=5)의 최대 참고가보다 커야 한다.[7]

이상의 정의에서 알 수 있듯이 강한 추세일은 n일이 지나야 확정할 수 있다. 또 강한 추세일 대다수가 추력일과 겹치기는 하나, 추력일에 해당하지 않는 날에도 강한 추세일 조건이 충족되기도 한다는 점에 유의하라. 예를 들어 특정일의 저가가 이전 5일간의 저가보다 낮을 수 있고, 고가가 이후 5일간의 고가보다 높을 수 있고, 종가가 전일 저가보다 높을 수도 있다.

〈그림 A-2〉와 〈그림 A-3〉은 강한 추세일(n=5)을 보여주는 차트다. 그림에

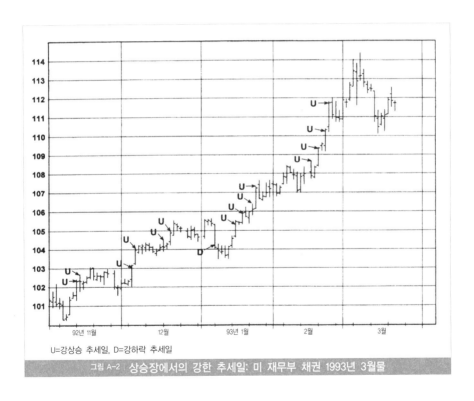

U=강상승 추세일, D=강하락 추세일

그림 A-2 **상승장에서의 강한 추세일: 미 재무부 채권 1993년 3월물**

---

7) 참고가와 참저가의 정의에 대해서는 '용어 정리'를 참고하라.

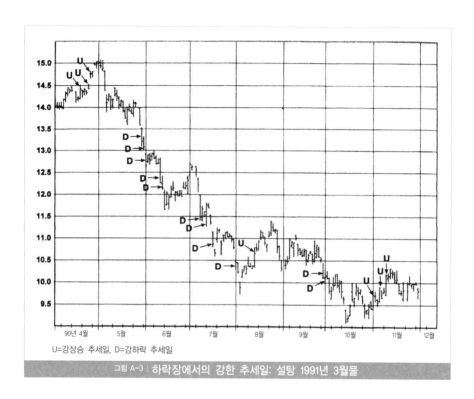

U=강상승 추세일, D=강하락 추세일

그림 A-3 | 하락장에서의 강한 추세일: 설탕 1991년 3월물

서 보는 바와 같이 강한 추세일은 추세가 강하게 진행되는 시장에서 주로 나타
난다('강한 추세일'이라는 명칭도 여기서 비롯된 것임). 강상승 추세일이 특히 무리 지어
형성되면 시장이 상승 국면에 있다고 간주할 수 있다(〈그림 A-2〉 참고). 이와 마찬
가지로 강하락 추세일이 무리 지어 형성되면 시장이 하락 국면에 있다고 봐야
한다(〈그림 A-3〉 참고).

스파이크일 공식

제5장에서 설명했던 스파이크일은 가격 차트에서 쉽게 확인할 수 있고 이해하

기도 어렵지 않다. 또 수학적으로 정확하게 정의하는 것도 가능하다. 수학적으로 정의할 때는 일단 아래 조건을 모두 충족한 날을 스파이크 고점일로 간주할 수 있다(스파이크 저점일도 같은 방식으로 정의할 수 있음).

1. $H_t -$ 최대값 $(H_{t-1}, H_{t+1}) > k \cdot ADTR$

$H_t =$ 기준일의 고점

$H_{t-1} =$ 전일 고점

$H_{t+1} =$ 후일 고점

k= 미리 정한 곱상수(예: k=0.75)

ADTR= 이전 10일간의 평균 일일 참가격 폭(ADTR의 정의에 대해서는 다음에 나오는 '참가격 폭과 평균 참가격 폭' 부분을 참고하라.)

2. $H_t - C_t > 3 \cdot (C_t - L_t)$

C= 기준일의 종가

L= 기준일의 저가

3. $H_t >$ 이전 n일의 최대 고가

n= 미리 정한 상수(예: n=50)

상기 조건 중 첫 번째는 스파이크 고점이 주변 고점보다 적어도 이전 10일 평균 참가격 폭(ATR)의 4분의 3을 넘어야 한다는 의미다(k=0.75 기준). 두 번째 조건은 기준일의 저가가 제1사분위 범위에 있어야 한다는 의미다. 기준일의 고점이 이전 50일(n=50)의 최대 고가보다 높아야 한다고 규정한 세 번째 조건은, 기준일 이전에 일정 기간 상승세가 진행 중이어야 한다는 의미다(일반적으로 이전의 상승 폭이 크면 n값도 커진다).

    이와 같은 스파이크 고점일의 3단계 정의 조건은 스파이크를 수학적으로 정의하는 방식을 보여준 하나의 사례일 뿐이다. 이외 다양한 정의가 가능하다. 스파이크 고점일 및 저점일에 관해서는 제5장에서 다룬 바 있다.

스토캐스틱

오실레이터에 속하는 스토캐스틱은 n일의 가격 변동 폭(절댓값)을 최근 종가와 비교하는 방식으로 모멘텀을 측정하는 보조 지표다. 예를 들어 10일 스토캐스틱을 구할 때는 금일 종가와 이전 10일의 최저가 간의 차이를, 이전 10일의 최고가와 최저가 간의 차이로 나눈 다음 여기에 100을 곱해준다. 스토캐스틱 지표의 첫 번째 선(Line)을 의미하는 %K의 공식은 다음과 같다.

    $\%K = 100(C_t - L_n)/(H_n - L_n)$

    C_t= 금일 종가

    H_n= 이전 n일의 최고가

    L_n= 이전 n일의 최저가

    스토캐스틱 지표의 두 번째 선을 의미하는 %D는 %K 선의 이동평균에 불과하다(기본값은 3일).

    %D= %K의 3일 이동평균= 평균(%K, 3)

전술한 공식으로 구한 기본 %K선과 %D선(5일 기준으로 계산하며 '패스트 스토 캐스틱'이라고 함)은 잡음 신호가 많아서 대다수 소프트웨어 프로그램에서는 주로 평활화 과정을 거친 '슬로우 스토캐스틱'을 사용한다. 흔히 '스토캐스틱'이라고 하면 슬로우 스토캐스틱을 칭하는 것이라고 이해하면 된다. 기본 %D선이 새로운 '슬로우' %K선이 된다. 그리고 슬로우 %K선을 3일 이동평균으로 평활화하면 새로운 '슬로우' %D선이 탄생한다.

스토캐스틱 사례는 제6장에서 소개했다.

참가격 폭과 평균 참가격 폭

참가격 폭true range 공식 역시 웰레스 와일더 주니어가 고안한 것으로 1978년 발표한 저서 《기술적 매매 시스템에 관한 신개념》에서 소개했다.

특정일의 가격 폭(R)은 간단히 고가(H)에서 저가(L)를 빼서 구한다(H-L=R). 반면 참가격 폭(TR)은 참고가(TH)에서 참저가(TL)를 뺀 값이다(TH-TL=TR). 참고가와 참저가는 아래와 같이 정의한다.

참고가: 금일 고가와 전일 종가 중 더 높은 값
참저가: 금일 저가와 전일 종가 중 더 낮은 값

참가격 폭은 일간 가격 차이를 고려하기 때문에 표준 가격 폭standard range 보다 시장 움직임을 더 정확히 반영한다. 일일 평균 참가격 폭average daily true range: ADTR은 간단히 말해 일일 참가격 폭의 이동평균값이다(일일 값뿐 아니라 주간, 월간 혹은 일중 수치도 산출할 수 있음). 통상적으로 이를 시장 변동성 측정 지표로 사용한다.

〈그림 A-4〉는 가격 폭과 참가격 폭을 비교한 것이다. 제1일과 제2일 간에 가격 격차가 나타났다는 점에 주목하라. 제2일의 기본 가격 폭은 고가에서 저가를 빼서 구한다. 그러나 참가격 폭은 제2일의 고가(참고가)에서 제1일의 종가(참저가)를 빼서 구한다. 앞서 말했듯 참가격 폭은 제1일과 제2일의 가격 차이를 포함하기 때문에 시장 가격 추이를 더 정확히 반영한다.

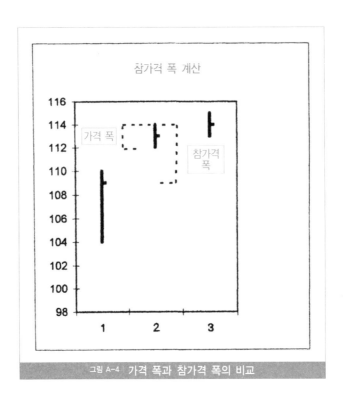

그림 A-4 | 가격 폭과 참가격 폭의 비교

가중이동평균[8]

제3장에서 설명한 바 있고, 제14장에서는 기술적 매매 시스템의 구성 요소로 사용된 단순이동평균은 산출 기간에 해당하는 일수의 일일 가중치가 동일하다(예: 10일 이동평균은 이전 10일의 종가를 합산한 다음 이를 10으로 나눈 값임). 이와는 대조적으로 선형가중이동평균LWMA은 가장 오래된 날의 가격에 가중치 1을 할당하고 두 번째로 오래된 가격에는 가중치 2를 할당하는 식으로 최근 가격에 가까울수록 점점 가중치를 높여가는 것이다. 따라서 최근일 가격의 가중치는 이동평균일수와 같아진다. LWMA는 가중치가 부여된 종가를 합산한 다음 가중치를 합산한 값으로 나눈 것이다. 이를 공식화하면 다음과 같다.

$$\text{LWMA} = \frac{\sum_{t=1}^{n} p_t \cdot t}{\sum_{t=1}^{n} t}$$

t= 시간(가장 오래된 날=1, 그 다음으로 오래된 날=2 등등)

Pt= t일 때의 가격

n= 이동평균일수

예를 들어 10일 LWMA에서는 10일 전 가격에는 1을 곱하고 9일 전 가격에는 2를 곱하는 식으로 최근일로 오면서 숫자를 하나씩 늘려 곱하다가 최근일 가격에는 10을 곱해준다. 이렇게 가중치를 할당한 가격을 전부 합산한 다음 가중치의 합 55(1부터 10까지의 합)로 나눈 값이 LWMA다.

---

8) 참조 자료 출처: (1) 페리 카우프만Perry Kaufman의 《새로운 상품 매매 시스템과 방법론The New Commodity Trading Systems and Methods》, John Wiley & Sons, New York, 1987; (2) 투자 전문 월간지 〈Technical analysis of Stocks & Commodities〉, bonus issue 1995, sidebar, p.66

지수가중이동평균EWMA은 현재 가격에 0과 1사이에 있는 평활상수(a)를 곱한 값과 전일의 EWMA에 1-a를 곱한 값을 합산해 구한다. 이를 공식으로 표기하면 다음과 같다.

$$EWMA_t = aP_t + (1-a)EWMA_{t-1}$$

EWMA에서 각 날의 값은 전일의 값을 기준으로 산출한다. 이는 전일 가격 전부에 가중치가 부여되나 각 날의 가중치는 시간상 오래전일수록 급격히 감소한다는 의미다. 특정일의 가중치를 구하는 공식은 다음과 같다.

$$a(1-a)^k$$

k= 금일 이전의 일수(따라서 금일의 k=0, a는 가중치)

a는 0과 1사이의 값이므로 특정일의 가중치는 과거로 갈수록 급격히 감소한다. 예를 들어 a=0.1이라고 하면 전일 가격의 가중치는 0.09가 되고 2일 전 가격의 가중치는 0.081, 10일 전 가격의 가중치는 0.035 그리고 30일 전 가격의 가중치는 0.004가 된다.

평활상수 a가 포함된 지수가중이동평균은 n일의 단순이동평균과 거의 일치하며 이때 a와 n의 관계는 다음과 같다.

$$a = \frac{2}{(n-1)}$$

혹은

$$n = \frac{(2-a)}{a}$$

따라서 예를 들어 평활상수가 0.1인 지수가중이동평균은 19일 단순이동평균과 거의 같다. 또 다른 예로 40일 단순이동평균은 평활상수가 0.04878인 지수가중이동평균과 거의 같다.

대변동일

제5장에서 다뤘던 대변동일은 수학적으로 변동률(VR)이 k보다 큰 날로 정의할 수 있다(예: k=2.0). VR은 금일의 참가격 폭을 이전 n일(예: n=15)의 참가격폭으로 나눈 값이다.

가격 폭(range) 특정 기간의 고점과 저점 간의 가격 차이. 예를 들어 일일 가격 폭은 해당일의 고점에서 저점을 뺀 값이고, 주간 가격 폭은 해당 주의 고점에서 저점을 뺀 값이다.

강상승 추세일 '강한 추세일'을 참고하라.

강세 함정(bull trap) 주요 상승 돌파 직후에 하락 반전이 나타남.

강하락 추세일(down run day) '강한 추세일'을 참고하라.

강한 추세일(run day) 강한 추세가 나타난 날. 강상승 추세일(up run day)은 참고가가 이전 N일의 최대 참고가보다 크고, 참저가는 이후 N일의 최소 참저가보다 작은 날이다. 여기서 N값은 미리 정해둔다. 강하락 추세일(down run day)은 참저가가 이전 N일의 최소 참저가보다 작고, 참고가는 이후 N일의 최대 참고가보다 큰 날이다.

갭(gap) 금일 저점이 전일 고점을 상회하거나 금일 고점이 전일 저점을 하회할 때 나타나는 가격 패턴.

고가 반전일(reversal high day) 상승 추세에서 신고가가 형성되고 나서 당일 종가가 전일 종가보다 낮아지는 것(전일 종가가 아니라 전일 저점보다 낮은 것으로 규정하면 조건이 더 강화되는 셈).

고전적 발산(classic divergence) 상승 추세에서 오실레이터 고점 하락과 함께 신고점이 형성되고, 하락 추세에서 오실레이터 저점 상승과 함께 신저점이 형성되는 등 가격과 오실레이터 지표가 반대로 나타나는 현상(〈그림 6-8〉 참고).

과매도(oversold) 가격이 너무 빨리 하락해 상승 조정이 임박해진 상황.

과매수(overbought) 가격이 너무 빨리 상승해 하락 조정이 임박해진 상황.

교차이동평균 시스템(crossover moving average system) 단기 이동평균(예: 10일)이 장기 이동평균(예: 30일)을 상향 교차할 때 매수 신호를 내고, 단기 이동평균이 장기 이동평균을 하향 교차할 때 매도 신호를 내는 시스템.

금액 기준 청산(money stop) 기술적 분석상 중요한 수준이나 패턴이 아니라 금액을 기준으로 손절하는 기법.

깃발(flag) 상단선과 하단선이 평행한 단기(대개 일주일에서 3주) 지속형 패턴.

내부 추세선(internal trend line) 극단적 고·저점을 고려하지 않고 대다수 상대 고점이나 상대 저점에 가장 근접하게 그리는 추세선.

다각화(diversification) 다양한 시장에서 하나의 시스템으로 매매하거나, 하나의 시장에서 다양한 시스템으로 매매하는 것.

대변동일(wide-ranging day) 가격 봉의 크기가 이전일의 가격 봉보다 훨씬 큰 날(즉, 가격 변동 폭이 최근의 평균 변동 폭을 훨씬 능가하는 날).

돌파(breakout) 박스권의 상단부 혹은 하단부를 뚫고 진행하는 가격 움직임.

되돌림(retracement) 이전의 움직임과 반대 방향으로 가격이 움직이는 것. 예를 들어 주가가 30포인트 상승했다가 이후 15포인트 하락한다면 50% 되돌림이 일어난 셈이다.

둥근 천장/둥근 바닥(rounded top/rounded bottom) 고점이나 저점이 뚜렷한 패턴에 비해 상대적으로 완만한 곡선 형태를 나타내는 패턴. 둥근 패턴을 규정하는 기준은 외부 윤곽선이 둥근 형태를 띠느냐다.

막대 차트(bar chart) 각 매매일의 매매 가격을 저가부터 고가까지 수직으로 나타낸 차트. 해당일의 종가는 막대 오른쪽에 돌출된 수평선으로 표시한다. 해당일의 시가는 대체로(항상 그러한 것은 아님) 막대 왼쪽에 돌출 수평선으로 표시한다.

매개변수(parameter) 신호 발동 시점과 관련해 매매 시스템에 임의로 설정하는 값. 예를 들어 단순 이동평균 시스템에서는 이동평균을 구하는 데 사용하는 일수가 매개변수가 된다.

머리어깨형(head and shoulders) 고점이 3개로 이루어진 패턴으로서 가운데 고점('머리')이 양옆의 고점('어깨')보다 높은 형태. '머리어깨 천장형'이라고도 한다. 반대로 가운데 저점이 양옆의 저점보다 낮은 형태를 '머리어깨 바닥형'이라고 한다.

모멘텀(momentum) 가격 변동 속도 혹은 가격 변동률.

목선(neckline) 머리어깨 천장형 어깨 부분의 상대 저점들 혹은 머리어깨 바닥형 어깨 부분의 상대 고점들을 연결한 선(〈그림 5-38〉과 〈그림 5-39〉 참고).

바닥 패턴(bottom pattern) 주요 시장 저점을 암시하는 패턴. 제5장 참고.

박스권(trading range) 비교적 제한된 범위의 고점과 저점 영역 사이에 가격대가 몰려 있는 기간.

반대 의견(contrary opinion) 투자자 대다수가 시장을 낙관적/비관적으로 보고 있을 때마다 매수/매도를 할 사람은 이미 다 그대로 했다는 이론. 따라서 시장에는 새로운 매수/매도 세력이 부족해지므로 시장 추세가 반전될 가능성이 크다.

발산(divergence) 가격과 모멘텀이 서로 반대 방향으로 움직이는 현상.

변동성(volatility) 시장에 나타난 가격 불안정성의 정도. 가격이 양 극점을 오가는 이른바 '요동치는' 시장은 높은 변동성을 나타낸다.

봉 차트(candlestick chart) 단순 막대 차트에 차원과 색깔을 가미한 것. 시가와 종가 사이의 범위를 나타낸 가격 폭 부분은 2차원의 직사각형으로 표시하며 이를 봉의 '몸통(real body)'이라고 한다(통상 상승일은 흰색, 하락일은 검은색으로 표시). 그리고 시가와 종가 범위를 넘는 고가와 저가는 몸통 위와 아래에 선으로 표시하며 이를 '그림자(shadow)'라고 한다.

분기 주기(quarterly cycle) 3월, 6월, 9월, 12월 계약물 등 선물 시장에서 사용하는 분기 단위 계약 주기.

삼각형(triangle) 가격이 점점 한 곳으로 수렴하는 형태의 가격 패턴. 가장 일반적인 지속형 패턴 가운데 하나로서 상승형과 하락형으로 나타날 수 있다.

삼중 천장/삼중 바닥(triple top/triple bottom) 고점 혹은 저점이 2개가 아니라 3개라는 점을 제외하면 이중 천장/이중 바닥과 비슷하다.

상대 고점(relative high) 일일 고점이 이전 및 이후 N일의 고점보다 높은 것. 예를 들어 N=5일 때 상대 고점은 이전 및 이후 5일간의 고점보다 높은 고점을 의미한다.

상대 저점(relative low) 일일 저점이 이전 및 이후 N일의 저점보다 낮은 것.

상승 추력일 '추력일'을 참고하라.

섬꼴 바닥(island bottom) 가격 하락세가 이어진 후 하향 갭이 형성될 때 나타나며, 하루 혹은 수일간 갭이 유지됐다가 이후에 상향 갭이 형성된다.

섬꼴 천장(island top) 가격 상승세가 이어진 후 상향 갭이 형성될 때 나타나며 하루 혹은 수일간 갭이 유지됐다가 이후에 하향 갭이 형성된다.

손실 규모(drawdown) 자산 차트의 고점과 저점으로 측정하는 투자 손실액. 자산의 최고치가 7만 5,000달러였는데 연이은 손실 투자로 2만 5,000달러가 감소했다면 자산 손실률은 33.3%가 된다.

손절(stop-loss) 더 큰 손실을 방지하고자 미리 정해 놓은 매매 청산 가격.

수익/위험 지표(return/risk measure) 특정 매매 시스템에서 일정 수준의 수익을 올리는 데 따르는 위험 수준을 나타낸 지표. 간단히 해당 시스템의 평균 수익 매매를 평균 손실 매매로 나눠 구한다. 위험 대비 수익률이 높을수록 더 바람직한 시스템이다.

스파이크 고점일(spike high) 금일 고가가 이전 및 이후 고점에서 급등한 날. 흔히 스파이크 고점일의 종가는 당일 박스권의 하단부 근처에서 형성된다.

스파이크 저점일(spike low) 금일 고가가 이전 및 이후 저점에서 급락한 날. 흔히 스파이크 저점일의 종가는 당일 박스권의 상단부 근처에서 형성된다.

스프레드(spread) 두 상품(예: 옥수수와 밀) 혹은 한 선물 계약의 두 계약월물(예: 옥수수 7월물과 12월물) 간의 가격 차이. 선물 계약 그리고 그 선물의 기초 상품인 현물 가격 간의 차이를 의미하기도 한다.

슬리피지(slippage) 원하는 체결가와 실제 주문 체결가 간의 차이.

시간 안정성(time stability) 해당 매매 시스템의 기간별 성과에 나타나는 상대적 일관성.

신호선(signal line) MACD 지표의 이동평균선으로, 지표가 이 선을 상회 및 하회할 때 매수 및 매도 신호를 낸다('MACD'와 '스토캐스틱' 참고).

잘못된 신호 혹은 어긋난 신호(failed signal) 예상과 다른 가격 움직임을 나타내는 차트상의 신호. 이는 추세 반전의 강력한 지표가 될 수 있다.

쐐기(wedge) 추세선이 꾸준히 상승(상승 쐐기)하거나 하락(하락 쐐기)하며 한 곳으로 수렴하는 가격 패턴. 쐐기 패턴이 완성되는 데 수년이 걸리기도 한다.

약세 함정(bear trap) 주요 하락 돌파 직후에 상승 반전이 나타남.

엔벨로프 밴드(envelope band) 지지선과 저항선을 확인할 때 사용하는 보조 지표. 엔벨로프 밴드의 상단선은 이동평균값과 이동평균의 일정 비율을 더한 것이다. 하단선은 이동평균값에서 이동평균의 일정 비율을 뺀 것이다. 이를 통해 엔벨로프 밴드는 대다수 가격 움직임을 포괄하게 된다.

역추세(countertrend) 주요 가격 움직임 이후 시장이 조정 국면에 들어가리라는 기대와 함께 현 추세와 반대되는 방향으로 포지션을 취하게 하는 지표 혹은 시스템.

오실레이터(oscillation) 모멘텀을 기반으로 한 역추세 지표군(群)으로서 중립 시장 모멘텀을 의미하는 수평선을 상회하거나 하회하는 형태로 나타남. 주로 과매수 혹은 과매도 수준을 표시하는 데 사용한다. 상대강도지수와 스토캐스틱 등이 여기에 해당한다.

이동평균(moving average) 일련의 가격들을 평활화해 추세를 더 명확히 식별하게 해주는 보조 지표. 기본형인 단순이동평균은 금일을 포함한 지난 일수(N)의 종가 평균으로 구한다. 선형 및 지수 가중 이동평균은 과거 가격보다 현재 가격에 가중치를 부여한 이동평균이다.

이월(rollover) 만기가 다가온 선물 계약이 다음 주기 월물로 넘어가는 것. 예를 들어 S&P 지수 선물 계약 3월물이 만기에 이르면 이 계약 포지션이 6월물로 이월된다.

이중 천장/이중 바닥(double top/double bottom) 2개의 가격 고점 및 저점이 나타나는 형태. 이 패턴을 형성하는 2개 지점이 완전히 같을 필요는 없으며 서로 근접한 가격 수준인 것으로 족하다. 큰 폭의 가격 변동 이후 형성된 이중 천장과 바닥은 주 추세 반전을 예고하는 강력한 지표다.

일일 평균 참가격 폭(Average daily true range) '참가격 변동 폭'을 참고하라.

자산 곡선(equity chart) 자금 증감 추이를 나타내는 차트로 종가로만 구성됨.

자산 관리(money management) 매매에 따른 위험을 제한하는 규칙(혹은 특정 상황에서 매매할 주식이나 선물 계약의 수를 결정하는 규칙).

저가 반전일(reversal low day) 하락 추세에서 신저가가 형성된 뒤 당일 종가가 전일 종가보다 높아지는 것(전일 종가가 아니라 전일 고점보다 높은 것으로 규정하면 조건이 더 강화되는 셈).

저항(resistance) 가격이 반등하다가 천장에 부딪힌 듯 되돌아 내려오는 것.

적합화(fitting) 혹은 과적합화(overfitting) 특정한 과거 데이터를 기준으로 매매 규칙을 과도하게 최적화하는 것. 최적화된 매개변수 조합(즉, 검증 기간에 최고의 성과를 낸 매개변수 조합)을 기반으로 시스템을 평가하는 것은 시스템을 검증한다기보다는 그 시스템을 과거 성과에 짜 맞추는(적합화하는) 것이라는 표현이 더 정확할 것이다.

종가 차트(close-only chart) 종가만 사용하고 고가와 저가 정보는 반영하지 않는 차트. '선 차트(line chart)'라고도 한다. 일부 가격 차트(현물 가격과 스프레드 등)는 실시간 데이터를 이용하기 어렵기 때문에 종가로만 표시한다.

지속형 패턴(continuation pattern) 추세가 아직 형성되지 않았으나 그 방향으로 추세가 지속됨을 나타내는 차트 패턴.

지지(support) 가격이 하락하다가 마치 바닥에 부딪친 듯 반등하는 것.

참가격 폭(true range) 참고가에서 참저가를 뺀 값(전술한 정의 참고). 시장 변동성을 측정하는 지표다. 참가격 폭은 일간 가격 차이를 반영하기 때문에 표준 가격 폭(standard range)보다 시장 움직임을 더 정확히 반영한다. 일일 평균 참가격 폭(average daily true range: ADTR)은 일일 참가격 폭의 이동평균값이다(일일 값뿐 아니라 주간, 월간 혹은 일중 수치도 산출할 수 있음).

참고가(true high) 금일 고가와 전일 종가 중 더 높은 값('참가격 폭' 참고).

참저가(true low) 금일 저가와 전일 종가 중 더 낮은 값('참가격 폭' 참고).

천장형(top pattern) 주요 시장 고점을 반영하는 가격 패턴.

최적화(optimization) 매매 시스템에서 가장 좋은 성과를 내는 매개변수 조합(예: 단순이동평균 시스템에서 이동평균 일수)을 찾아내는 과정.

추격 청산(trailing stop) 매매 수익 보존을 위해 간헐적으로 청산 지점을 상향(상승장에서) 조정하거나 하향(하락장에서) 조정하는 방어적 청산 기법.

추력일(thrust day) 종가가 전일 고점보다 높은 날(상승 추력일: upthrust day) 혹은 종가가 전일 저점보다 낮은 날(하락 추력일: downthrust day). 연속적으로 발생하는 상승 추력일 혹은 하락 추력일은 각각 확실한 강세장과 약세장을 반영한다(제5장 참고).

추세 채널(trend channel) 추세를 포괄하는 평행선.

추세 추종 시스템(trend-following system) 특정한 가격 흐름이 나타나기를 기다렸다가 그러한 추세가 계속되리라는 판단 하에 추세와 같은 방향으로 포지션을 개시하게 하는 시스템.

추세(trend) 시간 경과에 따라 가격이 상승하거나 하락하는 흐름이 명확히 드러나는 패턴. 상승 추세는 고점 상승 및 저점 상승이 이어지는 것이고, 하락 추세는 고점 하락 및 저점 하락이 이어지는 것이다. 고점 상승이나 저점 하락이 반드시 연이어 나타나야 하는 것은 아니다.

추세선(trend line) 차트상의 저점을 연결하거나(상승 추세), 차트상의 고점을 연결한(하락 추세) 선(그림 3-4)부터 〈그림 3-7〉까지 참고).

패턴 인식 시스템(pattern recognition system) 추세 추종 시스템이나 역추세 시스템과 달리 가격 움직임의 방향을 중시하지 않는 시스템. 이전의 가격 변동 폭이 아니라 패턴 자체(예: 스파이크 혹은 대변동일)를 더 중요시한다.

페넌트(pennant) 상단선과 하단선이 한 곳으로 수렴하는 단기(대개 일주일에서 3주) 지속형 패턴.

피라미딩(pyramiding) 기존 포지션에 매수 혹은 매도 포지션을 추가하는 것.

필터(filter) 성공 확률이 낮은 매매(혹은 매매 신호)를 걸러내려는 목적으로 설계된 규칙이나 조건. 필터는 매매 신호가 나타난 당시(그 이후가 아니라)에 적용하는 신호 확정 규칙에 따라 달라진다.

하락 추력일(downthrust day) '추력일'을 참고하라.

확정(confirmation) 처음에 나타난 기술적 매매 신호의 유효성을 지지하는 2차 시장 움직임. 예를 들어 오래 유지된 저항선이 상향 돌파된 다음, 연속 5일간 종가가 이 돌파 지점을 넘어설 때 돌파의 유효성이 확정된다.

휩소(whipsaw) 갑작스런 반전 신호가 반복적으로 발생하는 현상으로, 대다수 추세 추종 시스템에서 수많은 오신호와 연이은 손실을 유발한다(〈그림 3-21〉 참고).

GTC(good-till-canceled) 주식이나 선물 시장에서 조건부로 주문하는 경우, 투자자가 그 조건을 취소하기 전까지 유효한 주문.

P&F 차트(point-and-figure chart) X와 O로 구성된 기둥을 사용해 모든 매매 행위를 하나의 연속적인 흐름으로 나타낸(시간적 요소는 배제함) 가격 차트(차트 작성 소프트웨어의 종류에 따라 'O' 대신 직사각형이나 기타 부호를 사용하기도 함). X는 임의로 설정한 한 칸의 크기(box size)만큼 가격이 상승한 것을 나타낸다. 가격이 계속해서 상승하면 X위에 한 칸 크기만큼 X를 계속 그려준다. 그러나 가격이 반전 크기(reversal size)만큼 혹은 반전 크기를 넘어서는 수준으로 하락하면 O 기둥이 새로 형성되기 시작한다.

V 천정형/V 바닥형(V top/V bottom) 시장 가격이 갑자기 급등하거나 급락하면서 나타나는 뾰족한 형태의 가격 패턴. 추세 반전 패턴과 흡사한 형태를 보이나 다른 기술적 지표를 동반하지 않으면 반전 여부를 확정하기 어렵다.

기술적 분석 모르고
절대 주식투자 하지 마라

1쇄 발행 2019년 9월 10일
6쇄 발행 2023년 6월 12일

지은이 잭 슈웨거
옮긴이 이은주

펴낸곳 (주)이레미디어
전 화 031-908-8516(편집부), 031-919-8511(주문 및 관리)
팩 스 0303-0515-8907
주 소 경기도 파주시 문예로 21, 2층
홈페이지 www.iremedia.co.kr
이메일 mango@mangou.co.kr
등 록 제396-2004-35호

편 집 송은심, 김은혜
디자인 에코북디자인
마케팅 김하경
재무총괄 이종미
경영지원 김지선

ISBN 979-11-88279-59-3 03320